Die Einnahmen-/Überschussrechnung

Michael Klein

© 2011 Verlag Franz Vahlen GmbH
Wilhelmstraße 9, 80801 München
Satz: Fotosatz H. Buck, Kumhausen
Druck und Bindung: Druckhaus Nomos
In den Lissen 12, 76547 Sinzheim
Umschlaggestaltung: Ralph Zimmermann, Bureau Parapluie

Gedruckt auf säurefreiem, alterungsbeständigem Papier
(hergestellt aus chlorfrei gebleichtem Zellstoff)

Die Einnahmen-/ Überschussrechnung

Buchführung, EÜR, Jahresabschluss, Umsatzsteuervoranmeldung

Michael Klein

Verlag Franz Vahlen München

So orientieren Sie sich im Buch

Folgende Elemente erleichtern Ihnen die Orientierung in diesem Buch:

 In den grauen Kästen mit dem CD-Icon finden Sie Verweise auf Muster, die Ihnen auf Ihrer CD-ROM zur Verfügung stehen.

 Die mit der Lupe gekennzeichneten Kästen enthalten Definitionen wichtiger Begriffe und Beispiele, die das Gesagte illustrieren.

 Das Merke-Icon ermöglicht es Ihnen, bei der Lektüre des Buches den Projektstand stets im Hinterkopf zu behalten.

 Damit Sie das Gelesene sinnvoll umsetzen und Anfängerfehler vermeiden können, erhalten Sie zahlreiche Praxis-Hinweise.

 Zudem finden Sie im Buch eine Vielzahl wertvoller Tipps, die Ihnen im Arbeitsalltag helfen können.

Inhalt

Vorwort.. 7

Abkürzungsverzeichnis 9

1 Einnahmen-/Überschussrechnung: Die Stimme des Gesetzgebers ... 11
  1.1 Einnahmen-/Überschussrechnung: Diese Kriterien müssen Sie
    erfüllen 11
    1.1.1 Grenzen der Bilanzierung 11
    1.1.2 Freiberufliche Tätigkeit 12
    1.1.3 Umsatz- und Gewinngrenzen 13
  1.2 Vorteile der Einnahmen-/Überschussrechnung 13
  1.3 Einflussgrößen der EÜR 15
    1.3.1 So behalten Sie den Überblick......................... 15
    1.3.2 Bezug zur Einkommensteuererklärung 17
    1.3.3 Die aktuellen Zeilennummern in der Anlage EÜR 18
  1.4 Exkurs: Betriebsprüfung 21
  1.5 Leistungsfähige Buchführung für kleine Unternehmen 22

2 Die Bedeutung der Umsatzsteuer im Rahmen der EÜR 25
  2.1 Umsatzsteuerpflicht 25
    2.1.1 Von der Umsatzsteuer befreit 25
    2.1.2 Sie haben ein Wahlrecht............................... 27
    2.1.3 Exkurs: Vorsteuerabzug nach Durchschnittssätzen 27
    2.1.4 Umsatzsteuer-Voranmeldung 29
    2.1.5 Bezug zur Einnahmen-/Überschussrechnung 30
  2.2 Von der Einnahmen-/Überschussrechnung direkt in das Elster-
    Formular 31
  2.3 Exkurs: Allgemeiner und verminderter Mehrwertsteuersatz 33
  2.4 Praxisbeispiele: Gewinn- und Verlustrechnung manuell durch-
    führen 35
    2.4.1 Praxisbeispiel 1: Es besteht keine Umsatzsteuerpflicht 35
    2.4.2 Praxisbeispiel 2: Es besteht Umsatzsteuerpflicht........... 47

3 Musterlösungen und Vorlagen für die EÜR bei Umsatzsteuerpflicht. 65
  3.1 Einfaches Sammeln von Einnahmen und Ausgaben:
    EÜR_Vorlage_UST.xls 65
    3.1.1 So arbeiten Sie mit den Beispiel-Tabellen 65
    3.1.2 Mit einem Klick weitere Vorlagen erstellen 66
    3.1.3 Tabellen schnell um eine Zeile erweitern 68
    3.1.4 Gesamtübersicht erstellen 68
  3.2 Die Musterlösung EÜR_Übersicht_UST.xls..................... 70
    3.2.1 Aufbau der Musterlösung 70
    3.2.2 Die Geschäftsfälle 71
  3.3 Komfortable Musterlösung EÜR_Tool_UST.xls 91
    3.3.1 Aufbau des Tools 92
    3.3.2 Starten Sie die Musterlösung........................... 92
    3.3.3 Buchungsjournal 94
    3.3.4 Der Kontenplan 96

3.3.5 Periodisch wiederkehrende Buchungen 103
3.3.6 Die Tabelle „Datenerfassung" 107
3.3.7 Monats- und Quartalsauswertungen 114
3.3.8 Praxisbeispiel: So ermitteln Sie den endgültigen Gewinn bzw.
Verlust 119
3.4 Sicherungskopien 139

4 Musterlösungen und Vorlagen für die EÜR ohne Umsatzsteuer-
pflicht 141
4.1 Einfaches Sammeln von Einnahmen und Ausgaben:
EÜR_Vorlage_ohneUST.xls 141
4.1.1 So arbeiten Sie mit den Beispiel-Tabellen 141
4.1.2 Mit einem Klick weitere Vorlagen erstellen 142
4.1.3 Tabellenblatt schnell um eine Zeile erweitern 142
4.1.4 Gesamtübersicht erstellen 143
4.2 Die Musterlösung EÜR_Übersicht_ohneUST.xls 144
4.2.1 Aufbau der Musterlösung 144
4.2.2 Die Geschäftsfälle 146
4.3 Komfortable Musterlösung EÜR_Tool_ohneUST.xls 161
4.3.1 Aufbau des Tools 162
4.3.2 Starten Sie die Musterlösung 163
4.3.3 Buchungsjournal 164
4.3.4 Der Kontenplan 166
4.3.5 Periodisch wiederkehrende Buchungen 172
4.3.6 Die Tabelle „Datenerfassung" 175
4.3.7 Monats- und Quartalsauswertungen 181
4.3.8 Praxisbeispiel: So ermitteln Sie den endgültigen Gewinn
bzw. Verlust 184
4.4 Stornieren von Buchungen 203
4.5 Sicherungskopien 203

5 Abschreibung 205
5.1 Lineare Abschreibung 205
5.1.1 Abschreibung in Excel mit Hilfe der Funktion LIA 206
5.1.2 Monatsgenaue Abschreibung 208
5.2 Exkurs: Ermitteln von Anschaffungs- und Herstellkosten 209
5.2.1 Ermitteln der Anschaffungskosten 209
5.2.2 Ermitteln der Herstellungskosten 209
5.3 Abschreibungszeiträume 209
5.4 Die Musterlösung Abschreibung.xls 217
5.4.1 Sonderregelungen 218
5.5 Geringwertige Wirtschaftgüter 219
5.5.1 Poolabschreibung 220
5.5.2 Sofortabschreibung 220
5.5.3 Vor- und Nachteile der Alternativen 221
5.5.4 Jahresregelung 222
5.5.5 Die Musterlösung GWG.xls 222

6 Umgang mit Makros 225

Stichwortverzeichnis 227

Vorwort

Eine Einnahmen-/Überschussrechnung ist eine vereinfachte Form der Gewinnermittlung und kann – wenn die entsprechenden Voraussetzungen erfüllt werden – für umsatzsteuerpflichtige und nicht-umsatzsteuerpflichtige Unternehmen bzw. Unternehmer gleichermaßen von Bedeutung sein. Darum geht es in diesem Buch!

Theoretische Abhandlungen zum Thema Einnahmen-/Überschussrechnung gibt es viele am Markt. Das gilt auch für Bücher, die die Tabellenkalkulation Microsoft Excel behandeln. Dieses Werk bietet Ihnen eine Kombination beider Themenbereiche und soll Ihnen die Aufgaben im Zusammenhang mit der vereinfachten Form der Buchführung – ohne den Einsatz einer Spezialsoftware – erleichtern. Dazu noch folgende Anmerkungen:

Die verschiedenen Musterlösungen zum Buch finden Sie auf Ihrer CD-ROM. Die entsprechenden Textstellen weisen Sie ausdrücklich auf diese Excel-Dateien hin. Jeder Lösungsansatz steht für umsatzsteuerpflichtige und nicht-umsatzsteuerpflichtige Unternehmen bzw. selbstständige Unternehmer zur Verfügung. Die Dateien erkennen Sie jeweils am Zusatz „UST" bzw. „ohneUST". Abschreibungshilfen, u.a. im Zusammenhang mit Geringwertigen Wirtschaftsgütern, unterstützen Sie über die Verwaltung von Einnahmen und Ausgaben hinaus bei der Ermittlung Ihres Gewinns bzw. Verlustes.

Im Hinblick auf Microsoft Excel bitte ich Sie zu beachten, dass zurzeit verschiedene Versionen der Tabellenkalkulation bei den Anwendern im Einsatz sind. Dieses Buch behandelt nicht nur Excel 2003 und deren Vorgängerversionen, sondern kann auch von Anwendern der Version Excel 2007 und Excel 2010 eingesetzt werden. Hinweise auf Excel 2007 und 2010 werden Sie bei gravierenden Abweichungen an der einen oder anderen Stelle im Buch antreffen.

Nun möchte ich Sie nicht länger auf die Folter spannen. Viel Spaß beim Lesen und Durcharbeiten der Praxisbeispiele wünscht Ihnen

Michael Klein

Abkürzungsverzeichnis

AfA   Abschreibung
EStG   Einkommensteuergesetz
EÜR   Einnahmen-/Überschussrechnung
GWG   Geringwertiges Wirtschaftgut
MwSt   Mehrwertsteuer
USt   Umsatzsteuer
UStG   Umsatzsteuergesetz
WKB   Wiederkehrende Buchung

1 Einnahmen-/Überschussrechnung: Die Stimme des Gesetzgebers

Bei der Ermittlung des Gewinns sieht das deutsche Steuerrecht zwei Möglichkeiten vor:

- Bilanzierung
- Einnahmen-/Überschussrechnung

Die Einnahmen-/Überschussrechnung ist eine vereinfachte Form der Gewinnermittlung und an bestimmte Voraussetzungen gebunden. Diese Art der vereinfachten Buchführung kann ohne tiefere Buchführungskenntnisse durchgeführt werden. Darum geht es in diesem Buch!

1.1 Einnahmen-/Überschussrechnung: Diese Kriterien müssen Sie erfüllen

Grundlage für die Einnahmen-/Überschussrechnung ist §4 Abs.3 des Einkommenssteuergesetzes. Dort lautet der Gesetzestext wie folgt:

„Steuerpflichtige, die nicht auf Grund gesetzlicher Vorschriften verpflichtet sind, Bücher zu führen und regelmäßig Abschlüsse zu machen, und die auch keine Bücher führen und keine Abschlüsse machen, können als Gewinn den Überschuss der Betriebseinnahmen über die Betriebsausgaben ansetzen …".

Daraus ergibt sich folgende Frage: „Wann ist der Steuerpflichtige von der Buchführungspflicht befreit?" Dieser Sachverhalt ist nachfolgend zu klären.

> **Praxis-Hinweis**
>
> Bitte berücksichtigen Sie bei der Lektüre des Buches, dass das Steuerrecht aufgrund gesetzlicher Änderungen einem ständigen Wandel unterliegt. So kann es möglicherweise vorkommen, dass einzelne aufgeführte Aspekte keine Gültigkeit mehr haben. Aktuell informiert Sie auch immer das Bundesfinanzministerium, das Sie im Internet unter **http://www.bundesfinanzministerim.de** erreichen.

1.1.1 Grenzen der Bilanzierung

Damit das Finanzamt eine Einnahmen-/Überschussrechnung statt doppelter Buchführung akzeptiert, muss eines der nachfolgenden Kriterien erfüllt werden:

- Es liegt eine freiberufliche Tätigkeit vor.

- Es handelt sich um eine gewerbliche Tätigkeit mit maximal 500.000 Euro Umsatz und maximal 50.000 Euro Gewinn im abzurechnenden Wirtschaftsjahr.
- Es liegt keine andere Verpflichtung vor, Bücher zu führen (beispielsweise aufgrund einer Eintragung in das Handelsregister).

Wenn Sie keine dieser Bedingungen erfüllen, müssen Sie zwingend eine Bilanz erstellen!

Praxis-Tipp

Sind Sie sich nicht sicher, ob die Bedingungen auf Sie bzw. Ihr Unternehmen zutreffen, fragen Sie Ihren Steuerberater oder Ihren Sachbearbeiter Ihrer zuständigen Finanzbehörde.

1.1.2 Freiberufliche Tätigkeit

Um eine freiberufliche Tätigkeit handelt es sich, wenn die Tätigkeit nicht der Gewerbeordnung unterliegt. Das trifft unter anderem auf alle selbstständig ausgeübten wissenschaftlichen, künstlerischen, schriftstellerischen, unterrichtenden, erzieherischen Tätigkeiten zu.

Ein weiteres Merkmal einer freiberuflichen Tätigkeit, ist die in der Regel besondere berufliche Qualifikation oder schöpferischer Begabung. Sie ist in der Regel mit dem Erbringen einer Dienstleistung verbunden.

Wer zum Beispiel als freier Autor oder freier Programmierer arbeitet, geht einer freiberuflichen Tätigkeit nach. Geregelt ist die Definition einer freiberuflichen Tätigkeit in § 18 des EStG:

Wer ist Freiberufler?

„Zu der freiberuflichen Tätigkeit gehören die selbstständig ausgeübte wissenschaftliche, künstlerische, schriftstellerische, unterrichtende oder erzieherische Tätigkeit, die selbstständige Berufstätigkeit der Ärzte, Zahnärzte, Tierärzte, Rechtsanwälte, Notare, Patentanwälte, Vermessungsingenieure, Ingenieure, Architekten, Handelschemiker, Wirtschaftsprüfer, Steuerberater, beratenden Volks- und Betriebswirte, vereidigten Buchprüfer, Steuerbevollmächtigten, Heilpraktiker, Dentisten, Krankengymnasten, Journalisten, Bildberichterstatter, Dolmetscher, Übersetzer, Lotsen und ähnlicher Berufe. Ein Angehöriger eines freien Berufs im Sinne der Sätze 1 und 2 ist auch dann freiberuflich tätig, wenn er sich der Mithilfe fachlich vorgebildeter Arbeitskräfte bedient; Voraussetzung ist, dass er auf Grund eigener Fachkenntnisse leitend und eigenverantwortlich tätig wird. Eine Vertretung im Fall vorübergehender Verhinderung steht der Annahme einer leitenden und eigenverantwortlichen Tätigkeit nicht entgegen. ...“

Weitere Regelungen finden Sie in den folgenden Absätzen des § 18 EStG.

1.1.3 Umsatz- und Gewinngrenzen

Einkünfte " aus Gewerbebetrieben sind in § 15 des EStG geregelt:

„Einkünfte aus Gewerbebetrieb sind: Einkünfte aus gewerblichen Unternehmen. Dazu gehören auch Einkünfte aus gewerblicher Bodenbewirtschaftung, z. B. aus Bergbauunternehmen und aus Betrieben zur Gewinnung von Torf, Steinen und Erden, soweit sie nicht land- oder forstwirtschaftliche Nebenbetriebe sind. Als Gewerbebetrieb gilt in vollem Umfang die mit Einkünfteerzielungsabsicht unternommene Tätigkeit einer offenen Handelsgesellschaft, einer Kommanditgesellschaft oder einer anderen Personengesellschaft, wenn die Gesellschaft auch eine Tätigkeit im Sinne des Absatzes 1 Nummer 1 ausübt oder gewerbliche Einkünfte im Sinne des Absatzes 1 Satz 1 Nummer 2 bezieht. ..."

Praxis-Hinweis
Weitere Einzelheiten entnehmen Sie bitte dem Einkommensteuergesetz.

Für den Fall, dass Gewerbetreibende eine der Grenzen (mehr als 500.000 Euro Umsatz oder mehr als 50.000 Euro Gewinn) überschreiten, wird das Finanzamt i. d. R. aktiv. Sie erhalten eine Mitteilung, dass Sie künftig Ihre Bücher nach der doppelten Buchführung führen müssen. Halten Sie die Grenzen aber stets selbst im Auge!

1.2 Vorteile der Einnahmen-/Überschussrechnung

Die Vorteile einer Einnahmen-/Überschussrechnung liegen auf der Hand: Eine Einnahmen-/Überschussrechnung kann im Prinzip ohne tief greifende Buchführungskenntnisse durchgeführt werden. Einnahmen und Ausgaben werden saldiert, Abschreibungen gesondert berücksichtigt. Diese Daten werden in ein dreiseitiges Steuerformular – nämlich in die Anlage EÜR – eingetragen (siehe Abbildung 1 und Abbildung 2). Fertig!

Die Pflichten, die im Rahmen einer so genannten doppelten Buchführung zu erfüllen sind, entfallen!

Aber dennoch: Im Verlaufe eines Geschäftsjahres häufen sich die Belege, die Sie im Rahmen einer Einnahmen-/Überschussrechnung berücksichtigen müssen. Wer da nicht von Beginn an Ordnung und Struktur in seinen Unterlagen hat, verliert leicht den Überblick.

Name/Gesellschaft/Gemeinschaft/Körperschaft

Vorname

Anlage EÜR

Bitte für jeden Betrieb eine
gesonderte Anlage EÜR einreichen!

(Betriebs-)Steuernummer	77	10	1
	99	15	

Einnahmenüberschussrechnung
nach § 4 Abs. 3 EStG für das Kalenderjahr 2010   Beginn   Ende

davon abweichend   131   T T M M   2 0 1 0   132   T T M M J J J J

Art des Betriebs   Zuordnung zur Einkunfts-
art (siehe Anleitung)

100   105

Wurde im Kalenderjahr/Wirtschaftsjahr der Betrieb veräußert oder aufgegeben? (Bitte Zeile 67 beachten)   111   Ja = 1

Wurden im Kalenderjahr/Wirtschaftsjahr Grundstücke/grundstücksgleiche Rechte entnommen
oder veräußert?   120   Ja = 1 oder Nein = 2

1. Gewinnermittlung | 99 | 20 |

Betriebseinnahmen   EUR   Ct

Betriebseinnahmen als umsatzsteuerlicher **Kleinunternehmer** (nach § 19 Abs. 1 UStG)   111

davon aus Umsätzen, die in § 19 Abs. 3
Nr. 1 und 2 UStG bezeichnet sind   119   *(weiter ab Zeile 15)*

Betriebseinnahmen als **Land- und Forstwirt**, soweit die Durchschnittssatz-
besteuerung nach § 24 UStG angewandt wird   104

Umsatzsteuerpflichtige Betriebseinnahmen   112

Umsatzsteuerfreie, nicht umsatzsteuerbare Betriebseinnahmen sowie Betriebseinnahmen, für die der Leistungsempfänger die Umsatzsteuer nach § 13b UStG schuldet   103

davon Kapitalerträge   113

Vereinnahmte Umsatzsteuer sowie Umsatzsteuer auf unentgeltliche Wertabgaben   140

Vom Finanzamt erstattete und ggf. verrechnete Umsatzsteuer   141

Veräußerung oder Entnahme von Anlagevermögen   102

Private Kfz-Nutzung   106

Sonstige Sach-, Nutzungs- und Leistungsentnahmen   108

Auflösung von Rücklagen, Ansparabschreibungen für Existenzgründer und/oder
Ausgleichsposten (Übertrag aus Zeile 77)

Summe Betriebseinnahmen   159

Abbildung 1: Auszug aus der ersten Seite der Einnahmen-/Überschussrechnung

	99	25

Betriebsausgaben   EUR   Ct

Betriebsausgabenpauschale für **bestimmte Berufsgruppen** und/oder Freibetrag
nach § 3 Nr. 26 und 26a EStG   190

Sachliche Bebauungskostenpauschale (für Weinbaubetriebe)/
Betriebsausgabenpauschale für **Forstwirte**   191

Waren, Rohstoffe und Hilfsstoffe einschl. der Nebenkosten   100

Bezogene Fremdleistungen   110

Ausgaben für eigenes Personal (z.B. Gehälter, Löhne und Versicherungsbeiträge)   120

Absetzung für Abnutzung (AfA)

AfA auf unbewegliche Wirtschaftsgüter (ohne AfA für das häusliche Arbeitszimmer)   136

AfA auf immaterielle Wirtschaftsgüter (z.B. erworbene Firmen-, Geschäfts- oder
Praxiswerte)   131

AfA auf bewegliche Wirtschaftsgüter (z.B. Maschinen, Kfz)   130

Übertrag (Summe Zeilen 21 bis 28)

Abbildung 2: Weiterer Ausschnitt aus der ersten Seite der Anlage EÜR

1.3 Einflussgrößen der EÜR

Die Einnahmen-/Überschussrechnung basiert auf folgendem Prinzip und berücksichtigt u. a. die folgenden Größen:

- Einnahmen

- Ausgaben

- Abschreibungen

Aus diesen Werten ergibt sich – je nach Geschäftslage – ein Gewinn oder ein Verlust. Der Papierkram hält sich also in Grenzen.

Die Einnahmen und Ausgaben müssen während des Geschäftsjahres gesammelt und i. d. R. aufgelistet werden. Das ist lästig und erfordert Disziplin. Auf der sicheren Seite sind Sie, wenn Sie Ihre Geldflüsse regelmäßig dokumentieren. Je nach Umfang sollten Sie nach Möglichkeit alle Einnahmen und Ausgaben täglich schriftlich festhalten, mindestens jedoch einmal pro Woche. Wenn sich die Belege einmal gehäuft haben, fällt die Arbeit oft schwer und Sie verlieren leicht den Überblick.

Ordnung spart Zeit

1.3.1 So behalten Sie den Überblick

Mit den nachfolgenden Praxis-Tipps behalten Sie in Ihrer Einnahmen-/Überschussrechnung den Überblick:

- Wenn Sie Ihre Einnahmen und Ausgaben nicht täglich erfassen, legen Sie sich eine Mappe an, in der Sie alle Belege sammeln, die Sie im Rahmen der Einnahmen-/Überschussrechnung berücksichtigen müssen. Dann gehen keine wichtigen Unterlagen verloren.

- Ordnen Sie alle Belege zunächst nach Einnahmen und Ausgaben.

- Anschließend sortieren Sie nach Einnahme- und Ausgabekategorien und Datum.

- Listen Sie alle Einnahmen und Ausgaben gesondert auf. Wie Sie das mit Hilfe von Microsoft Excel erledigen, wird im Verlaufe dieses Buches detailliert beschrieben.

- Vergleichen Sie Ihre Kontoauszüge regelmäßig mit den Auflistungen bzw. Belegen.

- Heften Sie Ihre Belege nach Sachgebieten chronologisch ab. Bei den Sachgebieten orientieren Sie sich an den Anforderungen der Einnahmen-/Überschussrechnung.

So gliedern Sie Ihre Einnahmen

Einnahmen gliedern Sie wie folgt:

- Betriebseinnahmen zum allgemeinen Umsatzsteuersatz (19 %)

- Betriebseinnahmen zum ermäßigten Umsatzsteuersatz (7 %), z. B. Bücher

- umsatzsteuerfreie Betriebseinnahmen, z. B. Steuerrückerstattungen
- Sachentnahmen
- private Kraftfahrzeugnutzung
- private Telefonnutzung
- ggf. vereinnahmte Umsatzsteuer

Praxis-Hinweis
Besonderheiten zur Umsatzsteuerpflicht werden in Kapitel 2 behandelt.

Diese Angaben werden auf der Ausgabenseite verlangt

In der Anlage EÜR werden u. a. folgende Angaben verlangt (siehe Abbildung 3):

- Betriebsausgaben
- Absetzung für Abnutzung (Abschreibungen)
- abziehbare Aufwendungen für ein häusliches Arbeitszimmer
- Miete/Pacht für Geschäftsräume und betrieblich genutzte Grundstücke
- Sonstige Aufwendungen für betrieblich genutzte Grundstücke
- Schuldzinsen
- Bezogene Leistungen
- Geschenke
- Bewirtung
- Reisekosten
- Porto
- Telefon
- Büromaterial
- Kontoführung

Diese Sachgebiete sollten Sie also in jedem Fall vorsehen. Wie Sie dies im Rahmen eines Excel-Tools umsetzen, wird im Verlaufe des Buches erläutert.

		EUR	Ct
Übertrag (Summe Zeilen 21 bis 28)		. .	,
Sonderabschreibungen nach § 7g EStG	134	. .	,
Herabsetzungsbeträge nach § 7g Abs. 2 EStG (Erläuterung auf gesondertem Blatt)	138	. .	,
Aufwendungen für geringwertige Wirtschaftsgüter nach § 6 Abs. 2 EStG	132	. .	,
Auflösung Sammelposten nach § 6 Abs. 2a EStG	137	. .	,
Restbuchwert der ausgeschiedenen Anlagegüter	135	. .	,
Raumkosten und sonstige Grundstücksaufwendungen (ohne häusliches Arbeitszimmer)			
Miete/Pacht für Geschäftsräume und betrieblich genutzte Grundstücke	150	. .	,
Miete/Aufwendungen für doppelte Haushaltsführung	152	. .	,
Sonstige Aufwendungen für betrieblich genutzte Grundstücke (ohne Schuldzinsen und AfA)	151	. .	,
Sonstige unbeschränkt abziehbare Betriebsausgaben			
Aufwendungen für Telekommunikation (z.B. Telefon)	280	. .	,
Fortbildungskosten	281	. .	,
Rechts- und Steuerberatung, Buchführung	194	. .	,
Schuldzinsen zur Finanzierung von Anschaffungs- und Herstellungskosten von Wirtschaftsgütern des Anlagevermögens	232	. .	,
Übrige Schuldzinsen	234	. .	,
Gezahlte Vorsteuerbeträge	185	. .	,
An das Finanzamt gezahlte und ggf. verrechnete Umsatzsteuer	186	. .	,
Rücklagen, stille Reserven und/oder Ausgleichsposten (Übertrag aus Zeile 77)		. .	,
Übrige unbeschränkt abziehbare Betriebsausgaben	183	. .	.

Abbildung 3: Auszug aus der zweiten Seite der Anlage EÜR

Praxis-Hinweis
Das Thema Abschreibungen wird in Kapitel 5 ausführlich behandelt.

1.3.2 Bezug zur Einkommensteuererklärung

Aus den Positionen Einnahmen, Ausgaben und Abschreibungen ergibt sich am Jahresende ein Gewinn oder Verlust (siehe Abbildung 4). Der Gewinn oder Verlust fließt als Einnahmen-Position in Ihre Einkommensteuererklärung ein.

Ermittlung des Gewinns		EUR	Ct
Summe der Betriebseinnahmen (Übertrag aus Zeile 20)			
abzüglich Summe der Betriebsausgaben (Übertrag aus Zeile 57)	—		
zuzüglich			
– Hinzurechnung der Investitionsabzugsbeträge nach § 7g Abs. 2 EStG (Erläuterung auf gesondertem Blatt)	188 +		
– Gewinnzuschlag nach § 6b Abs. 7 und 10 EStG	123 +		
abzüglich			
– erwerbsbedingte Kinderbetreuungskosten nach § 9c EStG	184 —		
– Investitionsabzugsbeträge nach § 7g Abs. 1 EStG (Erläuterung auf gesondertem Blatt)	187 —		
Hinzurechnungen und Abrechnungen bei Wechsel der Gewinnermittlungsart	250		
Korrigierter Gewinn/Verlust	290		

	Gesamtbetrag		Korrekturbetrag	
Bereits berücksichtigte Beträge, für die das Teileinkünfte-verfahren bzw. § 8b KStG gilt	261	262		
Steuerpflichtiger Gewinn/Verlust vor Anwendung des § 4 Abs. 4a EStG		293		
Hinzurechnungsbetrag nach § 4 Abs. 4a EStG		271 +		
Steuerpflichtiger Gewinn/Verlust		219		

Abbildung 4: Auszug aus Seite 3 der Anlage EÜR

1.3.3 Die aktuellen Zeilennummern in der Anlage EÜR

Die Anlage EÜR, in die die Zahlen zur Einnahmen-/Überschussrechnung eingetragen werden, arbeitet mit so genannten Zeilennummern. Zurzeit sind die in Tabelle 1 aufgeführten Zeilenangaben zur Eingabe von Zahlen aktuell.

Zeile	EÜR
	Gewinnermittlung
8	Betriebseinnahmen als umsatzsteuerlicher Kleinunternehmer
9	davon aus Umsätzen, die in § 19 Abs. 3 Nr. 1 und Nr. 2 UStG bezeichnet sind
	Betriebseinnahmen
10	Betriebsseinnahme als Land- und Forstwirt (bei Durchschnittssatzbesteuerung)
11	Umsatzsteuerpflichtige Betriebseinnahmen
12	Umsatzsteuerfreie, nicht umsatzsteuerbare Betriebseinnahmen sowie Betriebseinnahmen, für die der Leistungsempfänger die Umsatzsteuer nach § 13b UStG schuldet
14	Vereinnahmente Umsatzsteuer sowie Umsatzsteuer auf unentgeltliche Wertabgaben
15	Vom Finanzamt erstattete und ggf. verrechnete Umsatzsteuer

Zeile	EÜR
16	Veräußerung oder Entnahme von Anlagevermögen
17	Private Kfz-Nutzung
18	Sonstige Sach-, Nutzungs- und Leistungsentnahmen
19	Auflösung von Rücklagen, Ansparabschreibungen und/oder Ausgleichsposten
20	Summe Betriebseinnahmen
	Betriebsausgaben
21	Betriebsausgabenpauschale für bestimmte Berufsgruppen
22	Sachliche Bebauungskostenpauschale
23	Waren, Rohstoffe und Hilfsstoffe einschließlich der Nebenkosten
24	Bezogene Fremdleistungen
25	Ausgaben für eigenes Personal
	Absetzung für Abnutzung (AfA)
26	AfA auf unbewegliche Wirtschaftsgüter (ohne AfA für das häusliche Arbeitszimmer)
27	AfA auf immaterielle Wirtschaftsgüter (z. B. erworbene Firmen-, Geschäfts- oder Praxiswerte)
28	AfA auf bewegliche Wirtschaftsgüter (z. B. Maschinen, Kfz)
31	Sonderabschreibungen nach § 7g EStG
32	Herabsetzungsbeträge nach § 7g Abs. 2 EStG
33	Aufwendungen für geringwertige Wirtschaftsgüter
34	Auflösung Sammelposten nach § 6 Abs. 2a EStG
35	Restbuchwert ausgeschiedenen Anlagegüter
	Raumkosten und sonstige Grundstücksaufwendungen (ohne häusliches Arbeitszimmer)
36	Miete/Pacht für Geschäftsräume und betrieblich genutzte Grundstücke
37	Miete/Aufwendungen für doppelte Haushaltsführung
38	Sonstige Aufwendungen für betrieblich genutzte Grundstücke (ohne Schuldzinsen und AfA)
	Sonstige unbeschränkt abziehbare Betriebsausgaben
39	Aufwendungen für Telekommunikation
40	Fortbildungskosten
41	Rechts- und Steuerberatung, Buchführung

Zeile	EÜR
42	Schuldzinsen zur Finanzierung von Anschaffungs- und Herstellungskosten von Wirtschaftsgütern des Anlagevermögens
43	Übrige Schuldzinsen
44	Gezahlte Vorsteuerbeträge
45	An das Finanzamt gezahlte und ggf. verrechnete Umsatzsteuer
46	Rücklagen, stille Reserven und/oder Ausgleichsposten (Übertrag von Zeile 77)
47	Übrige unbeschränkte abziehbare Betriebsausgaben
	Beschränkt abziehbare Betriebsausgaben und Gewerbesteuer
48	Geschenke
49	Bewirtungsaufwendungen
50	Verpflegungsmehraufwendungen
51	Aufwendungen für ein häusliches Arbeitszimmer
52	Sonstige beschränkt abziehbare Betriebsausgaben
53	Gewerbesteuer
	Kraftfahrzeugkosten und andere Fahrtkosten
54	Tatsächliche Kraftfahrzeugkosten und andere Fahrtkosten
55	Kraftfahrzeugkosten für Wege
56	Mindestens abziehbare Kraftfahrzeugkosten
57	Summe Betriebsausgaben
	Ermittlung des Gewinns
61	Summe der Betriebseinnahmen (Übertrag aus Zeile 20)
62	abzüglich Summe der Betriebsausgaben (Übertrag aus Zeile 57)
63	zuzüglich Hinzurechnung der Investitionsabzugsbeträge nach § 7g Abs. 2 EStG
64	zuzüglich Gewinnzuschlag
65	abzüglich erwerbsbedingte Kinderbetreuungskosten
66	abzüglich Investitionsabzugsbeträge nach § 7g Abs. 1 EStG
67	Hinzurechnung und Abrechnung bei Wechsel der Gewinnermittlungsart
68	Korrigierter Gewinn/Verlust
69	Bereits berücksichtigte Beträge für die das Teileinkünfteverfahren bzw. § 8b KStG gilt
70	Steuerpflichtiger Gewinn/Verlust vor Anwendung des § 4 Abs. 4a EStG

Zeile	EÜR
71	Hinzurechnungsbetrag § 4 Abs. 4a EStG
72	Gewinn/Verlust
	Ergänzende Angaben
73	Rücklagen
74	Übertragung von stillen Reserven
75	Ansparabschreibungen für Existenzgründer
76	Ausgleichsposten
77	Gesamtsumme
	Entnahmen und Einlagen
78	Entnahme
79	Einlagen

Tabelle 1: Die Bedeutung der Zeilennummern in der Anlage EÜR im Rahmen der Einkommensteuer 2010

1.4 Exkurs: Betriebsprüfung

Die Besteuerung von Selbstständigen erfolgt auf dessen eigenen Angaben. Das ist aber kein Freifahrtschein für Schwindeleien. Routinemäßig oder wenn ein besonderer Verdacht besteht, führen die Finanzämter Betriebsprüfungen durch.

In der Regel melden sich die Prüfer mindestens zwei Wochen vor dem Prüfungstermin schriftlich an. In der Mitteilung macht das Finanzamt in der Regel folgende Angaben:

* Zeitpunkt der Prüfung

* Zeitraum, den die Prüfung umfassen wird

* Steuerart, die geprüft wird (z. B. Einkommenssteuer oder Umsatzsteuer)

* Name des Prüfers

Beim Prüfungstermin sollten alle Unterlagen bereitstehen. Wer seine Bücher in Ordnung hat und ehrlich war, muss die Außenprüfung nicht fürchten. Während der Prüfung werden Aufstellungen genau mit den Eingangs- und Ausgangsrechnungen sowie den Kontoauszügen verglichen. Auf der sicheren Seite sind Sie mit gut strukturierten und verständlichen Unterlagen, bei denen sich die einzelnen Positionen eindeutig belegen lassen.

Steuerprüfung

Praxis-Hinweis

Prüfer haben bei Unregelmäßigkeiten die Möglichkeit, mittels statistischer Verfahren, Unregelmäßigkeiten aufzudecken. Wer schwindelt oder betrügt, muss damit rechnen, erwischt zu werden.

Selbst-
anzeige

Gibt es Unregelmäßigkeiten in Ihren Unterlagen, sollten Sie diese mit Ihrem Steuerberater besprechen und auch, ob eine strafbefreiende Selbstanzeige möglich ist. Zurzeit wäre dies noch ein Lösungsweg. Allerdings sind von Seiten der Regierung Überlegungen im Gange, dies künftig zu ändern.

1.5 Leistungsfähige Buchführung für kleine Unternehmen

Egal, ob AG oder Ein-Mann-Unternehmer, der Fiskus verlangt von allen Selbstständigen und Kleinunternehmern, die Einnahmen und Ausgaben sorgfältig zu dokumentieren. Zwar sind die Anforderungen, die an Kleinunternehmer gestellt werden, nicht so hoch wie im Rahmen der doppelten Buchführung, dafür steht aber in der Regel kein eigens für diese Zwecke ausgebildetes Personal zur Verfügung. Oft muss der Selbstständige seine Pflichten neben der eigentlichen Haupttätigkeit durchführen. Das sollte Grund genug sein, die Arbeit so einfach wie möglich zu gestalten.

Grundsätzlich haben Sie folgende Alternativen, die Einnahmen-/Überschussrechnung zur Zufriedenheit des Fiskus durchzuführen:

EÜR mit
Software

- Manuell, das heißt Sie schreiben alle Positionen, die in die Einnahmen-/Überschussrechnung einfließen, sorgfältig auf. Sie erkennen sicher sofort, dass diese Variante umständlich, im Computerzeitalter „out" und nicht zu empfehlen ist.

- Anschaffung einer Buchführungssoftware, das heißt Sie kaufen ein Buchführungsprogramm, das Sie bei der Einnahmen-/Überschussrechnung unterstützt. Diese Alternative ist häufig teuer. Auch wenn Sie die Kosten nicht scheuen, gibt es einen entscheidenden Nachteil: Sie müssen sich mit der Software vertraut machen, sich mit ihr auseinandersetzen und diese erlernen. Unterschätzen Sie diese Zeit nicht.

- Das Erfassen Ihrer Daten in vorgefertigte Excel-Listen. Diese Variante ist die wohl einfachste der vorgestellten Alternativen und wird im Verlaufe dieses Buches beschrieben. Allerdings ist der Einsatz eines fertigen Excel-Tools komfortabler.

- Das Erstellen einer Excel-Datei, das heißt: Sie richten selbstständig ein Tabellengerüst ein, mit dessen Hilfe Sie alle Positionen, die in die Einnahmen-/Überschussrechnung eingehen, sammeln und verrechnen. Das setzt jedoch zum einen umfassende Kenntnisse im Umgang mit der Tabellenkalkulation voraus und ist darüber hinaus sehr zeitintensiv.

- Arbeiten mit einem fertigen Excel-Tool. Das heißt, Sie nutzen die Musterlösungen, die Ihnen auf der Begleit-CD-ROM zu diesem Buch zur Verfügung gestellt werden. Sie haben verschiedene Varianten zur Auswahl. Welches die richtige Version für Sie ist, hängt davon ab, ob Sie umsatzsteuerpflichtig sind oder nicht.

Excel-Mustervorlage auf Ihrer CD-ROM zum Buch:
Auf Ihrer CD-ROM zum Buch stehen Ihnen 10 Excel-Vorlagen bzw. Excel-Tools mit einem Klick rund um das Thema Einnahmen-/Überschussrechnung zur Verfügung.

Die Vorteile der Musterlösungen auf einen Blick:

- Sie müssen die Positionen, die zur Einnahmen-/Überschussrechnung gehören, nicht manuell erfassen.
- Es fallen keine Anschaffungskosten für eine Software an.
- Sie müssen nicht selbstständig ein komplexes Tabellenmodell aufbauen, sondern arbeiten mit fertigen Strukturen.
- Mit Grundkenntnissen in Excel sind Sie in der Lage, die fertigen Tools zu bedienen.
- Das Tool verdichtet automatisch alle notwendigen Informationen, sodass Sie die einzelnen Zahlen nur noch in die Anlage EÜR übertragen müssen.

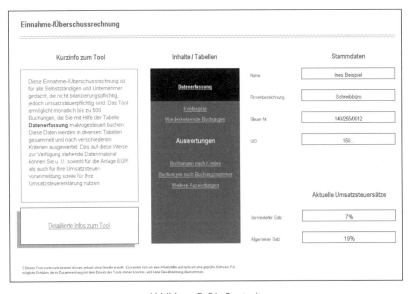

Abbildung 5: Die Startseite

2 Die Bedeutung der Umsatzsteuer im Rahmen der EÜR

Wer nicht in die Rubrik „Kleinunternehmer" fällt, ist in Deutschland umsatzsteuerpflichtig.

2.1 Umsatzsteuerpflicht

Umsatzsteuer ist im Rahmen der Einnahmen-/Überschussrechnung in der Regel ein besonderer Einnahmeposten, entsprechend ist die Vorsteuer ein besonderer Ausgabeposten. Die an das Finanzamt gezahlt Zahllast wird als Ausgabe behandelt. Eine Erstattung durch das Finanzamt führt entsprechend zur Einnahme. Kleinunternehmer sind von dieser Regelung nicht betroffen.

2.1.1 Von der Umsatzsteuer befreit

Nicht jeder Unternehmer unterliegt zwangsläufig der Umsatzsteuerpflicht – unter bestimmten Voraussetzungen können Unternehmer und Selbstständige von der Umsatzsteuerpflicht befreit sein. Als Maßstab wird der Umsatz herangezogen. Er darf folgende Grenzen nicht übersteigen:

- im Gründungs- bzw. Vorjahr 17.500 Euro
- im laufenden Kalenderjahr 50.000 Euro

Wer sich unter den genannten Grenzen bewegt, gilt umsatzsteuerlich als „Kleinunternehmer". Das wiederum bedeutet:

- Sie müssen weder eine Umsatzsteuererklärung noch eine Umsatzsteuer-Voranmeldung ausfüllen und an das Finanzamt abliefern. Das wiederum bedeutet, dass Sie einen geringeren Verwaltungsaufwand haben, als umsatzsteuerpflichtige Unternehmer: Sie müssen keine Umsatzsteuereinnahmen und keine Vorsteuerausgaben berücksichtigen.
- Sie müssen keine Mehrwertsteuer auf Ihre Ausgangsrechnungen aufschlagen. Auf diese Weise können Sie Ihre Waren oder Dienstleistungen möglicherweise günstiger an den Endverbraucher veräußern als Ihre Konkurrenz und erhalten dadurch womöglich mehr Aufträge als der Wettbewerber. Wenn Sie allerdings Ihre Waren bzw. Dienstleistungen ausschließlich an Unternehmen veräußern, verschaffen Sie sich keinen Angebotsvorteil. Die Unternehmer erhalten die von Ihnen in Rechnung gestellte Mehrwertsteuer in der Regel ohnehin von Finanzamt zurück.

- Die Kehrseite der Medaille: Wenn Sie keine Mehrwertsteuer in Rechnung stellen, dürfen Sie umgekehrt auch die Vorsteuer (das ist Mehrwertsteuer, die in den an Sie gerichteten Eingangsrechnungen enthalten ist) nicht wieder beim Finanzamt holen.

Das Prinzip verdeutlicht Abbildung 6.

Abbildung 6: Abrechnungsbeispiel 1

Praxis-Hinweis

Wenn Sie keine Mehrwertsteuer in Rechnung stellen, wissen Ihre Kunden, dass Sie kein „Großunternehmer", sondern eher ein „kleiner Krauter" sind.

Bestünde eine Umsatzsteuerpflicht, so würde das zuvor abgebildete Zahlenbeispiel sich wie in Abbildung 7 gezeigt auswirken.

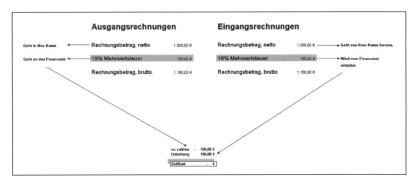

Abbildung 7: Abrechnungsbeispiel 2

Wenn Sie größere Investitionen tätigen, z. B. einen Geschäftswagen anschaffen oder Ihr Büro komplett neu ausstatten, verschenken Sie möglicherweise bares Geld – Abbildung 8 verdeutlicht dies.

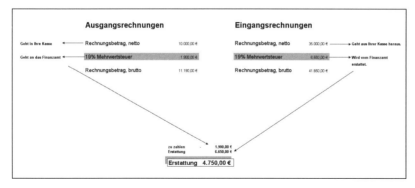

Abbildung 8: Abrechnungsbeispiel 3

2.1.2 Sie haben ein Wahlrecht

Unter Umständen kann es deshalb sinnvoll sein, sich freiwillig der Umsatzsteuerpflicht zu unterwerfen. In der Fachsprache heißt das: „Freiwillig für die Umsatzsteuer optieren". Allerdings unterwerfen Sie sich mit dieser Aktion für fünf Jahre der Umsatzsteuerpflicht. Damit will der Fiskus verhindern, dass Sie Ihre Investitionen sammeln, den Umsatzsteueranteil in einem Jahr sparen und im Folgejahr die Vorteile eines Nicht-Umsatzsteuerpflichtigen genießen.

Praxis-Tipp
Die Frage, ob es sich lohnt, von dem Wahlrecht Gebrauch zu machen, kann nicht pauschal beantwortet werden. Das ist im Einzelfall zu prüfen bzw. mit dem Steuerberater abzustimmen.

2.1.3 Exkurs: Vorsteuerabzug nach Durchschnittsätzen

Für einige Berufsgruppen gibt es gem. §23 UStG die Möglichkeit eines pauschalen Vorsteuerabzugs nach Durchschnittssätzen. Die abzugsfähige Vorsteuer ergibt sich dann durch einen bestimmten Prozentsatz des Umsatzes: Die Höhe der tatsächlichen Vorsteuer ist dabei unerheblich. Der Gesetzestext des §23 lautet wie folgt:

„1) Das Bundesministerium der Finanzen kann mit Zustimmung des Bundesrates zur Vereinfachung des Besteuerungsverfahrens für Gruppen von Unternehmern, bei denen hinsichtlich der Besteuerungsgrundlagen annähernd gleiche Verhältnisse vorliegen und die nicht verpflichtet sind, Bücher zu führen und auf Grund jährlicher Bestandsaufnahmen regelmäßig Abschlüsse zu machen, durch Rechtsverordnung Durchschnittsätze festsetzen für

Vorsteuer

1. die nach § 15 abziehbaren Vorsteuerbeträge oder die Grundlagen ihrer Berechnung oder

2. die zu entrichtende Steuer oder die Grundlagen ihrer Berechnung.

(2) Die Durchschnittsätze müssen zu einer Steuer führen, die nicht wesentlich von dem Betrag abweicht, der sich nach diesem Gesetz ohne Anwendung der Durchschnittssätze ergeben würde.

(3) Der Unternehmer, bei dem die Voraussetzungen für eine Besteuerung nach Durchschnittssätzen im Sinne des Absatzes 1 gegeben sind, kann beim Finanzamt bis zur Unanfechtbarkeit der Steuerfestsetzung (§ 18 Abs. 3 und 4) beantragen, nach den festgesetzten Durchschnittssätzen besteuert zu werden. Der Antrag kann nur mit Wirkung vom Beginn eines Kalenderjahres an widerrufen werden. Der Widerruf ist spätestens bis zur Unanfechtbarkeit der Steuerfestsetzung des Kalenderjahres, für das er gelten soll, zu erklären. Eine erneute Besteuerung nach Durchschnittssätzen ist frühestens nach Ablauf von fünf Kalenderjahren zulässig."

Es gelten z. B. folgende Durchschnittsätze für folgende Gruppen:

- Bäckerei 5,4 %
- Bau- und Möbeltischlerei 9,0 %
- Beschlag-, Kunst- und Reparaturschmiede 7,5 %
- Buchbinderei 5,2 %
- Hochschullehrer 2,9 %
- Journalisten 4,8 %
- Schriftsteller 2,6 %
- Architekten 1,9 %

Praxis-Tipp

Die genannten Pauschalsätze können sich jederzeit ändern. Nähere Informationen sowie die Pauschalsätze weiterer Berufsgruppen finden Sie in der Umsatzsteuerdurchführungsverordnung sowie im Web-Angebot des Bundesministeriums der Justiz unter folgender Web-Adresse (siehe Abbildung 9):

http://bundesrecht.juris.de/ustdv_1980/BJNR023590979BJNE010507301.html

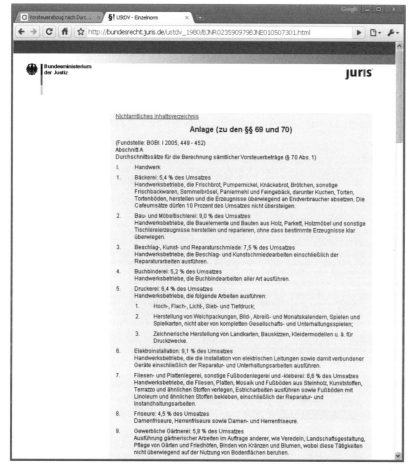

Abbildung 9: Auszug aus der Seite des Bundesministeriums der Justiz

2.1.4 Umsatzsteuer-Voranmeldung

Egal, ob freiwillig oder aufgrund gesetzlicher Vorschriften, wer umsatz-
steuerpflichtig ist, muss diese regelmäßig und ohne Aufforderung an das
Finanzamt anzeigen und überweisen. Die Einreichung der Umsatzsteuer-
Voranmeldung ist genauso Pflicht wie die Zahlung der Umsatzsteuer.
Pünktlichkeit ist dabei oberstes Gebot. Mit einer Mahnung – Mahnge-
bühren inklusive – ist das Finanzamt schnell dabei!

Mögliche Zeiträume sind:

- monatliche Umsatzsteuer-Voranmeldung
- quartalsweise Umsatzsteuer-Voranmeldung
- jährliche Umsatzsteuer-Voranmeldung

Unabhängig von der Dauer des Voranmeldungszeitraums ist die Meldung bis zum 10. des nachfolgenden Monats einzureichen. Bis zu diesem Zeitpunkt müssen Sie auch die Umsatzsteuer bezahlen. Fällt der Termin allerdings auf ein Wochenende, verschiebt er sich i. d. R. auf den nachfolgenden Montag.

Entspricht der Voranmeldungszeitraum einem Kalendervierteljahr, sind die Voranmeldungen grundsätzlich bis zum 10.1., 10.4., 10.7. und 10.10. abzugeben. Diese Termine gelten ebenfalls für die Zahlung der Umsatzsteuer.

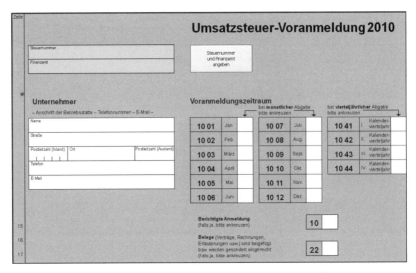

Abbildung 10: Auszug aus der Umsatzsteuer-Voranmeldung

Dauerfristverlängerung

Unter bestimmten Voraussetzungen können die Fristen zur Abgabe der Voranmeldungen auf Antrag um einen Monat verlängert werden.

2.1.5 Bezug zur Einnahmen-/Überschussrechnung

Streng genommen haben die Umsatzsteuer-Voranmeldung und die Umsatzsteuererklärung auf der einen und die Einnahmen-/Überschussrechnung auf der anderen Seite nichts miteinander zu tun. Wer geschickt vorgeht, kann aber alle Umsatzsteuerdaten aus der Einnahmen-/Überschussrechnung entnehmen. Somit erledigen Sie unterschiedliche Pflichten quasi in einem Arbeitsgang. Diese Vorgehensweise ist effektiv und dringend zu empfehlen. Sie wird auch in der Musterlösung zu diesem Buch umgesetzt.

2.2 Von der Einnahmen-/Überschussrechnung direkt in das Elster-Formular

Die Musterlösungen zum Buch sammeln Einnahmen sowie Ausgaben und verdichtet die Daten für Ihre Umsatzsteuer-Voranmeldung. Gleichzeitig erhalten Sie Auskunft darüber, ob Sie Steuern an das Finanzamt zahlen müssen oder eine Erstattung erhalten. Ihr Zahlenmaterial müssen Sie nur noch in das elektronische Elster-Formular des Fiskus eintippen und online an das zuständige Finanzamt übermitteln.

Dazu führen Sie folgende Arbeitsschritte durch:

Elster

1. Starten Sie die Elster-Software und entscheiden Sie sich im Eingangsdialog im Bereich **Steuervoranmeldung** für die Option **Umsatzsteuer** (siehe Abbildung 11).

2. Die Umsätze und die in diesem Zusammenhang vereinnahmte Mehrwertsteuer gehören auf die erste Seite des amtlichen Formulars unter Punkt **I. Anmeldung der Umsatzsteuer-Vorauszahlung** in den Bereich **Steuerpflichtige Umsätze**.

3. Die Netto-Umsätze zum Steuersatz von 19 % werden in Zeile 27 erfasst, die Umsätze zum Steuersatz von 7 % werden in Zeile 28 der Spalte **Bemessungsgrundlage ohne Umsatzsteuer** geschrieben (Nr. 81 bzw. 86). Wichtig in diesem Zusammenhang ist, dass hier ausschließlich volle Euro-Beträge erfasst werden – das heißt, die Nachkommastellen lassen Sie unberücksichtigt.

4. In der Spalte rechts daneben wird die zugehörige **Steuer** automatisch vom Programm errechnet.

	I. Anmeldung der Umsatzsteuer-Vorauszahlung		Bemessungsgrundlage ohne Umsatzsteuer		Steuer	
			volle EUR	Ct	EUR	Ct
18	**I. Anmeldung der Umsatzsteuer-Vorauszahlung**					
19	**Lieferungen und sonstige Leistungen** (einschließlich unentgeltlicher Wertabgaben)					
20	Steuerfreie Umsätze mit Vorsteuerabzug					
21	**Innergemeinschaftliche Lieferungen** (§ 4 Nr. 1 Buchst. b UStG) an Abnehmer **mit** USt-IdNr.	41		–		
22	neuer Fahrzeuge an Abnehmer **ohne** USt-IdNr.	44		–		
23	neuer Fahrzeuge außerhalb eines Unternehmens (§ 2a UStG)	49		–		
24	**Weitere steuerfreie Umsätze mit Vorsteuerabzug** (z.B. **Ausfuhrlieferungen**, Umsätze nach § 4 Nr. 2 bis 7 UStG)	43		–		
25	**Steuerfreie Umsätze ohne Vorsteuerabzug** Umsätze nach § 4 Nr. 8 bis 28 UStG	48		–		
26	**Steuerpflichtige Umsätze** (Lieferungen und sonstige Leistungen einschl. unentgeltlicher Wertabgaben)					
27	zum Steuersatz von 19 v.H.	81		–		
28	zum Steuersatz von 7 v.H.	86		–		
29	zu anderen Steuersätzen	35		– 36		
30	**Umsätze land- und forstwirtschaftlicher Betriebe nach § 24 UStG**					
31	Lieferungen in das übrige Gemeinschaftsgebiet an Abnehmer **mit** USt-IdNr.	77		–		
32	Umsätze, für die eine Steuer nach § 24 UStG zu entrichten ist (Sägewerkserzeugnisse, Getränke und alkohol. Flüssigkeiten, z.B. Wein)	76		– 80		
33	**Innergemeinschaftliche Erwerbe**					
34	**Steuerfreie innergemeinschaftliche Erwerbe** Erwerbe nach § 4b UStG	91		–		
35	**Steuerpflichtige innergemeinschaftliche Erwerbe** zum Steuersatz von 19 v.H.	89		–		
36	zum Steuersatz von 7 v.H.	93		–		
37	zu anderen Steuersätzen	95		– 98		
38	**neuer Fahrzeuge** von Lieferern **ohne** USt-IdNr. zum allgemeinen Steuersatz	94		– 96		
39	**Ergänzende Angaben zu Umsätzen**					
40	Lieferungen des ersten Abnehmers bei **innergemeinschaftlichen Dreiecksgeschäften** (§ 25b Abs. 2 UStG)	42		–		
41	Steuerpflichtige Umsätze im Sinne des § 13b Abs. 1 Satz 1 Nr. 1 bis 5 UStG, für die der **Leistungsempfänger** die **Steuer schuldet**	60		–		
42	**Nicht steuerbare Umsätze** (Leistungsort nicht im Inland)	45		–		
43	Übertrag		zu übertragen in Zeile 45			

Abbildung 11: Erfassen Sie die Einnahmen im Rahmen der Umsatzsteuer-Voranmeldung

5. Die abziehbaren Vorsteuerbeträge erfassen Sie auf der zweiten Seite des Elster-Formulars (siehe Abbildung 12). Auch diese Zahlen können Sie den Musterlösungen entnehmen. Nähere Einzelheiten dazu finden Sie im folgenden Kapitel 3.

			Bemessungsgrundlage ohne Umsatzsteuer		Steuer EUR	Ct
44						
45	Übertrag					
46	**Umsätze, für die als Leistungsempfänger die**		volle EUR	Ct		
47	**Steuer nach § 13b Abs. 2 UStG geschuldet wird**					
48	Leistungen eines im Ausland ansässigen Unternehmers (§ 13b Abs. 1 Satz 1 Nr. 1 und 5 UStG)	52		– 53		
49	Lieferungen sicherungsübereigneter Gegenstände und Umsätze, die unter das GrEStG fallen (§ 13b Abs.1 Satz 1 Nr. 2 und 3 UStG)	73		– 74		
50	Bauleistungen eines im Inland ansässigen Unternehmers (§ 13b Abs.1 Satz 1 Nr. 4 UStG)	84		– 85		
51						
52	Steuer infolge Wechsels der Besteuerungsform sowie Nachsteuer auf versteuerte Anzahlungen u. ä. wegen Steuersatzerhöhung			65		
53	**Umsatzsteuer**					
54	**Abziehbare Vorsteuerbeträge**					
55	Vorsteuerbeträge aus Rechnungen von anderen Unternehmern (§ 15 Abs.1 Satz 1 Nr. 1 UStG), aus Leistungen im Sinne des § 13a Abs. 1 Nr. 6 UStG (§ 15 Abs.1 Satz 1 Nr. 5 UStG) und aus innergemeinschaftlichen Dreiecksgeschäften (§ 25b Abs. 5 UStG)			66		
56	Vorsteuerbeträge aus dem innergemeinschaftlichen Erwerb von Gegenständen (§ 15 Abs. 1 Satz 1 Nr. 3 UStG)			61		
57	Entrichtete Einfuhrumsatzsteuer (§ 15 Abs. 1 Satz 1 Nr. 2 UStG)			62		
58	Vorsteuerbeträge aus Leistungen im Sinne des § 13b Abs. 1 UStG (§ 15 Abs. 1 Satz 1 Nr. 4 UStG)			67		
59	Vorsteuerbeträge, die nach allgemeinen Durchschnittssätzen berechnet sind (§§ 23 und 23a UStG)			63		
60	Berichtigung des Vorsteuerabzugs (§ 15a UStG)			64		
61	Vorsteuerabzug für innergemeinschaftliche Lieferungen neuer Fahrzeuge außerhalb eines Unternehmens (§ 2a UStG) sowie von Kleinunternehmern im Sinne des § 19 Abs. 1 UStG (§ 15 Abs. 4a UStG)			59		
62	Verbleibender Betrag					
63	**Andere Steuerbeträge** In Rechnungen unrichtig oder unberechtigt ausgewiesene Steuerbeträge (§ 14c UStG) sowie Steuerbeträge, die nach § 4 Nr. 4a Satz 1 Buchst. a Satz 2, § 6a Abs. 4 Satz 2, § 17 Abs. 1 Satz 6 oder § 25b			69		
64	Abs. 2 UStG geschuldet werden					
65	**Umsatzsteuer-Vorauszahlung / Überschuss**					
66	**Anrechnung** (Abzug) der festgesetzten **Sondervorauszahlung** für Dauerfristverlängerung (nur auszufüllen in der letzten Voranmeldung des Besteuerungszeitraums, in der Regel Dezember)			39		
67	**Verbleibende Umsatzsteuer-Vorauszahlung** (automatische Berechnung) **Verbleibender Überschuss** alternativ – bitte dem Betrag ein Minuszeichen voranstellen – (durch Unternehmer berechnet)			83		

Abbildung 12: Ausschnitt von der zweiten Seite des Umsatzsteuer-Voranmeldeformulars

Praxis-Hinweis

Da die Musterlösungen zum Buch mit Nachkommastellen rechnen und das Elster-Formular lediglich glatte Beträge berücksichtigt, kann es hier unter Umständen zu geringen Abweichungen im Bereich der Nachkommastellen kommen.

2.3 Exkurs: Allgemeiner und verminderter Mehrwertsteuersatz

In Deutschland werden zwei Mehrwertsteuersätze unterschieden:

- ein allgemeiner Mehrwertsteuersatz von 19 %
- ein verminderter Mehrwertsteuersatz von 7 %.

Mit dem verminderten Mehrwertsteuersatz von 7 % werden in erster Linie Grundnahrungsmittel sowie Bücher, Tageszeitungen und Zeitschriften besteuert. Das hat folgenden Hintergrund: Jeder Mitbürger soll sich Lebensmittel leisten können. Auch die Information über das aktuelle Geschehen, die Partizipation an Literatur und Bildung gelten als eine Art Grundbedarf.

Praxis-Tipp

Umsatzsteuerpflichtige müssen deshalb darauf achten, wie bezogne Waren besteuert werden. Eine vollständige Liste der dem ermäßigten Steuersatz unterliegenden Gegenstände finden Sie im Internet unter der Web-Adresse (siehe Abbildung 13): **http://bundesrecht.juris.de/ustg_1980/anlage_2_83.html**.

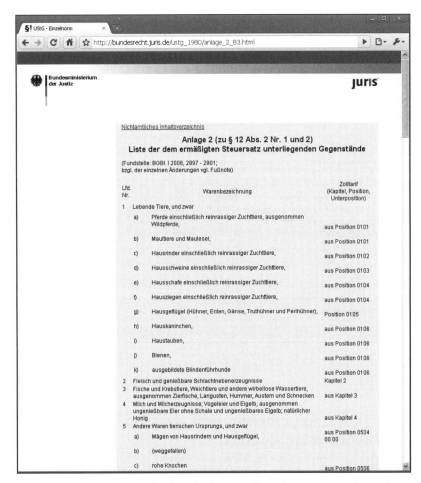

Abbildung 13: Auszug aus der Liste der dem ermäßigten Steuersatz unterliegenden Gegenstände

Praxisbeispiel

Schreiben Autoren ein Buch oder einen Zeitschriftenartikel und sind sie umsatzsteuerpflichtig, so stellen sie in der Regel einen Mehrwertsteuersatz in Höhe von 7 % in Rechnung.

2.4 Praxisbeispiele: Gewinn- und Verlustrechnung manuell durchführen

Welche Auswirkung eine Umsatzsteuerpflicht auf die Aufzeichnungen des Steuerpflichtigen hat, zeigt das nachfolgende Praxisbeispiel. Das Beispiel ist stark vereinfacht, damit Sie es bei Bedarf in einem vertretbaren Zeitrahmen nachvollziehen können:

Ina Beispiel ist freiberuflich als Schreibkraft tätig. Frau Beispiel betreibt ihr Büro von zu Hause aus oder fährt zu ihren Kunden, um die Schreibarbeiten dort zu erledigen. Einen Geschäftswagen hat Frau Beispiel nicht. Es werden die folgenden zwei Fälle unterschieden:

1. Für Frau Beispiel besteht keine Umsatzsteuerpflicht.

2. Frau Beispiel ist umsatzsteuerpflichtig.

2.4.1 Praxisbeispiel 1: Es besteht keine Umsatzsteuerpflicht

Auf der Ausgabenseite fallen für die freiberufliche Tätigkeit von Frau Beispiel regelmäßig folgende Positionen an:

- Geringwertige Wirtschaftsgüter

- Porto/Büromaterial

- Telefon

- Übrige Betriebsausgaben = Sonstiges

> **Die Beispieldaten finden Sie auf Ihrer CD-ROM zum Buch:**
> EÜR_Beispiel_ohneUST.xls
> Schritt-für-Schritt können Sie mit dieser Excel-Datei die Erläuterungen nachvollziehen – starten Sie die Beispiel-Excel-Tabellen, indem Sie die Datei **EÜR_Beispiel_ohneUST.xls** von Ihrer CD-ROM des Buches aufrufen. Beachten Sie, dass es sich hierbei lediglich um Beispielzahlen und deren Auflistung und nicht um ein eigenständiges Tool handelt.

Frau Beispiel übernimmt regelmäßig Schreibarbeiten von der Rechtsanwaltskanzlei Muster. Dadurch hat sie regelmäßige monatliche Einnahmen in Höhe von 850 Euro.

Mit einer Telefongesellschaft hat Frau Beispiel einen Vertrag mit einer Flatrate abgeschlossen. Die monatliche Belastung liegt bei 60 Euro.

Nun zu den einzelnen Geschäftsfällen im Monat Januar:

3. Januar 2010:

Die regelmäßige Buchung im Zusammenhang mit der Rechtsanwaltskanzlei Muster geht ein. Frau Beispiel vermerkt diesen Geldeingang in einer Excel-Tabelle, in der sie folgende Angaben notiert:

- Datum
- Name des Kunden
- Betrag

	A	B	C
1	**Einnahmen**		
2			
3	Datum	Kunde	Betrag
4	03.01.2010	Rechtsanwaltskanzlei Muster	850,00 €
5			

Abbildung 14: Der erste Geldeingang wird festgehalten

10. Januar 2010:

Die Telefonrechnung wird abgebucht. Frau Beispiel legt hierfür eine weitere Liste an, in der sie den Geldausgang notiert. In der Liste hält sie folgende Angaben fest:

- Datum
- Name des Anbieters
- Betrag

Ausgaben - Telefonrechnung		
Datum	Anbieter	Betrag
10.01.2010	Telecom	60,00 €

Abbildung 15: Angaben zur Telefonrechnung

12. Januar 2010:

Kauf von Büromaterial in Höhe von 33,00 Euro. Frau Beispiel legt hierfür eine weitere Excel-Tabelle an.

Ausgaben - Büromaterial		
Datum	Lieferant	netto
12.01.2010	Büroservice Meier	33,00 €
1. Quartal		**33,00 €**

Abbildung 16: Die Liste Ausgaben – Büromaterial

15. Januar 2010:

Frau Beispiel überweist ein Zeitschriftenabo zu einem Preis von 42,00 Euro – die Buchung hält sie in der Tabelle **Sonstiges** fest.

Ausgaben - Sonstiges		
Datum	Ausgabenart / Lieferant	Betrag
15.01.2010	Zeitschrift "Das Schreibbüro", Bsp.-Verlag	42,00 €

Abbildung 17: Die Liste „Ausgaben – Sonstiges"

20. Januar 2010:

Am 20. Januar kauft Frau Beispiel Briefmarken im Wert von 5,50 Euro. Dieser Kauf wird von in der Tabelle **Porto** erfasst.

Ausgaben - Porto		
Datum	Ausgabenart / Lieferant	Betrag
20.01.2010	Briefmarken / Bundespost	5,50 €

Abbildung 18: Beim Porto muss keine Mehrwertsteuer berücsichtig werden

31. Januar 2010:

Kunde Maier überweist 1.200 Euro für ausgeführte Aufträge. Damit wird die Rechnung 01, die Frau Beispiel im Vorfeld verschickt hatte, beglichen. Frau Beispiel ergänzt die Übersicht für die **Einnahmen**.

Einnahmen		
Datum	Kunde	Betrag
03.01.2010	Rechtsanwaltskanzlei Muster	850,00 €
31.01.2010	Firma Maier	1.200,00 €

Abbildung 19: Die ergänzte Einnahmen-Übersicht

Praxis-Hinweis

Auf die Zuordnung von Rechnungsnummern wird aus Komplexitätsgründen im Beispiel verzichtet.

Damit ist der erste Monat vollständig. Im Februar sind folgende Geschäftsfälle zu verzeichnen:

3. Februar 2010:

Geldeingang der regelmäßigen Einnahme im Zusammenhang mit der Rechtsanwaltskanzlei Muster.

Einnahmen		
Datum	Kunde	Betrag
03.01.2010	Rechtsanwaltskanzlei Muster	850,00 €
31.01.2010	Firma Maier	1.200,00 €
03.02.2010	Rechtsanwaltskanzlei Muster	850,00 €

Abbildung 20: Der erste Geschäftsfall im Februar

10. Februar 2010:

Die Telefonrechnung wird abgebucht.

Ausgaben - Telefonrechnung		
Datum	Anbieter	Betrag
10.01.2010	Telecom	60,00 €
10.02.2010	Telecom	60,00 €

Abbildung 21: Die Ausgabenliste wird weiter ergänzt

20. Februar 2010:

Auf dem Konto von Frau Beispiel gehen Einnahmen aus einer Leistung für den Kunden Schult in Höhe von 750 Euro ein.

Einnahmen		
Datum	Kunde	Betrag
03.01.2010	Rechtsanwaltskanzlei Muster	850,00 €
31.01.2010	Firma Maier	1.200,00 €
03.02.2010	Rechtsanwaltskanzlei Muster	850,00 €
20.02.2010	Firma Schult	750,00 €

Abbildung 22: Aktuell sind vier Einnahmen zu verzeichnen

Damit ist auch der zweite Monat abgeschlossen. Im Monat März fallen folgende Buchungen an:

3. März 2010:

Buchen der regelmäßigen Einnahme im Zusammenhang mit der Rechtsanwaltskanzlei Muster.

Einnahmen		
Datum	Kunde	Betrag
03.01.2010	Rechtsanwaltskanzlei Muster	850,00 €
31.01.2010	Firma Maier	1.200,00 €
03.02.2010	Rechtsanwaltskanzlei Muster	850,00 €
20.02.2010	Firma Schult	750,00 €
03.03.2010	Rechtsanwaltskanzlei Muster	850,00 €

Abbildung 23: Liste „Einnahmen" am Monatsanfang März

10. März 2010:

Die Telefonrechnung wird abgebucht und erfasst.

Ausgaben - Telefonrechnung		
Datum	Anbieter	Betrag
10.01.2010	Telecom	60,00 €
10.02.2010	Telecom	60,00 €
10.03.2010	Telecom	60,00 €

Abbildung 24: Die Liste „Ausgaben – Telefonrechnung"

15. März 2010:

Einnahmen aus einer Leistung für den Kunden Schult in Höhe von 500,00 Euro.

Einnahmen		
Datum	Kunde	Betrag
03.01.2010	Rechtsanwaltskanzlei Muster	850,00 €
31.01.2010	Firma Maier	1.200,00 €
03.02.2010	Rechtsanwaltskanzlei Muster	850,00 €
20.02.2010	Firma Schult	750,00 €
03.03.2010	Rechtsanwaltskanzlei Muster	850,00 €
15.03.2010	Firma Schult	500,00 €

Abbildung 25: Die Einnahmenliste wird weiter ergänzt

21. März 2010:

Frau Beispiel kauft für 11 Euro Briefmarken.

Ausgaben - Porto		
Datum	Ausgabenart / Lieferant	Betrag
20.01.2010	Briefmarken / Bundespost	5,50 €
21.03.2010	Briefmarken / Bundespost	11,00 €

Abbildung 26: Die „Porto"-Übersicht wird ergänzt

Damit ist der dritte Monat abgeschlossen.

Im 2. Quartal sind folgende Geschäftsfälle festzuhalten:

03. April 2010:

Die regelmäßige Einnahme der Rechtsanwaltskanzlei Muster geht auf dem Konto ein.

Einnahmen

Datum	Kunde	Betrag
03.01.2010	Rechtsanwaltskanzlei Muster	850,00 €
31.01.2010	Firma Maier	1.200,00 €
03.02.2010	Rechtsanwaltskanzlei Muster	850,00 €
20.02.2010	Firma Schult	750,00 €
03.03.2010	Rechtsanwaltskanzlei Muster	850,00 €
15.03.2010	Firma Schult	500,00 €
03.04.2010	Rechtsanwaltskanzlei Muster	850,00 €

Abbildung 27: Der erste Geschäftsfall im Monat April

10. April 2010:

Die Telefonrechnung wird abgebucht.

Ausgaben - Telefonrechnung

Datum	Anbieter	Betrag
10.01.2010	Telecom	60,00 €
10.02.2010	Telecom	60,00 €
10.03.2010	Telecom	60,00 €
10.04.2010	Telecom	60,00 €

Abbildung 28: Die Telefonrechnung wird notiert

11. April 2010:

Kauf von Druckerpatronen zum Preis von 23,50 Euro. Druckerpatronen ordnet Frau Beispiel dem Büromaterial zu.

Ausgaben - Büromaterial

Datum	Lieferant	netto
12.01.2010	Büroservice Meier	33,00 €
11.04.2010	Druckerpatronen, Tintentanke Schüller	23,50 €

Abbildung 29: Druckerpatronen fallen in die Kategorie „Büromaterial"

12. April 2010:

Einnahme durch einen Schreibauftrag für den Kunde Förster in Höhe von 150 Euro.

Einnahmen

Datum	Kunde	Betrag
03.01.2010	Rechtsanwaltskanzlei Muster	850,00 €
31.01.2010	Firma Maier	1.200,00 €
03.02.2010	Rechtsanwaltskanzlei Muster	850,00 €
20.02.2010	Firma Schult	750,00 €
03.03.2010	Rechtsanwaltskanzlei Muster	850,00 €
15.03.2010	Firma Schult	500,00 €
03.04.2010	Rechtsanwaltskanzlei Muster	850,00 €
12.04.2010	Kunde Förster	150,00 €

Abbildung 30: Eine weitere Einnahme wird festgehalten

Im Monat April fallen keine weiteren Buchungen an. Im Monat Mai sind folgende Buchungen notwendig:

03. Mai 2010:

Einnahme durch den regelmäßigen Auftrag durch die Rechtsanwaltskanzlei Muster.

Einnahmen		
Datum	Kunde	Betrag
03.01.2010	Rechtsanwaltskanzlei Muster	850,00 €
31.01.2010	Firma Maier	1.200,00 €
03.02.2010	Rechtsanwaltskanzlei Muster	850,00 €
20.02.2010	Firma Schult	750,00 €
03.03.2010	Rechtsanwaltskanzlei Muster	850,00 €
15.03.2010	Firma Schult	500,00 €
03.04.2010	Rechtsanwaltskanzlei Muster	850,00 €
12.04.2010	Kunde Förster	150,00 €
03.05.2010	Rechtsanwaltskanzlei Muster	850,00 €

Abbildung 31: Die weiter aktualisierte Liste

10. Mai 2010:

Abbuchen der Telefonrechnung in Höhe von 60,00 Euro.

Ausgaben - Telefonrechnung		
Datum	Anbieter	Betrag
10.01.2010	Telecom	60,00 €
10.02.2010	Telecom	60,00 €
10.03.2010	Telecom	60,00 €
10.04.2010	Telecom	60,00 €
10.05.2010	Telecom	60,00 €

Abbildung 32: Stand der Telefonrechnungen im Mai 2010

12. Mai 2010:

Einnahme aus Schreibarbeiten für Kunde Schult 2.500,00 Euro.

Einnahmen		
Datum	Kunde	Betrag
03.01.2010	Rechtsanwaltskanzlei Muster	850,00 €
31.01.2010	Firma Maier	1.200,00 €
03.02.2010	Rechtsanwaltskanzlei Muster	850,00 €
20.02.2010	Firma Schult	750,00 €
03.03.2010	Rechtsanwaltskanzlei Muster	850,00 €
15.03.2010	Firma Schult	500,00 €
03.04.2010	Rechtsanwaltskanzlei Muster	850,00 €
12.04.2010	Kunde Förster	150,00 €
03.05.2010	Rechtsanwaltskanzlei Muster	850,00 €
12.05.2010	Firma Schult	2.500,00 €

Abbildung 33: Die Liste wird um eine weitere Einnahme ergänzt

Damit ist auch der Mai abgeschlossen. Der Juni gestaltet sich wie folgt:

03. Juni 2010:

Einnahme durch den regelmäßigen Auftrag der Rechtsanwaltskanzlei Muster.

Einnahmen		
Datum	**Kunde**	**Betrag**
03.01.2010	Rechtsanwaltskanzlei Muster	850,00 €
31.01.2010	Firma Maier	1.200,00 €
03.02.2010	Rechtsanwaltskanzlei Muster	850,00 €
20.02.2010	Firma Schult	750,00 €
03.03.2010	Rechtsanwaltskanzlei Muster	850,00 €
15.03.2010	Firma Schult	500,00 €
03.04.2010	Rechtsanwaltskanzlei Muster	850,00 €
12.04.2010	Kunde Förster	150,00 €
03.05.2010	Rechtsanwaltskanzlei Muster	850,00 €
12.05.2010	Firma Schult	2.500,00 €
03.06.2010	Rechtsanwaltskanzlei Muster	850,00 €

Abbildung 34: Auch im Juni ist der Geldeingang der Rechtsanwaltskanzlei Muster zu verzeichnen

10. Juni 2010:

Die Telefonrechnung wird abgebucht.

Ausgaben - Telefonrechnung		
Datum	**Anbieter**	**Betrag**
10.01.2010	Telecom	60,00 €
10.02.2010	Telecom	60,00 €
10.03.2010	Telecom	60,00 €
10.04.2010	Telecom	60,00 €
10.05.2010	Telecom	60,00 €
10.06.2010	Telecom	60,00 €

Abbildung 35: Der letzte Geschäftsfall im zweiten Quartal

Im dritten Quartal fallen folgenden Geschäftsfälle an:

03. Juli 2010:

Gutschrift der regelmäßigen Einnahme durch die Rechtsanwaltskanzlei Muster.

10. Juli 2010:

Abbuchen der Telefonrechnung.

11. Juli 2010:

Kauf von Büromaterial zu einem Preis in Höhe von 23,50 Euro.

03. August 2010:

Gutschrift der regelmäßigen Einnahme durch die Rechtsanwaltskanzlei Muster.

10. August 2010:

Abbuchen der Telefonrechnung.

18. August 2010:

Einnahme Kunde Förster 1.275,00 Euro.

18. August 2010:

Kauf eines Fachbuches für 89,00 Euro.

03. September 2010:

Gutschrift der regelmäßigen Einnahme durch die Rechtsanwaltskanzlei Muster.

10. September 2010:

Abbuchen der Telefonrechnung.

Die folgenden Abbildungen (siehe Abbildung 36 bis Abbildung 39) geben Ihnen einen guten Überblick über alle Buchungen bis Ende des dritten Quartals.

Einnahmen

Datum	Kunde	Betrag
03.01.2010	Rechtsanwaltskanzlei Muster	850,00 €
31.01.2010	Firma Maier	1.200,00 €
03.02.2010	Rechtsanwaltskanzlei Muster	850,00 €
20.02.2010	Firma Schult	750,00 €
03.03.2010	Rechtsanwaltskanzlei Muster	850,00 €
15.03.2010	Firma Schult	500,00 €
03.04.2010	Rechtsanwaltskanzlei Muster	850,00 €
12.04.2010	Kunde Förster	150,00 €
03.05.2010	Rechtsanwaltskanzlei Muster	850,00 €
12.05.2010	Firma Schult	2.500,00 €
03.06.2010	Rechtsanwaltskanzlei Muster	850,00 €
03.07.2010	Rechtsanwaltskanzlei Muster	850,00 €
03.08.2010	Rechtsanwaltskanzlei Muster	850,00 €
18.08.2010	Kunde Förster	1.275,00 €
03.09.2010	Rechtsanwaltskanzlei Muster	850,00 €

Abbildung 36: Einnahmen bis zum dritten Quartal

Ausgaben - Telefonrechnung

Datum	Anbieter	Betrag
10.01.2010	Telecom	60,00 €
10.02.2010	Telecom	60,00 €
10.03.2010	Telecom	60,00 €
10.04.2010	Telecom	60,00 €
10.05.2010	Telecom	60,00 €
10.06.2010	Telecom	60,00 €
10.07.2010	Telecom	60,00 €
10.08.2010	Telecom	60,00 €
10.09.2010	Telecom	60,00 €

Abbildung 37: Telefonrechnungen bis Ende des dritten Quartals

Ausgaben - Büromaterial		
Datum	Lieferant	netto
12.01.2010	Büroservice Meier	33,00 €
11.04.2010	Druckerpatronen, Tintentanke Schüller	23,50 €
11.07.2010	Büroservice Meier	23,50 €

Abbildung 38: Die Tabelle „Büromaterial" bis zum dritten Quartal

Ausgaben - Sonstiges		
Datum	Ausgabenart / Lieferant	Betrag
15.01.2010	Zeitschrift "Das Schreibbüro", Bsp.-Verlag	42,00 €
18.08.2010	Fachbuch "DIN-Vorschriften", Buchh. Maier	89,00 €

Abbildung 39: Die Tabelle „Sonstiges" bis zum dritten Quartal

Nun die Buchungen für das vierte und gleichzeitig letzte Quartal:

03. Oktober 2010:

Ab Oktober erhöht sich die regelmäßige Einnahme von Frau Beispiel bei der Rechtsanwaltskanzlei Muster um 150 Euro. Es geht eine Überweisung in Höhe von 1.000 Euro ein.

11. Oktober 2010:

Abbuchen der Telefonrechnung.

03. November 2010:

Einnahme durch die regelmäßigen Aufträge im Zusammenhang mit der Rechtsanwaltskanzlei Muster.

11. November 2010:

Abbuchen der Telefonrechnung.

15. November 2010:

Kauf eines Druckers zum Preis von 299,00 Euro. Dafür wird eine neue Liste angelegt (siehe Abbildung 40).

Geringwertige Wirtschaftsgüter		
Datum	Ausgabenart / Lieferant	Betrag
15.11.2010	Kauf eines Druckers bei Büro Müller	299,00 €
Gesamt		299,00 €

Abbildung 40: Die Liste „Geringwertige Wirtschaftsgüter"

Praxis-Hinweis

Im Rahmen des Wachstumsbeschleunigungsgesetzes hat sich der Bundesrat in Sachen „Geringwertige Wirtschaftsgüter" etwas Besonderes einfallen lassen: In diesem Zusammenhang wurde für Abschreibungen ein so genanntes Wahlrecht eingeführt. Es betrifft alle beweglichen Wirtschaftsgüter bis zu einem Wert von 1.000 Euro netto. Zur Disposition stehen eine so genannte Poolabschreibung und eine Sofortabschreibung. Poolabschreibung für alle Wirtschaftsgüter zwischen 150 Euro und 1.000 Euro sowie Sofortabschreibung für geringwertige Wirtschaftsgüter bis 410 Euro. Für das Wirtschafsgut im Wert von 299,00 Euro ist es im Augenblick unerheblich, welche Art der Abschreibung Frau Beispiel wählt.

03. Dezember 2010:

Einnahme durch die regelmäßigen Aufträge im Zusammenhang mit der Rechtsanwaltskanzlei Muster.

11. Dezember 2010:

Abbuchen der Telefonrechnung

15. Dezember 2010:

Einnahme durch Kunde Schult in Höhe von 1.500 Euro.

20. Dezember 2010:

Einnahme durch Kunde Förster in Höhe von 2.500 Euro.

Damit ist das Jahr komplett. Die Jahresübersichten zeigen die Abbildung 41 bis Abbildung 45.

Einnahmen

Datum	Kunde	Betrag
03.01.2010	Rechtsanwaltskanzlei Muster	850,00 €
31.01.2010	Firma Maier	1.200,00 €
03.02.2010	Rechtsanwaltskanzlei Muster	850,00 €
20.02.2010	Firma Schult	750,00 €
03.03.2010	Rechtsanwaltskanzlei Muster	850,00 €
15.03.2010	Firma Schult	500,00 €
03.04.2010	Rechtsanwaltskanzlei Muster	850,00 €
12.04.2010	Kunde Förster	150,00 €
03.05.2010	Rechtsanwaltskanzlei Muster	850,00 €
12.05.2010	Firma Schult	2.500,00 €
03.06.2010	Rechtsanwaltskanzlei Muster	850,00 €
03.07.2010	Rechtsanwaltskanzlei Muster	850,00 €
03.08.2010	Rechtsanwaltskanzlei Muster	850,00 €
18.08.2010	Kunde Förster	1.275,00 €
03.09.2010	Rechtsanwaltskanzlei Muster	850,00 €
03.10.2010	Rechtsanwaltskanzlei Muster	1.000,00 €
03.11.2010	Rechtsanwaltskanzlei Muster	1.000,00 €
03.12.2010	Rechtsanwaltskanzlei Muster	1.000,00 €
15.12.2010	Firma Schult	1.500,00 €
20.12.2010	Kunde Förster	2.500,00 €
Gesamt		**21.025,00 €**

Abbildung 41: Die Gesamtübersicht aller Einnahmen

Gesamt-übersichten

Ausgaben - Telefonrechnung

Datum	Anbieter	Betrag
10.01.2010	Telecom	60,00 €
10.02.2010	Telecom	60,00 €
10.03.2010	Telecom	60,00 €
10.04.2010	Telecom	60,00 €
10.05.2010	Telecom	60,00 €
10.06.2010	Telecom	60,00 €
10.07.2010	Telecom	60,00 €
10.08.2010	Telecom	60,00 €
10.09.2010	Telecom	60,00 €
11.10.2010	Telecom	60,00 €
11.11.2010	Telecom	60,00 €
11.12.2010	Telecom	60,00 €
Gesamt		**720,00 €**

Abbildung 42: Auflistung aller Telefonrechnungen

Ausgaben - Büromaterial

Datum	Lieferant	netto
12.01.2010	Büroservice Meier	33,00 €
11.04.2010	Druckerpatronen, Tintentanke Schüller	23,50 €
11.07.2010	Büroservice Meier	23,50 €
Gesamt		**80,00 €**

Abbildung 43: Im Bereich „Büromaterial" sind insgesamt drei Positionen angefallen

Ausgaben - Porto

Datum	Ausgabenart / Lieferant	Betrag
20.01.2010	Briefmarken / Bundespost	5,50 €
21.03.2010	Briefmarken / Bundespost	11,00 €
Gesamt		**16,50 €**

Abbildung 44: Die Übersicht „Porto"

Ausgaben - Sonstiges

Datum	Ausgabenart / Lieferant	Betrag
15.01.2010	Zeitschrift "Das Schreibbüro", Bsp.-Verlag	42,00 €
18.08.2010	Fachbuch "DIN-Vorschriften", Buchh. Maier	89,00 €
Gesamt		**131,00 €**

Abbildung 45: Zeitschrift und Buch wurden in der Kategorie „Sonstiges" vermerkt

Den Saldo für das komplette Jahr zeigt Abbildung 46.

Einnahmen und Ausgaben Gesamt	
	Betrag
Einnahmen	21.025,00 €
Ausgaben	
Telefon	720,00 €
Büromaterial	80,00 €
Porto	16,50 €
Sonstiges	131,00 €
Ges. Ausgaben	947,50 €
Saldo	20.077,50 €
GWG	299,00 €
Saldo	19.778,50 €

Abbildung 46: Die Gesamtübersicht

Vorsicht, der Saldo entspricht nicht dem Gewinn bzw. Verlust! Die geringwertigen Güter sind nämlich abzuschreiben. Mehr zum Thema Abschreibung finden Sie in Kapitel 5.

2.4.2 Praxisbeispiel 2: Es besteht Umsatzsteuerpflicht

In diesem Beispielfall sollten alle zu versteuernden Einnahmen von Frau
Beispiel einem Mehrwertsteuersatz von 19 % unterliegen. Frau Beispiel
betreibt ihr Büro auch in diesem Beispiel von zu Hause aus oder fährt zu
ihren Kunden, um die Schreibarbeiten dort zu erledigen.

Die Beispieldaten finden Sie auf Ihrer CD-ROM zum Buch:

EÜR_Beispiel_UST.xls

Schritt-für-Schritt können Sie mit dieser Excel-Datei die Erläuterungen nachvollziehen – starten Sie die Beispiel-Excel-Tabellen, indem Sie die Datei **EÜR_Bei-
spiel_UST.xls** von Ihrer CD-ROM des Buches aufrufen. Beachten Sie, dass es
sich hierbei lediglich um Beispielzahlen und deren Auflistung und nicht um ein
eigenständiges Tool handelt.

Einen Geschäftswagen hat Frau Beispiel nicht. Auf der Ausgabenseite
fallen regelmäßig folgende Positionen an:

- Geringwertige Wirtschaftsgüter
- Porto/Büromaterial
- Telefon
- Übrige Betriebsausgaben

Frau Beispiel übernimmt regelmäßig Schreibarbeiten von der Rechtsanwaltskanzlei Muster. Dadurch hat sie regelmäßige monatliche Einnahmen
in Höhe von 850 Euro netto.

Mit einer Telefongesellschaft hat Frau Beispiel einen Vertrag mit einer Flatrate abgeschlossen. Die monatliche Belastung liegt bei 50,42 Euro netto. Das entspricht einem Bruttobetrag von 60 Euro.

Nun zu den Geschäftsfällen im ersten Monat:

3. Januar 2010:

Die regelmäßige Buchung im Zusammenhang mit der Rechtsanwalts-kanzlei Muster geht ein. Frau Beispiel vermerkt diesen Geldeingang in einer Liste, in der sie folgende Angaben notiert:

- Datum
- Name des Kunden
- Nettobetrag
- Mehrwertsteuersatz
- Mehrwertsteuerbetrag
- Brutto

Praxis-Tipp

Aufgrund der Umsatzsteuerpflicht muss Frau Beispiel in diesem Fall Netto- und Bruttobeträge unterscheiden. Vorteilhaft ist es – insbesondere im Hinblick auf spätere Auswertungen – die Mehrwertsteuerdaten direkt an dieser Stelle ebenfalls zu notieren.

Einnahmen					
Datum	**Kunde**	**netto**	**Mwst-Satz**	**Mwst**	**brutto**
03.01.2010	Rechtsanwaltskanzlei Muster	850,00 €	19%	161,50 €	1.011,50 €

Abbildung 47: Der erste Geldeingang wird festgehalten

10. Januar 2010:

Die Telefonrechnung wird abgebucht. Frau Beispiel legt hierfür eine weitere Liste an, in der Sie den Geldausgang notiert. In der Liste hält sie folgende Angaben fest:

- Datum
- Name des Anbieters
- Nettobetrag
- Mehrwertsteuersatz
- Mehrwertsteuerbetrag
- Brutto

Ausgaben - Telefonrechnung					
Datum	Anbieter	netto	Mwst-Satz	Mwst	brutto
10.01.2010	Telecom	50,42 €	19%	9,58 €	60,00 €

Abbildung 48: Angaben zur Telefonrechnung

12. Januar 2010:

Kauf von Büromaterial in Höhe von 27,73 Euro netto. Das entspricht einem Bruttobetrag von 33 Euro. Frau Beispiel legt hierfür eine weitere Liste an.

Ausgaben - Büromaterial					
Datum	Lieferant	netto	Mwst-Satz	Mwst	brutto
12.01.2010	Büroservice Meier	27,73 €	19%	5,27 €	33,00 €

Abbildung 49: Die Liste Ausgaben – Büromaterial

15. Januar 2010:

Frau Beispiel überweist die Kosten für das Zeitschriftenabo zu einem Preis von 42,00 Euro brutto. Für Zeitschriften gilt ein verminderter Mehrwertsteuersatz von 7 %. Frau Beispiel hält den Geschäftsvorfall in einer Liste mit der Bezeichnung **Sonstiges** fest.

Ausgaben - Sonstiges					
Datum	Ausgabenart / Lieferant	netto	Mwst-Satz	Mwst	brutto
15.01.2010	Zeitschrift "Das Schreibbüro", Bsp.-Verlag	39,25 €	7%	2,75 €	42,00 €

Abbildung 50: Die Liste Ausgaben – Sonstiges

20. Januar 2010:

Am 20. Januar kauft Frau Beispiel Briefmarken im Wert von 5,50 Euro. Briefmarken sind umsatzsteuerfrei und werden bei Frau Beispiel in der Tabelle **Porto** eingetragen. Die Listendaten beschränken sich daher auf die Spalten:

- Datum
- Ausgabenart/Lieferant
- Betrag

Ausgaben - Porto		
Datum	Ausgabenart / Lieferant	Betrag
20.01.2010	Briefmarken / Bundespost	5,50 €

Abbildung 51: Beim Porto muss keine Mehrwertsteuer berücksichtig werden

31. Januar 2010:

Kunde Maier überweist 1.200 Euro netto für ausgeführte Aufträge. Das entspricht einem Geldeingang von 1.428,00 Euro. Damit wird die Rechnung 01, die Frau Beispiel im Vorfeld verschickt hatte, beglichen. Frau Beispiel ergänzt die Übersicht über die **Einnahmen**.

Einnahmen					
Datum	**Kunde**	**netto**	**Mwst-Satz**	**Mwst**	**brutto**
03.01.2010	Rechtsanwaltskanzlei Muster	850,00 €	19%	161,50 €	1.011,50 €
31.01.2010	Firma Maier	1.200,00 €	19%	228,00 €	1.428,00 €

Abbildung 52: Die ergänzte Einnahmen-Übersicht

Damit ist der erste Monat vollständig. Im Folgemonat Februar fallen folgende Buchungen an:

3. Februar 2010:

Geldeingang der regelmäßigen Einnahme im Zusammenhang mit der Rechtsanwaltskanzlei Muster.

Einnahmen					
Datum	**Kunde**	**netto**	**Mwst-Satz**	**Mwst**	**brutto**
03.01.2010	Rechtsanwaltskanzlei Muster	850,00 €	19%	161,50 €	1.011,50 €
31.01.2010	Firma Maier	1.200,00 €	19%	228,00 €	1.428,00 €
03.02.2010	Rechtsanwaltskanzlei Muster	850,00 €	19%	161,50 €	1.011,50 €

Abbildung 53: Der erste Geschäftsfall im Februar

10. Februar 2010:

Die Telefonrechnung wird abgebucht.

Ausgaben - Telefonrechnung					
Datum	**Anbieter**	**netto**	**Mwst-Satz**	**Mwst**	**brutto**
10.01.2010	Telecom	50,42 €	19%	9,58 €	60,00 €
10.02.2010	Telecom	50,42 €	19%	9,58 €	60,00 €

Abbildung 54: Die Ausgabenliste wird weiter ergänzt

20. Februar 2010:

Auf dem Konto von Frau Beispiel gehen Einnahmen aus einer Leistung für den Kunden Schult in Höhe von 892,50 Euro brutto ein. Das entspricht einem Nettobetrag in Höhe von 750,00 Euro.

Einnahmen					
Datum	**Kunde**	**netto**	**Mwst-Satz**	**Mwst**	**brutto**
03.01.2010	Rechtsanwaltskanzlei Muster	850,00 €	19%	161,50 €	1.011,50 €
31.01.2010	Firma Maier	1.200,00 €	19%	228,00 €	1.428,00 €
03.02.2010	Rechtsanwaltskanzlei Muster	850,00 €	19%	161,50 €	1.011,50 €
20.02.2010	Firma Schult	750,00 €	19%	142,50 €	892,50 €

Abbildung 55: Aktuell sind vier Einnahmen zu verzeichnen

Damit ist auch der zweite Monat abgeschlossen. Der März gestaltet sich wie folgt:

3. März 2010:

Buchen der regelmäßigen Einnahme im Zusammenhang mit der Rechtsanwaltskanzlei Muster.

Einnahmen					
Datum	**Kunde**	**netto**	**Mwst-Satz**	**Mwst**	**brutto**
03.01.2010	Rechtsanwaltskanzlei Muster	850,00 €	19%	161,50 €	1.011,50 €
31.01.2010	Firma Maier	1.200,00 €	19%	228,00 €	1.428,00 €
03.02.2010	Rechtsanwaltskanzlei Muster	850,00 €	19%	161,50 €	1.011,50 €
20.02.2010	Firma Schult	750,00 €	19%	142,50 €	892,50 €
03.03.2010	Rechtsanwaltskanzlei Muster	850,00 €	19%	161,50 €	1.011,50 €

Abbildung 56: Liste „Einnahmen" am Monatsanfang März

10. März 2010:

Die Telefonrechnung wird abgebucht und erfasst.

Ausgaben - Telefonrechnung					
Datum	**Anbieter**	**netto**	**Mwst-Satz**	**Mwst**	**brutto**
10.01.2010	Telecom	50,42 €	19%	9,58 €	60,00 €
10.02.2010	Telecom	50,42 €	19%	9,58 €	60,00 €
10.03.2010	Telecom	50,42 €	19%	9,58 €	60,00 €

Abbildung 57: Die Liste „Ausgaben – Telefonrechnung"

15. März 2010:

Einnahmen aus einer Leistung für den Kunden Schult in Höhe von 595,00 Euro brutto.

Einnahmen					
Datum	Kunde	netto	Mwst-Satz	Mwst	brutto
03.01.2010	Rechtsanwaltskanzlei Muster	850,00 €	19%	161,50 €	1.011,50 €
31.01.2010	Firma Maier	1.200,00 €	19%	228,00 €	1.428,00 €
03.02.2010	Rechtsanwaltskanzlei Muster	850,00 €	19%	161,50 €	1.011,50 €
20.02.2010	Firma Schult	750,00 €	19%	142,50 €	892,50 €
03.03.2010	Rechtsanwaltskanzlei Muster	850,00 €	19%	161,50 €	1.011,50 €
15.03.2010	Firma Schult	500,00 €	19%	95,00 €	595,00 €

Abbildung 58: Die Einnahmenliste wird ergänzt

21. März 2010:

Frau Beispiel kauft für 11 Euro Briefmarken.

Ausgaben - Porto		
Datum	Ausgabenart / Lieferant	Betrag
20.01.2010	Briefmarken / Bundespost	5,50 €
21.03.2010	Briefmarken / Bundespost	11,00 €

Abbildung 59: Die „Porto"-Übersicht

Damit sind der dritte Monat und das erste Quartal abgeschlossen.

Frau Beispiel ist verpflichtet, vierteljährlich eine Umsatzsteuer-Voranmeldung durchzuführen. Für die Umsatzsteuer-Voranmeldung werden die Summen der einzelnen Listen gebildet (siehe Abbildung 60 bis Abbildung 64).

Einnahmen					
Datum	Kunde	netto	Mwst-Satz	Mwst	brutto
03.01.2010	Rechtsanwaltskanzlei Muster	850,00 €	19%	161,50 €	1.011,50 €
31.01.2010	Firma Maier	1.200,00 €	19%	228,00 €	1.428,00 €
03.02.2010	Rechtsanwaltskanzlei Muster	850,00 €	19%	161,50 €	1.011,50 €
20.02.2010	Firma Schult	750,00 €	19%	142,50 €	892,50 €
03.03.2010	Rechtsanwaltskanzlei Muster	850,00 €	19%	161,50 €	1.011,50 €
15.03.2010	Firma Schult	500,00 €	19%	95,00 €	595,00 €
1. Quartal		5.000,00 €		950,00 €	5.950,00 €

Abbildung 60: Einnahmen des ersten Quartals

Ausgaben - Telefonrechnung					
Datum	Anbieter	netto	Mwst-Satz	Mwst	brutto
10.01.2010	Telecom	50,42 €	19%	9,58 €	60,00 €
10.02.2010	Telecom	50,42 €	19%	9,58 €	60,00 €
10.03.2010	Telecom	50,42 €	19%	9,58 €	60,00 €
1. Quartal		151,26 €		28,74 €	180,00 €

Abbildung 61: Ausgaben für Telefon

Ausgaben - Büromaterial					
Datum	Lieferant	netto	Mwst-Satz	Mwst	brutto
12.01.2010	Büroservice Meier	27,73 €	19%	5,27 €	33,00 €
1. Quartal		27,73 €		5,27 €	33,00 €

Abbildung 62: Ausgaben für Büromaterial

Ausgaben - Sonstiges					
Datum	Ausgabenart / Lieferant	netto	Mwst-Satz	Mwst	brutto
15.01.2010	Zeitschrift "Das Schreibbüro", Bsp.-Verlag	39,25 €	7%	2,75 €	42,00 €
1. Quartal		39,25 €		2,75 €	42,00 €

Abbildung 63: Ausgaben für Sonstiges

Ausgaben - Porto		
Datum	Ausgabenart / Lieferant	Betrag
20.01.2010	Briefmarken / Bundespost	5,50 €
21.03.2010	Briefmarken / Bundespost	11,00 €
1. Quartal		16,50 €

Abbildung 64: Ausgaben für Porti

Die Einnahmen und Ausgaben werden in einer gesonderten Aufstellung verdichtet (siehe Abbildung 65). Die Daten können für die Umsatzsteuer-Voranmeldung genutzt werden.

Einnahmen und Ausgaben 1. Quartal			
	netto	MwSt	brutto
Einnahmen	5.000,00 €	950,00 €	5.950,00 €
Ausgaben			
Telefon	151,26 €	28,74 €	180,00 €
Büromaterial	27,73 €	5,27 €	33,00 €
Porto	16,50 €		16,50 €
Sonstiges	39,25 €	2,75 €	42,00 €
Ges.-Ausgaben	234,74 €	36,76 €	271,50 €
Saldo	4.765,26 €	913,24 €	5.678,50 €

Abbildung 65: Die Übersicht für das erste Quartal

Die Zahllast im Rahmen der Umsatzsteuer beträgt 913,24 Euro. Sie ergibt sich aus der Differenz der eingenommen Mehrwertsteuer in Höhe von 950,00 Euro und der gezahlten Vorsteuer im Rahmen der Ausgaben von 36,76 Euro:

$950,00 - 36,76 = 913,24$

Frau Beispiel vermerkt diese Zahlung auf der Excel-Tabelle **Umsatzsteuer** (siehe Abbildung 66).

Umsatzsteuerdaten	
	1. Quartal
Vereinnahmte USt	950,00 €
Gezahlte USt	36,76 €
Saldo	**913,24 €**

Abbildung 66: Der Saldo von 913,24 Euro wird an das Finanzamt überwiesen

Im 2. Quartal sind folgende Geschäftsfälle festzuhalten:

03. April 2010:

Die regelmäßige Einnahme der Rechtsanwaltskanzlei Muster geht auf dem Konto ein.

Einnahmen					
Datum	**Kunde**	**netto**	**Mwst-Satz**	**Mwst**	**brutto**
03.01.2010	Rechtsanwaltskanzlei Muster	850,00 €	19%	161,50 €	1.011,50 €
31.01.2010	Firma Maier	1.200,00 €	19%	228,00 €	1.428,00 €
03.02.2010	Rechtsanwaltskanzlei Muster	850,00 €	19%	161,50 €	1.011,50 €
20.02.2010	Firma Schult	750,00 €	19%	142,50 €	892,50 €
03.03.2010	Rechtsanwaltskanzlei Muster	850,00 €	19%	161,50 €	1.011,50 €
15.03.2010	Firma Schult	500,00 €	19%	95,00 €	595,00 €
1. Quartal		**5.000,00 €**		**950,00 €**	**5.950,00 €**
03.04.2010	Rechtsanwaltskanzlei Muster	850,00 €	19%	161,50 €	1.011,50 €

Abbildung 67: Der erste Geschäftsfall im Monat April

10. April 2010:

Die Telefonrechnung wird abgebucht.

Ausgaben - Telefonrechnung					
Datum	**Anbieter**	**netto**	**Mwst-Satz**	**Mwst**	**brutto**
10.01.2010	Telecom	50,42 €	19%	9,58 €	60,00 €
10.02.2010	Telecom	50,42 €	19%	9,58 €	60,00 €
10.03.2010	Telecom	50,42 €	19%	9,58 €	60,00 €
1. Quartal		**151,26 €**		**28,74 €**	**180,00 €**
10.04.2010	Telecom	50,42 €	19%	9,58 €	60,00 €

Abbildung 68: Die Telefonrechnung wird notiert

11. April 2010:

Kauf von Druckerpatronen zum Preis von 23,50 Euro brutto. Druckerpatronen ordnet Frau Beispiel dem Büromaterial zu.

Ausgaben - Büromaterial					
Datum	Lieferant	netto	Mwst-Satz	Mwst	brutto
12.01.2010	Büroservice Meier	27,73 €	19%	5,27 €	33,00 €
1. Quartal		27,73 €		5,27 €	33,00 €
11.04.2010	Druckerpatronen, Tintentanke Schüller	19,75 €	19%	3,75 €	23,50 €

Abbildung 69: Diese Übersicht zeigt die Zugänge an Büromaterial

12. April 2010:

Einnahme durch einen Schreibauftrag für den Kunde Förster in Höhe von 150 Euro netto – bzw. 178,50 Euro brutto.

Einnahmen					
Datum	Kunde	netto	Mwst-Satz	Mwst	brutto
03.01.2010	Rechtsanwaltskanzlei Muster	850,00 €	19%	161,50 €	1.011,50 €
31.01.2010	Firma Maier	1.200,00 €	19%	228,00 €	1.428,00 €
03.02.2010	Rechtsanwaltskanzlei Muster	850,00 €	19%	161,50 €	1.011,50 €
20.02.2010	Firma Schult	750,00 €	19%	142,50 €	892,50 €
03.03.2010	Rechtsanwaltskanzlei Muster	850,00 €	19%	161,50 €	1.011,50 €
15.03.2010	Firma Schult	500,00 €	19%	95,00 €	595,00 €
1. Quartal		5.000,00 €		950,00 €	5.950,00 €
03.04.2010	Rechtsanwaltskanzlei Muster	850,00 €	19%	161,50 €	1.011,50 €
12.04.2010	Kunde Förster	150,00 €	19%	28,50 €	178,50 €

Abbildung 70: Eine weitere Einnahme wird festgehalten

Im Monat April fallen keine weiteren Buchungen an.

03. Mai 2010:

Einnahme durch den regelmäßigen Auftrag durch die Rechtsanwaltskanzlei Muster.

Einnahmen					
Datum	Kunde	netto	Mwst-Satz	Mwst	brutto
03.01.2010	Rechtsanwaltskanzlei Muster	850,00 €	19%	161,50 €	1.011,50 €
31.01.2010	Firma Maier	1.200,00 €	19%	228,00 €	1.428,00 €
03.02.2010	Rechtsanwaltskanzlei Muster	850,00 €	19%	161,50 €	1.011,50 €
20.02.2010	Firma Schult	750,00 €	19%	142,50 €	892,50 €
03.03.2010	Rechtsanwaltskanzlei Muster	850,00 €	19%	161,50 €	1.011,50 €
15.03.2010	Firma Schult	500,00 €	19%	95,00 €	595,00 €
1. Quartal		5.000,00 €		950,00 €	5.950,00 €
03.04.2010	Rechtsanwaltskanzlei Muster	850,00 €	19%	161,50 €	1.011,50 €
12.04.2010	Kunde Förster	150,00 €	19%	28,50 €	178,50 €
03.05.2010	Rechtsanwaltskanzlei Muster	850,00 €	19%	161,50 €	1.011,50 €

Abbildung 71: Die weiter geführte Liste

10. Mai 2010:

Abbuchen der Telefonrechnung in Höhe von 60,00 Euro brutto.

Ausgaben - Telefonrechnung					
Datum	Anbieter	netto	Mwst-Satz	Mwst	brutto
10.01.2010	Telecom	50,42 €	19%	9,58 €	60,00 €
10.02.2010	Telecom	50,42 €	19%	9,58 €	60,00 €
10.03.2010	Telecom	50,42 €	19%	9,58 €	60,00 €
1. Quartal		151,26 €		28,74 €	180,00 €
10.04.2010	Telecom	50,42 €	19%	9,58 €	60,00 €
10.05.2010	Telecom	50,42 €	19%	9,58 €	60,00 €

Abbildung 72: Stand der Telefonrechnungen im Mai 2010

12. Mai 2010:

Einnahme aus Schreibarbeiten für Kunde Schult 2.975,00 Euro brutto.

Einnahmen					
Datum	Kunde	netto	Mwst-Satz	Mwst	brutto
03.01.2010	Rechtsanwaltskanzlei Muster	850,00 €	19%	161,50 €	1.011,50 €
31.01.2010	Firma Maier	1.200,00 €	19%	228,00 €	1.428,00 €
03.02.2010	Rechtsanwaltskanzlei Muster	850,00 €	19%	161,50 €	1.011,50 €
20.02.2010	Firma Schult	750,00 €	19%	142,50 €	892,50 €
03.03.2010	Rechtsanwaltskanzlei Muster	850,00 €	19%	161,50 €	1.011,50 €
15.03.2010	Firma Schult	500,00 €	19%	95,00 €	595,00 €
1. Quartal		5.000,00 €		950,00 €	5.950,00 €
03.04.2010	Rechtsanwaltskanzlei Muster	850,00 €	19%	161,50 €	1.011,50 €
12.04.2010	Kunde Förster	150,00 €	19%	28,50 €	178,50 €
03.05.2010	Rechtsanwaltskanzlei Muster	850,00 €	19%	161,50 €	1.011,50 €
12.05.2010	Firma Schult	2.500,00 €	19%	475,00 €	2.975,00 €

Abbildung 73: Die Liste wird um eine weitere Einnahme ergänzt

Damit ist auch der Mai abgeschlossen.

03. Juni 2010:

Einnahme durch den regelmäßigen Auftrag der Rechtsanwaltskanzlei Muster.

10. Juni 2010:

Die Telefonrechnung wird abgebucht.

Damit ist das zweite Quartal abgeschlossen. Die Geschäftsfälle finden Sie in den Quartalslisten (siehe Abbildung 74 bis Abbildung 76).

Einnahmen

Datum	Kunde	netto	Mwst-Satz	Mwst	brutto
03.01.2010	Rechtsanwaltskanzlei Muster	850,00 €	19%	161,50 €	1.011,50 €
31.01.2010	Firma Maier	1.200,00 €	19%	228,00 €	1.428,00 €
03.02.2010	Rechtsanwaltskanzlei Muster	850,00 €	19%	161,50 €	1.011,50 €
20.02.2010	Firma Schult	750,00 €	19%	142,50 €	892,50 €
03.03.2010	Rechtsanwaltskanzlei Muster	850,00 €	19%	161,50 €	1.011,50 €
15.03.2010	Firma Schult	500,00 €	19%	95,00 €	595,00 €
1. Quartal		**5.000,00 €**		**950,00 €**	**5.950,00 €**
03.04.2010	Rechtsanwaltskanzlei Muster	850,00 €	19%	161,50 €	1.011,50 €
12.04.2010	Kunde Förster	150,00 €	19%	28,50 €	178,50 €
03.05.2010	Rechtsanwaltskanzlei Muster	850,00 €	19%	161,50 €	1.011,50 €
12.05.2010	Firma Schult	2.500,00 €	19%	475,00 €	2.975,00 €
03.06.2010	Rechtsanwaltskanzlei Muster	850,00 €	19%	161,50 €	1.011,50 €
2. Quartal		**5.200,00 €**		**988,00 €**	**6.188,00 €**

Abbildung 74: Die Einnahmenübersicht für das erste und zweite Quartal

Ausgaben - Telefonrechnung

Datum	Anbieter	netto	Mwst-Satz	Mwst	brutto
10.01.2010	Telecom	50,42 €	19%	9,58 €	60,00 €
10.02.2010	Telecom	50,42 €	19%	9,58 €	60,00 €
10.03.2010	Telecom	50,42 €	19%	9,58 €	60,00 €
1. Quartal		**151,26 €**		**28,74 €**	**180,00 €**
10.04.2010	Telecom	50,42 €	19%	9,58 €	60,00 €
10.05.2010	Telecom	50,42 €	19%	9,58 €	60,00 €
10.06.2010	Telecom	50,42 €	19%	9,58 €	60,00 €
2. Quartal		**151,26 €**		**28,74 €**	**180,00 €**

Abbildung 75: Diese Liste zeigt alle Ausgaben im Zusammenhang mit dem Telefon

Ausgaben - Büromaterial

Datum	Lieferant	netto	Mwst-Satz	Mwst	brutto
12.01.2010	Büroservice Meier	27,73 €	19%	5,27 €	33,00 €
1. Quartal		**27,73 €**		**5,27 €**	**33,00 €**
11.04.2010	Druckerpatronen, Tintentanke Schüller	19,75 €	19%	3,75 €	23,50 €
2. Quartal		**19,75 €**		**3,75 €**	**23,50 €**

Abbildung 76: Die Übersicht „Büromaterial"

Weitere Ausgaben vielen nicht an. Die Zusammenfassung zeigt Abbildung 77.

Einnahmen und Ausgaben 2. Quartal			
	netto	MwSt	brutto
Einnahmen	5.200,00 €	988,00 €	6.188,00 €
Ausgaben			
Telefon	151,26 €	28,74 €	180,00 €
Büromaterial	19,75 €	3,75 €	23,50 €
Porto	- €	- €	- €
Sonstiges	- €	- €	- €
Ges.-Ausgaben	171,01 €	32,49 €	203,50 €
Saldo	5.028,99 €	955,51 €	5.984,50 €

Abbildung 77: Die Übersicht für das zweite Quartal

Im Rahmen der Umsatzsteuer-Voranmeldung überweist Frau Beispiel einen Betrag in Höhe von 955,51 Euro an das Finanzamt (siehe Abbildung 78).

Umsatzsteuerdaten		
	1. Quartal	2. Quartal
Vereinnahmte USt	950,00 €	988,00 €
Gezahlte USt	36,76 €	32,49 €
Saldo	913,24 €	955,51 €

Abbildung 78: Die Umsatzsteuerdaten

Im Monat Juli fallen folgenden Geschäftsfälle an:

03. Juli 2010:

Gutschrift der regelmäßigen Einnahme durch die Rechtsanwaltskanzlei Muster.

10. Juli 2010:

Abbuchen der Telefonrechnung.

11. Juli 2010:

Kauf von Büromaterial zu einem Preis in Höhe von 19,75 Euro netto.

03. August 2010:

Gutschrift der regelmäßigen Einnahme durch die Rechtsanwaltskanzlei Muster.

10. August 2010:

Abbuchen der Telefonrechnung.

18. August 2010:

Einnahme Kunde Förster 1275,00 Euro netto.

18. August 2010:

Kauf eines Fachbuches für 83,18 Euro.

03. September 2010:

Gutschrift der regelmäßigen Einnahme durch die Rechtsanwaltskanzlei Muster.

10. September 2010:

Abbuchen der Telefonrechnung.

Die Abbildung 79 bis Abbildung 84 geben Ihnen einen guten Überblick.

Einnahmen

Datum	Kunde	netto	Mwst-Satz	Mwst	brutto
03.01.2010	Rechtsanwaltskanzlei Muster	850,00 €	19%	161,50 €	1.011,50 €
31.01.2010	Firma Maier	1.200,00 €	19%	228,00 €	1.428,00 €
03.02.2010	Rechtsanwaltskanzlei Muster	850,00 €	19%	161,50 €	1.011,50 €
20.02.2010	Firma Schult	750,00 €	19%	142,50 €	892,50 €
03.03.2010	Rechtsanwaltskanzlei Muster	850,00 €	19%	161,50 €	1.011,50 €
15.03.2010	Firma Schult	500,00 €	19%	95,00 €	595,00 €
1. Quartal		**5.000,00 €**		**950,00 €**	**5.950,00 €**
03.04.2010	Rechtsanwaltskanzlei Muster	850,00 €	19%	161,50 €	1.011,50 €
12.04.2010	Kunde Förster	150,00 €	19%	28,50 €	178,50 €
03.05.2010	Rechtsanwaltskanzlei Muster	850,00 €	19%	161,50 €	1.011,50 €
12.05.2010	Firma Schult	2.500,00 €	19%	475,00 €	2.975,00 €
03.06.2010	Rechtsanwaltskanzlei Muster	850,00 €	19%	161,50 €	1.011,50 €
2. Quartal		**5.200,00 €**		**988,00 €**	**6.188,00 €**
03.07.2010	Rechtsanwaltskanzlei Muster	850,00 €	19%	161,50 €	1.011,50 €
03.08.2010	Rechtsanwaltskanzlei Muster	850,00 €	19%	161,50 €	1.011,50 €
18.08.2010	Kunde Förster	1.275,00 €	19%	242,25 €	1.517,25 €
03.09.2010	Rechtsanwaltskanzlei Muster	850,00 €	19%	161,50 €	1.011,50 €
3. Quartal		**3.825,00 €**		**726,75 €**	**4.551,75 €**

Abbildung 79: Einnahmen bis zum 3. Quartal

Ausgaben - Telefonrechnung

Datum	Anbieter	netto	Mwst-Satz	Mwst	brutto
10.01.2010	Telecom	50,42 €	19%	9,58 €	60,00 €
10.02.2010	Telecom	50,42 €	19%	9,58 €	60,00 €
10.03.2010	Telecom	50,42 €	19%	9,58 €	60,00 €
1. Quartal		**151,26 €**		**28,74 €**	**180,00 €**
10.04.2010	Telecom	50,42 €	19%	9,58 €	60,00 €
10.05.2010	Telecom	50,42 €	19%	9,58 €	60,00 €
10.06.2010	Telecom	50,42 €	19%	9,58 €	60,00 €
2. Quartal		**151,26 €**		**28,74 €**	**180,00 €**
10.07.2010	Telecom	50,42 €	19%	9,58 €	60,00 €
10.08.2010	Telecom	50,42 €	19%	9,58 €	60,00 €
10.09.2010	Telecom	50,42 €	19%	9,58 €	60,00 €
3. Quartal		**151,26 €**		**28,74 €**	**180,00 €**

Abbildung 80: Telefonrechnungen bis zum dritten Quartal

Ausgaben - Büromaterial

Datum	Lieferant	netto	Mwst-Satz	Mwst	brutto
12.01.2010	Büroservice Meier	27,73 €	19%	5,27 €	33,00 €
1. Quartal		**27,73 €**		**5,27 €**	**33,00 €**
11.04.2010	Druckerpatronen, Tintentanke Schüller	19,75 €	19%	3,75 €	23,50 €
2. Quartal		**19,75 €**		**3,75 €**	**23,50 €**
11.07.2010	Büroservice Meier	19,75 €	19%	3,75 €	23,50 €
3. Quartal		**19,75 €**		**3,75 €**	**23,50 €**

Abbildung 81: Übersicht „Büromaterial" bis zum dritten Quartal

Ausgaben - Sonstiges

Datum	Ausgabenart / Lieferant	netto	Mwst-Satz	Mwst	brutto
15.01.2010	Zeitschrift "Das Schreibbüro", Bsp.-Verlag	39,25 €	7%	2,75 €	42,00 €
1. Quartal		**39,25 €**		**2,75 €**	**42,00 €**
2. Quartal		**- €**		**- €**	**- €**
18.08.2010	Fachbuch "DIN-Vorschriften", Buchh. Maier	83,18 €	7%	5,82 €	89,00 €
3. Quartal		**83,18 €**		**5,82 €**	**89,00 €**

Abbildung 82: Tabelle „Sonstiges" bis zum dritten Quartal

Einnahmen und Ausgaben 3. Quartal

	netto	MwSt	brutto
Einnahmen	**3.825,00 €**	**726,75 €**	**4.551,75 €**
Ausgaben			
Telefon	151,26 €	28,74 €	180,00 €
Büromaterial	19,75 €	3,75 €	23,50 €
Porto	- €	- €	- €
Sonstiges	83,18 €	5,82 €	89,00 €
Ges.-Ausgaben	**254,19 €**	**38,31 €**	**292,50 €**
Saldo	**3.570,81 €**	**688,44 €**	**4.259,25 €**

Abbildung 83: Einnahmen und Ausgaben im dritten Quartal

Umsatzsteuerdaten

	1. Quartal	2. Quartal	3. Quartal
Vereinnahmte USt	950,00 €	988,00 €	726,75 €
Gezahlte USt	36,76 €	32,49 €	38,31 €
Saldo	**913,24 €**	**955,51 €**	**688,44 €**

Abbildung 84: Die Umsatzsteuerdaten

Nun die Buchungen für das vierte und gleichzeitig letzte Quartal:

03. Oktober 2010:

Ab Oktober erhöht sich die regelmäßige Einnahme von Frau Beispiel bei der Rechtsanwaltskanzlei Muster um 150 Euro netto. Es geht eine Überweisung in Höhe von 1.190 Euro ein.

11. Oktober 2010:

Abbuchen der Telefonrechnung.

03. November 2010:

Einnahme durch die regelmäßigen Aufträge im Zusammenhang mit der Rechtsanwaltskanzlei Muster.

11. November 2010:

Abbuchen der Telefonrechnung.

15. November 2010:

Kauf eines Druckers zum Preis von 251,26 netto bzw. 299,00 Euro brutto. Diesen Kauf trägt Frau Beispiel auf dem Excel-Sheet **Geringwertige Wirtschaftsgüter** ein.

Praxis-Hinweis

Im Rahmen des Wachstumsbeschleunigungsgesetzes hat sich der Bundesrat in Sachen „Geringwertige Wirtschaftsgüter" etwas Besonderes einfallen lassen. In diesem Zusammenhang wurde für Abschreibungen ein so genanntes Wahlrecht eingeführt. Es betrifft alle beweglichen Wirtschaftsgüter bis zu einem Wert von 1.000 Euro netto. Zur Disposition stehen eine so genannte Poolabschreibung und eine Sofortabschreibung. Poolabschreibung für alle Wirtschaftsgüter zwischen 150 und 1.000 Euro sowie Sofortabschreibung für geringwertige Wirtschaftsgüter bis 410 Euro. Für das Wirtschafsgut im Wert von 299,00 Euro ist es im Augenblick unerheblich, welche Art der Abschreibung Frau Beispiel wählt.

03. Dezember 2010:

Einnahme durch die regelmäßigen Aufträge im Zusammenhang mit der Rechtsanwaltskanzlei Muster.

11. Dezember 2010:

Abbuchen der Telefonrechnung.

15. Dezember 2010:

Einnahme durch Kunde Schult in Höhe von 1.500 Euro netto.

20. Dezember 2010:

Einnahme durch Kunde Förster in Höhe von 2.500 Euro netto.

Die folgenden Übersichten (siehe Abbildung 85 bis Abbildung 90) geben Ihnen einen schnellen Überblick über die gesamten Jahresbuchungen.

Einnahmen

Datum	Kunde	netto	Mwst-Satz	Mwst	brutto
03.01.2010	Rechtsanwaltskanzlei Muster	850,00 €	19%	161,50 €	1.011,50 €
31.01.2010	Firma Maier	1.200,00 €	19%	228,00 €	1.428,00 €
03.02.2010	Rechtsanwaltskanzlei Muster	850,00 €	19%	161,50 €	1.011,50 €
20.02.2010	Firma Schult	750,00 €	19%	142,50 €	892,50 €
03.03.2010	Rechtsanwaltskanzlei Muster	850,00 €	19%	161,50 €	1.011,50 €
15.03.2010	Firma Schult	500,00 €	19%	95,00 €	595,00 €
1. Quartal		**5.000,00 €**		**950,00 €**	**5.950,00 €**
03.04.2010	Rechtsanwaltskanzlei Muster	850,00 €	19%	161,50 €	1.011,50 €
12.04.2010	Kunde Förster	150,00 €	19%	28,50 €	178,50 €
03.05.2010	Rechtsanwaltskanzlei Muster	850,00 €	19%	161,50 €	1.011,50 €
12.05.2010	Firma Schult	2.500,00 €	19%	475,00 €	2.975,00 €
03.06.2010	Rechtsanwaltskanzlei Muster	850,00 €	19%	161,50 €	1.011,50 €
2. Quartal		**5.200,00 €**		**988,00 €**	**6.188,00 €**
03.07.2010	Rechtsanwaltskanzlei Muster	850,00 €	19%	161,50 €	1.011,50 €
03.08.2010	Rechtsanwaltskanzlei Muster	850,00 €	19%	161,50 €	1.011,50 €
18.08.2010	Kunde Förster	1.275,00 €	19%	242,25 €	1.517,25 €
03.09.2010	Rechtsanwaltskanzlei Muster	850,00 €	19%	161,50 €	1.011,50 €
3. Quartal		**3.825,00 €**		**726,75 €**	**4.551,75 €**
03.10.2010	Rechtsanwaltskanzlei Muster	1.000,00 €	19%	190,00 €	1.190,00 €
03.11.2010	Rechtsanwaltskanzlei Muster	1.000,00 €	19%	190,00 €	1.190,00 €
03.12.2010	Rechtsanwaltskanzlei Muster	1.000,00 €	19%	190,00 €	1.190,00 €
15.12.2010	Firma Schult	1.500,00 €	19%	285,00 €	1.785,00 €
20.12.2010	Kunde Förster	2.500,00 €	19%	475,00 €	2.975,00 €
4. Quartal		**7.000,00 €**		**1.330,00 €**	**8.330,00 €**

Abbildung 85: Hier ist das Jahr komplett

Ausgaben - Telefonrechnung

Datum	Anbieter	netto	Mwst-Satz	Mwst	brutto
10.01.2010	Telecom	50,42 €	19%	9,58 €	60,00 €
10.02.2010	Telecom	50,42 €	19%	9,58 €	60,00 €
10.03.2010	Telecom	50,42 €	19%	9,58 €	60,00 €
1. Quartal		**151,26 €**		**28,74 €**	**180,00 €**
10.04.2010	Telecom	50,42 €	19%	9,58 €	60,00 €
10.05.2010	Telecom	50,42 €	19%	9,58 €	60,00 €
10.06.2010	Telecom	50,42 €	19%	9,58 €	60,00 €
2. Quartal		**151,26 €**		**28,74 €**	**180,00 €**
10.07.2010	Telecom	50,42 €	19%	9,58 €	60,00 €
10.08.2010	Telecom	50,42 €	19%	9,58 €	60,00 €
10.09.2010	Telecom	50,42 €	19%	9,58 €	60,00 €
3. Quartal		**151,26 €**		**28,74 €**	**180,00 €**
11.10.2010	Telecom	50,42 €	19%	9,58 €	60,00 €
11.11.2010	Telecom	50,42 €	19%	9,58 €	60,00 €
11.12.2010	Telecom	50,42 €	19%	9,58 €	60,00 €
4. Quartal		**151,26 €**		**28,74 €**	**180,00 €**

Abbildung 86: Die vollständige Jahrestelefonliste

	A	B	C	D	E	F
1	**Geringwertige Wirtschaftsgüter**					
2						
3	**Datum**	**Ausgabenart / Lieferant**	**netto**	**Mwst-Satz**	**Mwst**	**brutto**
4	15.11.2010	Kauf eines Druckers bei Büro Müller	251,26 €	19%	47,74 €	299,00 €
5						
6	4. Quartal		251,26 €		47,74 €	299,00 €
7						

Abbildung 87: Die Geringwertigen Wirtschaftsgüter

Einnahmen und Ausgaben 4. Quartal			
	netto	MwSt	brutto
Einnahmen	7.000,00 €	1.330,00 €	8.330,00 €
Ausgaben			
Telefon	151,26 €	28,74 €	180,00 €
Büromaterial	- €	- €	- €
Porto	- €	- €	- €
Sonstiges	- €	- €	- €
Ges.-Ausgaben	151,26 €	28,74 €	180,00 €
Saldo	6.848,74 €	1.301,26 €	8.150,00 €
GWG	251,26 €	47,74 €	299,00 €
Saldo	6.597,48 €	1.253,52 €	7.851,00 €

Abbildung 88: Die Quartalsübersicht

Umsatzsteuerdaten					
	1. Quartal	2. Quartal	3. Quartal	4. Quartal	Gesamt
Vereinnahmte USt	950,00 €	988,00 €	726,75 €	1.330,00 €	3.994,75 €
Gezahlte USt	36,76 €	32,49 €	38,31 €	76,48 €	184,04 €
Saldo	913,24 €	955,51 €	688,44 €	1.253,52 €	3.810,71 €

Abbildung 89: Die Umsatzsteuerdaten

Einnahmen und Ausgaben gesamt			
	netto	MwSt	brutto
Einnahmen	**21.025,00 €**	**3.994,75 €**	**25.019,75 €**
Ausgaben			
Telefon	605,04 €	114,96 €	720,00 €
Büromaterial	67,23 €	12,77 €	80,00 €
Porto	16,50 €	- €	16,50 €
Sonstiges	122,43 €	8,57 €	131,00 €
Ges.-Ausgaben	**811,20 €**	**136,30 €**	**947,50 €**
Saldo	**20.213,80 €**	**3.858,45 €**	**24.072,25 €**
GWG	251,26 €	47,74 €	299,00 €
Saldo	**19.962,54 €**	**3.810,71 €**	**23.773,25 €**

Abbildung 90: Auf diesem Excel-Sheet werden die Jahresdaten verdichtet

Vorsicht, der Saldo entspricht nicht dem Gewinn bzw. Verlust! Die geringwertigen Güter sind nämlich abzuschreiben. Mehr zum Thema Abschreibung finden Sie in Kapitel 5.

3 Musterlösungen und Vorlagen für die EÜR bei Umsatzsteuerpflicht

Die Einnahmen-/Überschussrechnung ist eine vereinfachte Form der Gewinnermittlung. Diese Art der Buchführung kann ohne tiefere Fachkenntnisse durchgeführt werden. Umsatzsteuerpflichtige Selbstständige und Unternehmen haben verschiedene Möglichkeiten, ihre Einnahmen und Ausgaben aufzuzeichnen und zu saldieren. In diesem Kapitel stellen wir Ihnen drei Varianten vor, bei denen Sie die Tabellenkalkulation Microsoft Excel unterstützt.

3.1 Einfaches Sammeln von Einnahmen und Ausgaben: EÜR_Vorlage_UST.xls

Am einfachsten – aber auch am wenigsten komfortabel – ist es, wenn Sie alle Einnahmen und Ausgaben in einer einfachen Excel-Vorlage erfassen. Sie geben einfach Datum, Vorgang, MwSt-Satz und Bruttobetrag ein und sammeln die einzelnen Positionen nach bestimmten Kriterien. Eine Aufteilung in Einnahmen und Ausgaben ist dabei i.d.R. ein absolutes Muss. Bei den Ausgaben gliedern Sie nach bestimmten Kostenarten, z.B. Büromaterial, Telefon, Porto, Geringwertige Wirtschaftsgüter und was ansonsten noch so anfällt.

> Die Beispieldaten finden Sie auf Ihrer CD-ROM zum Buch:
> EÜR_Vorlage_UST.xls

3.1.1 So arbeiten Sie mit den Beispiel-Tabellen

Die anfallenden Einnahmen und Ausgaben schreiben Sie einfach in die dafür vorgesehenen Listen. Dort werden automatisch die Summen gebildet. Die ermittelten Jahresendwerte erfassen Sie anschließend in einer Jahresübersicht.

Abbildung 91 zeigt die gesammelten Ausgaben für die Kategorie **Büromaterial**. Eingaben erfolgen in folgenden Spalten:

- Datum
- Vorgang
- MwSt-Satz
- brutto

Durch die Angabe von MwSt-Satz und dem Bruttowert ist Excel in der Lage, mit Hilfe von Formeln den Nettowert und Mehrwertsteuersatz zu ermitteln.

Büromaterial					
Datum	Vorgang	netto	Mwst-Satz	MwST	brutto
07.06.2010	Kauf von Büromaterial	27,73 €	19%	5,27 €	33,00 €
11.04.2010	Kauf von Druckerpatronen	19,75 €	19%	3,75 €	23,50 €
01.07.2010	Kauf von Büromaterial	19,75 €	19%	3,75 €	23,50 €
		- €	19%	- €	
		- €	19%	- €	
		- €	19%	- €	
		- €	19%	- €	
		- €	19%	- €	
		- €	19%	- €	
		- €	19%	- €	
		- €	19%	- €	
		- €	19%	- €	
		- €	19%	- €	
		- €	19%	- €	
		- €	19%	- €	
		- €	19%	- €	
		- €	19%	- €	
		- €	19%	- €	
		- €	19%	- €	
		- €	19%	- €	
		- €	19%	- €	
		- €	19%	- €	
Gesamt		67,23 €		12,77 €	80,00 €

Abbildung 91: Beispiel einer Vorlage

3.1.2 Mit einem Klick weitere Vorlagen erstellen

Abbildung 92 zeigt das Blankoformular. Sie haben jederzeit die Möglichkeit, das Formular durch einen Klick auf die Schaltfläche **Weitere Vorlage erstellen** zu vervielfachen. Auf diese Weise bestimmen Sie die Anzahl der Vorlagen selbst und passen die Datei ganz einfach an Ihre Bedürfnisse an.

Mit Doppelklick auf die Registerlasche benennen Sie den Registername von **Vorlage-1** auf einen aussagestarken Namen wie z. B. Büromaterial um.

Excel-Tipp

Erhalten Sie eine Fehlermeldung, dass das Makro nicht ausgeführt werden kann, prüfen Sie bitte, ob Sie die Makros deaktiviert haben.

Weitere Informationen zum Thema Makro lesen Sie in Kapitel 6 des Buches.

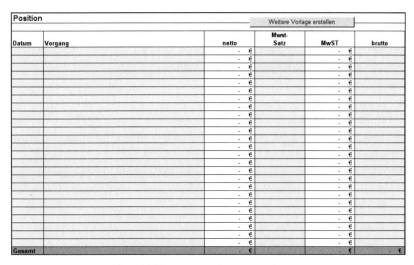

Abbildung 92: Das leere Formular

In Abbildung 93 sehen Sie die Formeln, die im Formular verwendet werden.

	A	B	C	D	E	F
1	Position				Weitere Vorlage erstellen	
2						
3	Datum	Vorgang	netto	Mwst-Satz	MwST	brutto
4			=F4/(1+D4)		=C4*D4	
5			=F5/(1+D5)		=C5*D5	
6			=F6/(1+D6)		=C6*D6	
7			=F7/(1+D7)		=C7*D7	
8			=F8/(1+D8)		=C8*D8	
9			=F9/(1+D9)		=C9*D9	
10			=F10/(1+D10)		=C10*D10	
11			=F11/(1+D11)		=C11*D11	
12			=F12/(1+D12)		=C12*D12	
13			=F13/(1+D13)		=C13*D13	
14			=F14/(1+D14)		=C14*D14	
15			=F15/(1+D15)		=C15*D15	
16			=F16/(1+D16)		=C16*D16	
17			=F17/(1+D17)		=C17*D17	
18			=F18/(1+D18)		=C18*D18	
19			=F19/(1+D19)		=C19*D19	
20			=F20/(1+D20)		=C20*D20	
21			=F21/(1+D21)		=C21*D21	
22			=F22/(1+D22)		=C22*D22	
23			=F23/(1+D23)		=C23*D23	
24			=F24/(1+D24)		=C24*D24	
25			=F25/(1+D25)		=C25*D25	
26			=F26/(1+D26)		=C26*D26	
27			=F27/(1+D27)		=C27*D27	
28			=F28/(1+D28)		=C28*D28	
29	Gesamt		=SUMME(C4:C28)		=SUMME(E4:E28)	=SUMME(F4:F28)

Abbildung 93: Die Formelansicht

3.1.3 Tabellen schnell um eine Zeile erweitern

Sollte die Anzahl der Zeilen nicht ausreichen, können Sie das Tabellenmodell auf einfache Weise schnell erweitern:

Bis Excel 2003:

1. Setzen Sie die Eingabemarkierung in die vorletzte Spalte der vordefinierten Tabelle.

2. Wählen Sie **Einfügen** > **Zeilen**. Excel erweitert das Tabellengerüst um eine weitere Zeile.

3. Setzen Sie die Eingabemarkierung nicht in die Zeile **Gesamt**, da auf diese Weise die neue Zeile nicht in der Summe berücksichtigt werden würde.

Ab Excel 2007/2010:

Anwender der neueren Excel-Versionen gehen wie folgt vor:

1. Setzen Sie die Eingabemarkierung in die vorletzte Spalte der vordefinierten Tabelle.

2. Klicken Sie im Register **Start** im Bereich **Zellen** auf den Pfeil hinter **Einfügen**. Wählen Sie **Blattzeilen einfügen** oder alternativ **Zellen einfügen** > **Ganze Zeile**. Excel erweitert das Tabellengerüst um eine weitere Zeile.

3. Setzen Sie die Eingabemarkierung nicht in die Zeile **Gesamt**, da ansonsten die neue Zeile nicht in der Summe berücksichtigt werden würde.

3.1.4 Gesamtübersicht erstellen

Am Ende des Jahres übertragen Sie die Nettowerte der einzelnen Tabellen in die Tabelle **Gesamtübersicht**. Dabei handelt es sich um eine Übersicht über alle Einnahmen und Ausgaben (siehe Abbildung 94). Die Einnahmen und Ausgaben werden automatisch saldiert.

Praxis-Tipp

Vorsicht, der Saldo entspricht u. U. nicht dem Gewinn bzw. Verlust, da Positionen wie z. B. Abschreibungen in diesem Tool nicht berücksichtigt werden.

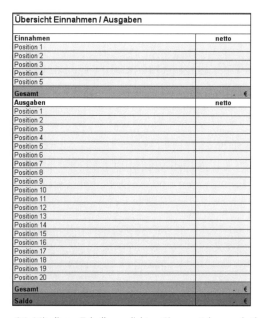

Abbildung 94: Mit dieser Tabelle verdichten Sie zum Jahresende Ihre Daten

Die Summen-Formeln entnehmen Sie Abbildung 95.

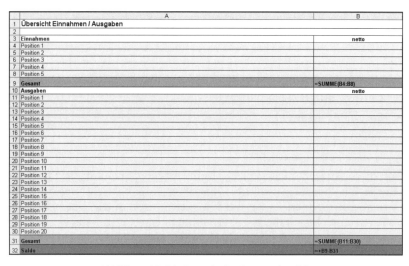

Abbildung 95: Die Formeln der Gesamtübersicht

3.2 Die Musterlösung EÜR_Übersicht_UST.xls

Die Musterlösung **EÜR_Übersicht_UST.xls** stellt eine einfach strukturierte Einnahmen-/Überschussrechnung mit folgenden Tabellen zur Verfügung:

- 5 Tabellenblätter zur Erfassung von Einnahmen
- 15 Tabellenblätter zur Erfassung von Ausgaben
- Gesamtübersicht
- Umsatzsteuer zur Verwaltung von Umsatzsteuerdaten

Die Daten der Einnahmen- und Ausgabentabellen werden automatisch in die Gesamtübersicht übertragen.

> **Die Musterlösung finden Sie auf Ihrer CD-ROM zum Buch:**
> EÜR_Übersicht_UST.xls
> Die Beispielzahlen können Sie anhand des Tools **EÜR_Übersicht_UST.xls** nachvollziehen.

3.2.1 Aufbau der Musterlösung

Das Praxisbeispiel aus Kapitel 2 soll jetzt mit Hilfe des Excel-Tools aufbereitet werden. Frau Beispiel betreibt ein Büro von zu Hause aus oder fährt zu ihren Kunden um, die Schreibarbeiten zu erledigen. Alle zu versteuernden Einnahmen von Frau Beispiel unterliegen einem Mehrwertsteuersatz von 19 %. Einen Geschäftswagen hat Frau Beispiel nicht. Um das Beispiel übersichtlich zu halten, werden die Fahrtkosten vernachlässigt. Auf der Ausgabenseite fallen regelmäßig folgende Positionen an:

- Geringwertige Wirtschaftsgüter
- Porto/Büromaterial
- Telefon
- Übrige Betriebsausgaben

Für diese Ausgabenkategorien vergibt Frau Beispiel auf der Startseite für die Tabellen **Ausgaben_1** bis **Ausgaben_4** die Bezeichnungen für die Ausgabenkategorien. Diese werden automatisch in die Überschriftenzeile der einzelnen Tabellen übernommen. Darüber hinaus werden die Bezeichnungen der Ausgabenkategorien automatisch – mit Hilfe von Formeln – in die Gesamtübersicht übertragen.

Die Einnahmen erfasst Frau Beispiel in der Tabelle **Einnahmen_1**; auf der Startseite vergibt Sie hierfür die Bezeichnung **Einnahmen aus Schreibarbeiten** (siehe Abbildung 96).

Einnahme-/Überschussrechnung			
Abrechnungsjahr		2011	
Tabellen:			

	Zugehörige Einnahmenkategorie		**Zugehörige Kostenkategorie**
Einnahmen 1	Einnahmen aus Schreibarbeiten	Ausgaben 1	Geringwertige Wirtschaftsgüter
Einnahmen 2		Ausgaben 2	Büromaterial
Einnahmen 3		Ausgaben 3	Telefon
Einnahmen 4		Ausgaben 4	Übrige Betriebsausgaben
Einnahmen 5		Ausgaben 5	Porto
		Ausgaben 6	
Zur Gesamtübersicht		Ausgaben 7	
		Ausgaben 8	
Umsatzsteuerübersicht		Ausgaben 9	
		Ausgaben 10	
		Ausgaben 11	
		Ausgaben 12	
		Ausgaben 13	
		Ausgaben 14	
		Ausgaben 15	

Abbildung 96: Die Startseite des Tools

3.2.2 Die Geschäftsfälle

Frau Beispiel übernimmt regelmäßig Schreibarbeiten von der Rechtsanwaltskanzlei Muster. Dadurch hat sie regelmäßige monatliche Einnahmen in Höhe von 1011,50 Euro brutto. Diese setzen sich aus einem Nettobetrag von 850,00 Euro und einem Mehrwertsteueranteil von 161,50 Euro zusammen.

Mit einer Telefongesellschaft hat Frau Beispiel einen Vertrag mit einer Flatrate abgeschlossen. Die monatliche Belastung liegt bei 50,42 Euro netto. Das entspricht einem Bruttobetrag von 60 Euro.

Nun zu den Geschäftsfällen im ersten Monat:

3. Januar 2010:

Die regelmäßige Buchung im Zusammenhang mit der Rechtsanwaltskanzlei Muster geht ein. Frau Beispiel vermerkt diesen Geldeingang in der Tabelle **Einnahmen_1**, in der sie folgende Angaben notiert:

- Datum
- Vorgang
- Nettobetrag
- Mehrwertsteuersatz
- Mehrwertsteuerbetrag
- Brutto

Praxis-Tipp

Aufgrund der Umsatzsteuerpflicht muss Frau Beispiel in diesem Fall Netto- und Bruttobeträge unterscheiden. Vorteilhaft ist es – insbesondere im Hinblick auf spätere Auswertungen – die Umsatzsteuerdaten direkt an dieser Stelle ebenfalls zu notieren.

Eingaben sind in folgenden Spalten notwendig:

- Datum
- Vorgang
- MwSt-Satz
- brutto

Praxis-Tipps für Ihre Eingabe:

- Die Eingabefelder sind mit einer hellblauen Farbe hervorgehoben.
- Mit der Tab-Taste springen Sie von Eingabefeld zu Eingabefeld.
- In der Spalte **MwSt-Satz** geben Sie entweder 7 oder 19 ein – das Prozentzeichen brauchen Sie nicht einzugeben; es ist „voreingestellt" und wird automatisch hinter dem von Ihnen eingegebenen Wert angezeigt.

Durch die Angabe von **MwSt-Satz** und dem **Bruttowert** ist Excel – wie bereits in der zuvor vorgestellten Vorlage – in der Lage, mit Hilfe von Formeln den Nettowert und Mehrwertsteuersatz zu ermitteln (siehe Abbildung 97).

Einnahmen Schreibarbeiten					
Datum	Vorgang	netto	Mwst-Satz	MwST	brutto
03.01.2010	Geldeingang Rechtsanwaltskanzlei Muster	850,00 €	19%	161,50 €	1.011,50 €
		- €		- €	- €
		- €		- €	- €
		- €		- €	- €
		- €		- €	- €
		- €		- €	- €
		- €		- €	- €
		- €		- €	- €
		- €		- €	- €
		- €		- €	- €
		- €		- €	- €
		- €		- €	- €
		- €		- €	- €
		- €		- €	- €
		- €		- €	- €
		- €		- €	- €
		- €		- €	- €
		- €		- €	- €
		- €		- €	- €
		- €		- €	- €
Gesamt		850,00 €		161,50 €	1.011,50 €

Abbildung 97: Der erste Geschäftsfall wird festgehalten

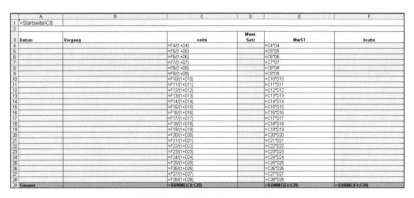

Abbildung 98: Die Formelansicht

10. Januar 2010:

Die Telefonrechnung wird abgebucht. Frau Beispiel hat hierfür bereits eine Tabelle vorbereitet, in der sie den Geldausgang notiert. Auf der Excel-Tabelle **Ausgaben_3** trägt sie die folgenden Angaben zur Telefonrechnung ein (siehe Abbildung 68):

- Datum
- Vorgang (= hier: Name des Anbieters)
- Bruttobetrag
- Mehrwertsteuersatz

Telefon

Datum	Vorgang	netto	Mwst-Satz	MwST	brutto
10.01.2010	Telecom	50,42 €	19%	9,58 €	60,00 €
		- €		- €	- €
		- €		- €	- €
		- €		- €	- €
		- €		- €	- €
		- €		- €	- €
		- €		- €	- €
		- €		- €	- €
		- €		- €	- €
		- €		- €	- €
		- €		- €	- €
		- €		- €	- €
		- €		- €	- €
		- €		- €	- €
		- €		- €	- €
		- €		- €	- €
		- €		- €	- €
		- €		- €	- €
		- €		- €	- €
		- €		- €	- €
		- €		- €	- €
Gesamt		50,42 €		9,58 €	60,00 €

Abbildung 99: Angaben zur Telefonrechnung

12. Januar 2010:

Kauf von Büromaterial in Höhe von 33 Euro brutto. Frau Beispiel trägt dies in die Ausgabenübersicht auf der Tabelle **Ausgaben_2** ein (siehe Abbildung 100).

Büromaterial					
Datum	**Vorgang**	**netto**	**Mwst-Satz**	**MwST**	**brutto**
12.01.2010	Büroservice Maier	27,73 €	19%	5,27 €	33,00 €

Abbildung 100: Die Liste Ausgaben – Büromaterial

15. Januar 2010:

Frau Beispiel überweist das Zeitschriftenabo zu einem Preis von 42,00 Euro brutto. Für Zeitschriften gilt ein verminderter Mehrwertsteuersatz von 7 %. Frau Beispiel notiert den Geschäftsvorfall in der Liste mit der Bezeichnung **Übrige Betriebskosten** auf der Tabelle **Ausgabe_4** (siehe Abbildung 101).

Übrige Betriebsausgaben					
Datum	**Vorgang**	**netto**	**Mwst-Satz**	**MwST**	**brutto**
15.01.2010	Zeitschriftenabo "Das Schreibbüro", Beispiel-Verlag	39,25 €	7%	2,75 €	42,00 €

Abbildung 101: Die Liste Übrige Betriebskosten

20. Januar 2010:

Am 20. Januar kauft Frau Beispiel Briefmarken im Wert von 5,50 Euro. Briefmarken sind umsatzsteuerfrei und werden bei Frau Beispiel in der Tabelle **Porto** eingetragen. Die Listendaten beschränken sich daher auf die Spalten (siehe Abbildung 102):

- Datum
- Vorgang
- brutto

Porto		
Datum	**Vorgang**	**brutto**
20.01.2010	Briefmarken / Post	5,50 €

Abbildung 102: Beim Porto muss keine Mehrwertsteuer berücksichtig werden

31. Januar 2010:

Kunde Maier überweist 1.200 Euro netto für ausgeführte Aufträge. Das entspricht einem Geldeingang von 1.428,00 Euro. Damit wird die Rechnung, die Frau Beispiel im Vorfeld verschickt hatte, beglichen. Frau Beispiel ergänzt die Übersicht der **Einnahmen**.

Praxis-Hinweis

Auf das Notieren von Rechnungsnummern wird im Beispiel verzichtet, um das Beispiel übersichtlich und schnell nachvollziehbar zu halten.

Einnahmen Schreibarbeiten					
			Mwst-Satz	MwST	
Datum	Vorgang	netto	Satz	MwST	brutto
03.01.2010	Geldeingang Rechtsanwaltskanzlei Muster	850,00 €	19%	161,50 €	1.011,50 €
31.01.2010	Firma Maier begleicht die Rechnung	1.200,00 €	19%	228,00 €	1.428,00 €
		- €		- €	
		- €		- €	
		- €		- €	
		- €		- €	
		- €		- €	
		- €		- €	
		- €		- €	
		- €		- €	
		- €		- €	
		- €		- €	
		- €		- €	
		- €		- €	
		- €		- €	
		- €		- €	
		- €		- €	
		- €		- €	
		- €		- €	
		- €		- €	
Gesamt		2.050,00 €		389,50 €	2.439,50 €

Abbildung 103: Die ergänzte Einnahmenübersicht

Damit ist der erste Monat vollständig. Kommen wir nun zum Monat Februar:

3. Februar 2010:

Geldeingang der regelmäßigen Einnahme im Zusammenhang mit der Rechtsanwaltskanzlei Muster (siehe Abbildung 104).

Einnahmen Schreibarbeiten					
			Mwst-Satz	MwST	
Datum	Vorgang	netto	Satz	MwST	brutto
03.01.2010	Geldeingang Rechtsanwaltskanzlei Muster	850,00 €	19%	161,50 €	1.011,50 €
31.01.2010	Firma Maier begleicht die Rechnung	1.200,00 €	19%	228,00 €	1.428,00 €
03.02.2010	Geldeingang Rechtsanwaltskanzlei Muster	850,00 €	19%	161,50 €	1.011,50 €

Abbildung 104: Der erste Geschäftsfall im Februar

10. Februar 2010:

Die Telefonrechnung wird abgebucht (siehe Abbildung 105).

Telefon					
Datum	**Vorgang**	**netto**	**Mwst-Satz**	**MwST**	**brutto**
10.01.2010	Telecom	50,42 €	19%	9,58 €	60,00 €
10.02.2010	Telecom	50,42 €	19%	9,58 €	60,00 €

Abbildung 105: Die Ausgabenliste wird weiter ergänzt

20. Februar 2010:

Auf dem Konto von Frau Beispiel gehen Einnahmen aus einer Leistung für den Kunden Schult in Höhe von 892,50 Euro brutto ein (siehe Abbildung 106).

Einnahmen Schreibarbeiten					
Datum	**Vorgang**	**netto**	**Mwst-Satz**	**MwST**	**brutto**
03.01.2010	Geldeingang Rechtsanwaltskanzlei Muster	850,00 €	19%	161,50 €	1.011,50 €
31.01.2010	Firma Maier begleicht die Rechnung	1.200,00 €	19%	228,00 €	1.428,00 €
03.02.2010	Geldeingang Rechtsanwaltskanzlei Muster	850,00 €	19%	161,50 €	1.011,50 €
20.02.2010	Geldeingang Firma Schult	750,00 €	19%	142,50 €	892,50 €

Abbildung 106: Aktuell sind vier Einnahmen zu verzeichnen

Damit ist auch der zweite Monat abgeschlossen. Im März fallen folgende Buchungen an:

3. März 2010:

Buchen der regelmäßigen Einnahme im Zusammenhang mit der Rechtsanwalts-Kanzlei Muster.

10. März 2010:

Die Telefonrechnung wird abgebucht und erfasst.

15. März 2010:

Einnahmen aus einer Leistung für den Kunden Schult in Höhe von 595 Euro brutto.

21. März 2010:

Frau Beispiel kauft für 11 Euro Briefmarken.

Damit ist der dritte Monat und das erste Quartal abgeschlossen. Die Abbildung 107 bis Abbildung 111 fassen die Einnahmen und Ausgaben je Kategorie noch einmal übersichtlich zusammen.

Einnahmen Schreibarbeiten					
Datum	Vorgang	netto	Mwst-Satz	MwST	brutto
03.01.2010	Geldeingang Rechtsanwaltskanzlei Muster	850,00 €	19%	161,50 €	1.011,50 €
31.01.2010	Firma Maier begleicht die Rechnung	1.200,00 €	19%	228,00 €	1.428,00 €
03.02.2010	Geldeingang Rechtsanwaltskanzlei Muster	850,00 €	19%	161,50 €	1.011,50 €
20.02.2010	Geldeingang Firma Schult	750,00 €	19%	142,50 €	892,50 €
03.03.2010	Geldeingang Rechtsanwaltskanzlei Muster	850,00 €	19%	161,50 €	1.011,50 €
15.03.2010	Geldeingang Firma Schult	500,00 €	19%	95,00 €	595,00 €
		- €		- €	
		- €		- €	
		- €		- €	
		- €		- €	
		- €		- €	
		- €		- €	
		- €		- €	
		- €		- €	
		- €		- €	
		- €		- €	
		- €		- €	
		- €		- €	
		- €		- €	
		- €		- €	
		- €		- €	
Gesamt		5.000,00 €		950,00 €	5.950,00 €

Abbildung 107: Einnahmen erstes Quartals

Telefon					
Datum	Vorgang	netto	Mwst-Satz	MwST	brutto
10.01.2010	Telecom	50,42 €	19%	9,58 €	60,00 €
10.02.2010	Telecom	50,42 €	19%	9,58 €	60,00 €
10.03.2010	Telecom	50,42 €	19%	9,58 €	60,00 €
		- €		- €	
		- €		- €	
		- €		- €	
		- €		- €	
		- €		- €	
		- €		- €	
		- €		- €	
		- €		- €	
		- €		- €	
		- €		- €	
		- €		- €	
		- €		- €	
		- €		- €	
		- €		- €	
		- €		- €	
		- €		- €	
Gesamt		151,26 €		28,74 €	180,00 €

Abbildung 108: Ausgaben für Telefon

Büromaterial					
Datum	Vorgang	netto	Mwst-Satz	MwST	brutto
12.01.2010	Büroservice Maier	27,73 €	19%	5,27 €	33,00 €
		- €		- €	
		- €		- €	
		- €		- €	
		- €		- €	
		- €		- €	
		- €		- €	
		- €		- €	
		- €		- €	
		- €		- €	
		- €		- €	
		- €		- €	
		- €		- €	
		- €		- €	
		- €		- €	
		- €		- €	
		- €		- €	
		- €		- €	
		- €		- €	
		- €		- €	
		- €		- €	
		- €		- €	
Gesamt		27,73 €		5,27 €	33,00 €

Abbildung 109: Ausgaben für Büromaterial

Übrige Betriebsausgaben					
Datum	Vorgang	netto	Mwst-Satz	MwST	brutto
15.01.2010	Zeitschriftenabo "Das Schreibbüro", Beispiel-Verlag	39,25 €	7%	2,75 €	42,00 €
		- €		- €	
		- €		- €	
		- €		- €	
		- €		- €	
		- €		- €	
		- €		- €	
		- €		- €	
		- €		- €	
		- €		- €	
		- €		- €	
		- €		- €	
		- €		- €	
		- €		- €	
		- €		- €	
		- €		- €	
		- €		- €	
		- €		- €	
		- €		- €	
		- €		- €	
		- €		- €	
Gesamt		39,25 €		2,75 €	42,00 €

Abbildung 110: Ausgaben für Sonstiges

Porto		
Datum	**Vorgang**	**brutto**
20.01.2010	Briefmarken / Post	5,50 €
21.03.2010	Briefmarken / Post	11,00 €
Gesamt		**16,50 €**

Abbildung 111: Ausgaben für Porti

Die Einnahmen und Ausgaben werden in einer gesonderten Aufstellung auf dem Excel-Sheet **Gesamtübersicht** verdichtet (siehe Abbildung 112). Die Daten können u. a. für die Umsatzsteuer-Voranmeldung genutzt werden.

Übersicht Einnahmen / Ausgaben			
Einnahmen	**netto**	**Mwst**	**brutto**
N.N.	5.000,00 €	950,00 €	5.950,00 €
N.N.	- €	- €	- €
N.N.	- €	- €	- €
N.N.	- €	- €	- €
N.N.	- €	- €	- €
Gesamt	**5.000,00 €**	**950,00 €**	**5.950,00 €**
Ausgaben	**netto**	**Mwst**	**brutto**
Geringwertige Wirtschaftsgüter	- €	- €	- €
Büromaterial	27,73 €	5,27 €	33,00 €
Telefon	151,26 €	28,74 €	180,00 €
Übrige Betriebsausgaben	39,25 €	2,75 €	42,00 €
Porto	16,50 €	- €	16,50 €
N.N.	- €	- €	- €
N.N.	- €	- €	- €
N.N.	- €	- €	- €
N.N.	- €	- €	- €
N.N.	- €	- €	- €
N.N.	- €	- €	- €
N.N.	- €	- €	- €
N.N.	- €	- €	- €
N.N.	- €	- €	- €
N.N.	- €	- €	- €
Gesamt	**234,74 €**	**36,76 €**	**271,50 €**
Saldo	**4.765,26 €**	**913,24 €**	**5.678,50 €**

Abbildung 112: Das erste Quartal im Überblick

Die zugehörigen Formeln zeigt Abbildung 113.

	A	B	C	D
1	Übersicht Einnahmen / Ausgaben			
2				
3	Einnahmen	netto	Mwst	brutto
4	=Einnahmen_2!$A$1	=Einnahmen_1!$C$29	=Einnahmen_1!$E$29	=Einnahmen_1!$F$29
5	=Einnahmen_3!$A$1	=Einnahmen_2!$C$29	=Einnahmen_2!$E$29	=Einnahmen_2!$F$29
6	=Einnahmen_4!$A$1	=Einnahmen_3!$C$29	=Einnahmen_3!$E$29	=Einnahmen_3!$F$29
7	=Einnahmen_5!$A$1	=Einnahmen_4!$C$29	=Einnahmen_4!$E$29	=Einnahmen_4!$F$29
8	=Einnahmen_5!$A$1	=Einnahmen_5!$C$29	=Einnahmen_5!$E$29	=Einnahmen_5!$F$29
9	Gesamt	=SUMME(B4:B8)	=SUMME(C4:C8)	=SUMME(D4:D8)
10	Ausgaben	netto	Mwst	brutto
11	=Ausgaben_1!$A$1	=Ausgaben_1!$C$29	=Ausgaben_1!$E$29	=Ausgaben_1!$F$29
12	=Ausgaben_2!$A$1	=Ausgaben_2!$C$29	=Ausgaben_2!$E$29	=Ausgaben_2!$F$29
13	=Ausgaben_3!$A$1	=Ausgaben_3!$C$29	=Ausgaben_3!$E$29	=Ausgaben_3!$F$29
14	=Ausgaben_4!$A$1	=Ausgaben_4!$C$29	=Ausgaben_4!$E$29	=Ausgaben_4!$F$29
15	=Ausgaben_5!$A$1	=Ausgaben_5!$C$29	=Ausgaben_5!$E$29	=Ausgaben_5!$F$29
16	=Ausgaben_6!$A$1	=Ausgaben_6!$C$29	=Ausgaben_6!$E$29	=Ausgaben_6!$F$29
17	=Ausgaben_7!$A$1	=Ausgaben_7!$C$29	=Ausgaben_7!$E$29	=Ausgaben_7!$F$29
18	=Ausgaben_8!$A$1	=Ausgaben_8!$C$29	=Ausgaben_8!$E$29	=Ausgaben_8!$F$29
19	=Ausgaben_9!$A$1	=Ausgaben_9!$C$29	=Ausgaben_9!$E$29	=Ausgaben_9!$F$29
20	=Ausgaben_10!$A$1	=Ausgaben_10!$C$29	=Ausgaben_10!$E$29	=Ausgaben_10!$F$29
21	=Ausgaben_11!$A$1	=Ausgaben_11!$C$29	=Ausgaben_11!$E$29	=Ausgaben_11!$F$29
22	=Ausgaben_12!$A$1	=Ausgaben_12!$C$29	=Ausgaben_12!$E$29	=Ausgaben_12!$F$29
23	=Ausgaben_13!$A$1	=Ausgaben_13!$C$29	=Ausgaben_13!$E$29	=Ausgaben_13!$F$29
24	=Ausgaben_14!$A$1	=Ausgaben_14!$C$29	=Ausgaben_14!$E$29	=Ausgaben_14!$F$29
25	=Ausgaben_15!$A$1	=Ausgaben_15!$C$29	=Ausgaben_15!$E$29	=Ausgaben_15!$F$29
26	Gesamt	=SUMME(B11:B25)	=SUMME(C11:C25)	=SUMME(D11:D25)
27	Saldo	=+B9-B26	=+C9-C26	=+D9-D26

Abbildung 113: Die Übersicht für das erste Quartal

Die Zahllast im Rahmen der Umsatzsteuer beträgt 913,24 Euro. Sie ergibt sich aus der Differenz der eingenommen Mehrwertsteuer in Höhe von 950 Euro und der gezahlten Vorsteuer im Rahmen der Ausgaben von 36,76 Euro:

950,00 – 36,76 = 913,24

Frau Beispiel vermerkt diese Zahlung in der Tabelle **Umsatzsteuer** (siehe Abbildung 113).

Umsatzsteuerdaten			
	netto	MwSt	brutto
Einnahmen			
1. Quartal	5.000,00 €	950,00 €	5.950,00 €
2. Quartal			- €
3. Quartal			- €
4. Quartal			- €
Gesamt	5.000,00 €	950,00 €	5.950,00 €
Ausgaben			
1. Quartal	234,74	36,76	271,50 €
2. Quartal			- €
3. Quartal			- €
4. Quartal			- €
Gesamt	234,74 €	36,76 €	271,50 €
Saldo			
1. Quartal	4.765,26 €	913,24 €	5.678,50 €
2. Quartal	- €	- €	- €
3. Quartal	- €	- €	- €
4. Quartal	- €	- €	- €
Gesamt	4.765,26 €	913,24 €	5.678,50 €

Abbildung 114: Die Umsatzsteuerdaten im ersten Quartal

Im 2. Quartal sind folgende Geschäftsfälle festzuhalten:

03. April 2010:

Die regelmäßige Einnahme der Rechtsanwaltskanzlei Muster geht auf dem Konto ein.

10. April 2010:

Die Telefonrechnung wird abgebucht.

11. April 2010:

Kauf von Druckerpatronen zum Preis von 23,50 Euro brutto. Druckerpatronen ordnet Frau Beispiel dem Büromaterial zu.

12. April 2010:

Einnahme durch einen Schreibauftrag für den Kunde Förster in Höhe von 178,50 Euro brutto.

Im Monat April fallen keine weiteren Buchungen an.

03. Mai 2010:

Einnahme durch den regelmäßigen Auftrag durch die Rechtsanwaltskanzlei Muster.

10. Mai 2010:

Abbuchen der Telefonrechnung in Höhe von 60,00 Euro brutto.

12. Mai 2010:

Einnahme aus Schreibarbeiten für Kunde Schult 2.975,00 Euro brutto.

Damit ist auch der Mai abgeschlossen.

03. Juni 2010:

Einnahme durch den regelmäßigen Auftrag der Rechtsanwaltskanzlei Muster.

10. Juni 2010:

Die Telefonrechnung wird abgebucht.

Damit ist das erste Halbjahr bzw. das 2. Quartal abgeschlossen. Die Abbildung 115 bis Abbildung 117 zeigen die Einnahmen und Ausgaben.

Einnahmen Schreibarbeiten

Datum	Vorgang	netto	Mwst-Satz	MwST	brutto
03.01.2010	Geldeingang Rechtsanwaltskanzlei Muster	850,00 €	19%	161,50 €	1.011,50 €
31.01.2010	Firma Maier begleicht die Rechnung	1.200,00 €	19%	228,00 €	1.428,00 €
03.02.2010	Geldeingang Rechtsanwaltskanzlei Muster	850,00 €	19%	161,50 €	1.011,50 €
20.02.2010	Geldeingang Firma Schult	750,00 €	19%	142,50 €	892,50 €
03.03.2010	Geldeingang Rechtsanwaltskanzlei Muster	850,00 €	19%	161,50 €	1.011,50 €
15.03.2010	Geldeingang Firma Schult	500,00 €	19%	95,00 €	595,00 €
03.04.2010	Geldeingang Rechtsanwaltskanzlei Muster	850,00 €	19%	161,50 €	1.011,50 €
12.04.2010	Kunde Förster begleicht die Rechnung	150,00 €	19%	28,50 €	178,50 €
03.05.2010	Geldeingang Rechtsanwaltskanzlei Muster	850,00 €	19%	161,50 €	1.011,50 €
12.05.2010	Geldeingang Firma Schult	2.500,00 €	19%	475,00 €	2.975,00 €
03.06.2010	Geldeingang Rechtsanwaltskanzlei Muster	850,00 €	19%	161,50 €	1.011,50 €
		- €	19%	- €	- €
		- €	19%	- €	- €
		- €	19%	- €	- €
		- €	19%	- €	- €
		- €	19%	- €	- €
		- €	19%	- €	- €
		- €	19%	- €	- €
		- €	19%	- €	- €
		- €	19%	- €	- €
		- €	19%	- €	- €
		- €	19%	- €	- €
Gesamt		10.200,00 €		1.938,00 €	12.138,00 €

Abbildung 115: Die Einnahmenübersicht für das erste Halbjahr

Telefon

Datum	Vorgang	netto	Mwst-Satz	MwST	brutto
10.01.2010	Telecom	50,42 €	19%	9,58 €	60,00 €
10.02.2010	Telecom	50,42 €	19%	9,58 €	60,00 €
10.03.2010	Telecom	50,42 €	19%	9,58 €	60,00 €
10.04.2010	Telecom	50,42 €	19%	9,58 €	60,00 €
10.05.2010	Telecom	50,42 €	19%	9,58 €	60,00 €
10.06.2010	Telecom	50,42 €	19%	9,58 €	60,00 €
		- €		- €	- €
		- €		- €	- €
		- €		- €	- €
		- €		- €	- €
		- €		- €	- €
		- €		- €	- €
		- €		- €	- €
		- €		- €	- €
		- €		- €	- €
		- €		- €	- €
		- €		- €	- €
		- €		- €	- €
Gesamt		302,52 €		57,48 €	360,00 €

Abbildung 116: Alle Ausgaben im Zusammenhang mit dem Telefon

Büromaterial					

Datum	Vorgang	netto	Mwst-Satz	MwST	brutto
12.01.2010	Büroservice Maier	27,73 €	19%	5,27 €	33,00 €
11.04.2010	Kauf von Druckerpatronen bei Tintentanke Schüller	19,75 €	19%	3,75 €	23,50 €
		- €		- €	
		- €		- €	
		- €		- €	
		- €		- €	
		- €		- €	
		- €		- €	
		- €		- €	
		- €		- €	
		- €		- €	
		- €		- €	
		- €		- €	
		- €		- €	
		- €		- €	
		- €		- €	
		- €		- €	
		- €		- €	
		- €		- €	
		- €		- €	
		- €		- €	
Gesamt		47,48 €		9,02 €	56,50 €

Abbildung 117: Die Übersicht „Büromaterial"

Weitere Ausgaben sind nicht angefallen. Die Zusammenfassung zeigt Abbildung 118.

Übersicht Einnahmen / Ausgaben			
Einnahmen	netto	Mwst	brutto
Einnahmen Schreibarbeiten	10.200,00 €	1.938,00 €	12.138,00 €
N.N.	- €	- €	- €
N.N.	- €	- €	- €
N.N.	- €	- €	- €
N.N.	- €	- €	- €
Gesamt	10.200,00 €	1.938,00 €	12.138,00 €
Ausgaben	netto	Mwst	brutto
Geringwertige Wirtschaftsgüter	- €	- €	- €
Büromaterial	47,48 €	9,02 €	56,50 €
Telefon	302,52 €	57,48 €	360,00 €
Übrige Betriebsausgaben	39,25 €	2,75 €	42,00 €
Porto	16,50 €	- €	16,50 €
N.N.	- €	- €	- €
N.N.	- €	- €	- €
N.N.	- €	- €	- €
N.N.	- €	- €	- €
N.N.	- €	- €	- €
N.N.	- €	- €	- €
N.N.	- €	- €	- €
N.N.	- €	- €	- €
N.N.	- €	- €	- €
Gesamt	405,75 €	69,25 €	475,00 €
Saldo	9.794,25 €	1.868,75 €	11.663,00 €

Abbildung 118: Die Übersicht für das zweite Halbjahr

Die Zahllast im Rahmen der Umsatzsteuer beträgt im zweiten Quartal 955,51 Euro. Sie ergibt sich aus der Differenz der eingenommen Mehrwertsteuer in Höhe von 988,00 Euro und der gezahlten Vorsteuer im Rahmen der Ausgaben von 32,49 Euro:

Die Werte ergeben sich als Differenz aus den Gesamtwerten und den Zahlen des ersten Quartals. Frau Beispiel vermerkt diese Zahlung in der Tabelle **Umsatzsteuer** (siehe Abbildung 119).

Umsatzsteuerdaten			
	netto	MwSt	brutto
Einnahmen			
1. Quartal	5.000,00 €	950,00 €	5.950,00 €
2. Quartal	5.200,00 €	988,00 €	6.188,00 €
3. Quartal			- €
4. Quartal			- €
Gesamt	10.200,00 €	1.938,00 €	12.138,00 €
Ausgaben			
1. Quartal	234,74 €	36,76 €	271,50 €
2. Quartal	171,01 €	32,49 €	203,50 €
3. Quartal			- €
4. Quartal			- €
Gesamt	405,75 €	69,25 €	475,00 €
Saldo			
1. Quartal	4.765,26 €	913,24 €	5.678,50 €
2. Quartal	5.028,99 €	955,51 €	5.984,50 €
3. Quartal	- €	- €	- €
4. Quartal	- €	- €	- €
Gesamt	9.794,25 €	1.868,75 €	11.663,00 €

Abbildung 119: Umsatzsteuerdaten im zweiten Quartal

Im Monat Juli fallen folgende Geschäftsfälle an:

03. Juli 2010:

Gutschrift der regelmäßigen Einnahme durch die Rechtsanwaltskanzlei Muster.

10. Juli 2010:

Abbuchen der Telefonrechnung.

11. Juli 2010:

Kauf von Büromaterial zu einem Preis in Höhe von 19,75 netto.

03. August 2010:

Gutschrift der regelmäßigen Einnahme durch die Rechtsanwaltskanzlei Muster.

10. August 2010:

Abbuchen der Telefonrechnung.

18. August 2010:

Kauf eines Fachbuches für 89,00 Euro.

18. August 2010:

Einnahme Kunde Förster 1.275 Euro netto.

03. September 2010:

Gutschrift der regelmäßigen Einnahme durch die Rechtsanwaltskanzlei Muster.

11. September 2010:

Abbuchen der Telefonrechnung.

Eine gute Übersicht bieten Ihnen die Abbildung 120 bis Abbildung 125.

Einnahmen Schreibarbeiten					
Datum	Vorgang	netto	Mwst-Satz	MwST	brutto
03.01.2010	Geldeingang Rechtsanwaltskanzlei Muster	850,00 €	19%	161,50 €	1.011,50 €
31.01.2010	Firma Maier begleicht die Rechnung	1.200,00 €	19%	228,00 €	1.428,00 €
03.02.2010	Geldeingang Rechtsanwaltskanzlei Muster	850,00 €	19%	161,50 €	1.011,50 €
20.02.2010	Geldeingang Firma Schult	750,00 €	19%	142,50 €	892,50 €
03.03.2010	Geldeingang Rechtsanwaltskanzlei Muster	850,00 €	19%	161,50 €	1.011,50 €
15.03.2010	Geldeingang Firma Schult	500,00 €	19%	95,00 €	595,00 €
03.04.2010	Geldeingang Rechtsanwaltskanzlei Muster	850,00 €	19%	161,50 €	1.011,50 €
12.04.2010	Kunde Förster begleicht die Rechnung	150,00 €	19%	28,50 €	178,50 €
03.05.2010	Geldeingang Rechtsanwaltskanzlei Muster	850,00 €	19%	161,50 €	1.011,50 €
12.05.2010	Geldeingang Firma Schult	2.500,00 €	19%	475,00 €	2.975,00 €
03.06.2010	Geldeingang Rechtsanwaltskanzlei Muster	850,00 €	19%	161,50 €	1.011,50 €
03.07.2010	Geldeingang Rechtsanwaltskanzlei Muster	850,00 €	19%	161,50 €	1.011,50 €
03.08.2010	Geldeingang Rechtsanwaltskanzlei Muster	850,00 €	19%	161,50 €	1.011,50 €
18.08.2010	Kunde Förster begleicht die Rechnung	1.275,00 €	19%	242,25 €	1.517,25 €
03.09.2010	Geldeingang Rechtsanwaltskanzlei Muster	850,00 €	19%	161,50 €	1.011,50 €
		- €	19%	- €	- €
		- €	19%	- €	- €
		- €	19%	- €	- €
		- €	19%	- €	- €
		- €	19%	- €	- €
		- €	19%	- €	- €
		- €	19%	- €	- €
		- €	19%	- €	- €
Gesamt		14.025,00 €		2.664,75 €	16.689,75 €

Abbildung 120: Einnahmen bis zum 3. Quartal

Telefon					
Datum	Vorgang	netto	Mwst-Satz	MwST	brutto
10.01.2010	Telecom	50,42 €	19%	9,58 €	60,00 €
10.02.2010	Telecom	50,42 €	19%	9,58 €	60,00 €
10.03.2010	Telecom	50,42 €	19%	9,58 €	60,00 €
10.04.2010	Telecom	50,42 €	19%	9,58 €	60,00 €
10.05.2010	Telecom	50,42 €	19%	9,58 €	60,00 €
10.06.2010	Telecom	50,42 €	19%	9,58 €	60,00 €
10.07.2010	Telecom	50,42 €	19%	9,58 €	60,00 €
10.08.2010	Telecom	50,42 €	19%	9,58 €	60,00 €
11.09.2010	Telecom	50,42 €	19%	9,58 €	60,00 €
		- €		- €	- €
		- €		- €	- €
		- €		- €	- €
		- €		- €	- €
		- €		- €	- €
		- €		- €	- €
		- €		- €	- €
		- €		- €	- €
		- €		- €	- €
		- €		- €	- €
		- €		- €	- €
Gesamt		453,78 €		86,22 €	540,00 €

Abbildung 121: Telefonrechnungen bis zum dritten Quartal

Büromaterial

Datum	Vorgang	netto	Mwst-Satz	MwST	brutto
12.01.2010	Büroservice Maier	27,73 €	19%	5,27 €	33,00 €
11.04.2010	Kauf von Druckerpatronen bei Tintentanke Schüller	19,75 €	19%	3,75 €	23,50 €
11.07.2010	Kauf von Büromaterial beim Büroservice Maier	19,75 €	19%	3,75 €	23,50 €
		- €		- €	
		- €		- €	
		- €		- €	
		- €		- €	
		- €		- €	
		- €		- €	
		- €		- €	
		- €		- €	
		- €		- €	
		- €		- €	
		- €		- €	
		- €		- €	
		- €		- €	
		- €		- €	
		- €		- €	
		- €		- €	
		- €		- €	
		- €		- €	
		- €		- €	
Gesamt		67,23 €		12,77 €	80,00 €

Abbildung 122: Büromaterial bis zum dritten Quartal

Übrige Betriebsausgaben

Datum	Vorgang	netto	Mwst-Satz	MwST	brutto
15.01.2010	Zeitschriftenabo "Das Schreibbüro", Beispiel-Verlag	39,25 €	7%	2,75 €	42,00 €
18.08.2010	Fachbuch "DIN-Vorschriften", Buchhandlung Maier	83,18 €	7%	5,82 €	89,00 €
		- €		- €	
		- €		- €	
		- €		- €	
		- €		- €	
		- €		- €	
		- €		- €	
		- €		- €	
		- €		- €	
		- €		- €	
		- €		- €	
		- €		- €	
		- €		- €	
		- €		- €	
		- €		- €	
		- €		- €	
		- €		- €	
		- €		- €	
		- €		- €	
		- €		- €	
		- €		- €	
Gesamt		122,43 €		8,57 €	131,00 €

Abbildung 123: Sonstige Ausgaben bis zum dritten Quartal

Übersicht Einnahmen / Ausgaben			
Einnahmen	**netto**	**Mwst**	**brutto**
Einnahmen Schreibarbeiten	14.025,00 €	2.664,75 €	16.689,75 €
N.N.	- €	- €	- €
N.N.	- €	- €	- €
N.N.	- €	- €	- €
N.N.	- €	- €	- €
Gesamt	**14.025,00 €**	**2.664,75 €**	**16.689,75 €**
Ausgaben	**netto**	**Mwst**	**brutto**
Geringwertige Wirtschaftsgüter	- €	- €	- €
Büromaterial	67,23 €	12,77 €	80,00 €
Telefon	453,78 €	86,22 €	540,00 €
Übrige Betriebsausgaben	122,43 €	8,57 €	131,00 €
Porto	16,50 €	- €	16,50 €
N.N.	- €	- €	- €
N.N.	- €	- €	- €
N.N.	- €	- €	- €
N.N.	- €	- €	- €
N.N.	- €	- €	- €
N.N.	- €	- €	- €
N.N.	- €	- €	- €
N.N.	- €	- €	- €
N.N.	- €	- €	- €
Gesamt	**659,94 €**	**107,56 €**	**767,50 €**
Saldo	**13.365,06 €**	**2.557,19 €**	**15.922,25 €**

Abbildung 124: Einnahmen und Ausgaben im dritten Quartal

Umsatzsteuerdaten			
	netto	**MwSt**	**brutto**
Einnahmen			
1. Quartal	5.000,00 €	950,00 €	5.950,00 €
2. Quartal	5.200,00 €	988,00 €	6.188,00 €
3. Quartal	3.825,00 €	726,75 €	4.551,75 €
4. Quartal			- €
Gesamt	**14.025,00 €**	**2.664,75 €**	**16.689,75 €**
Ausgaben			
1. Quartal	234,74 €	36,76 €	271,50 €
2. Quartal	171,04 €	32,49 €	203,53 €
3. Quartal	254,16 €	38,31 €	292,47 €
4. Quartal			- €
Gesamt	**659,94 €**	**107,56 €**	**767,50 €**
Saldo			
1. Quartal	4.765,26 €	913,24 €	5.678,50 €
2. Quartal	5.028,96 €	955,51 €	5.984,47 €
3. Quartal	3.570,84 €	688,44 €	4.259,28 €
4. Quartal	- €	- €	- €
Gesamt	**13.365,06 €**	**2.557,19 €**	**15.922,25 €**

Abbildung 125: Die Umsatzsteuerdaten für die ersten drei Quartale

Nun die Buchungen für das vierte und gleichzeitig letzte Quartal:

03. Oktober 2010:

Ab Oktober erhöht sich die regelmäßige Einnahme von Frau Beispiel bei der Rechtsanwaltskanzlei Muster um 150 Euro netto. Es geht eine Überweisung in Höhe von 1.190 Euro ein.

11. Oktober 2010:

Abbuchen der Telefonrechnung.

03. November 2010:

Einnahme durch die regelmäßigen Aufträge im Zusammenhang mit der Rechtsanwaltskanzlei Muster.

11. November 2010:

Abbuchen der Telefonrechnung.

15. November 2010:

Kauf eines Druckers zum Preis von 251,26 Euro netto bzw. 299,00 Euro brutto. Diesen Kauf trägt Frau Beispiel in die Excel-Tabelle **Geringwertige Wirtschaftsgüter** ein.

Praxis-Hinweis

Im Rahmen des Wachstumsbeschleunigungsgesetzes hat sich der Bundesrat in Sachen „Geringwertige Wirtschaftsgüter" etwas Besonderes einfallen lassen: In diesem Zusammenhang wurde für Abschreibungen ein so genanntes Wahlrecht eingeführt. Es betrifft alle beweglichen Wirtschaftsgüter bis zu einem Wert von 1.000 Euro netto. Zur Disposition stehen eine so genannte Poolabschreibung und eine Sofortabschreibung. Poolabschreibung für alle Wirtschaftsgüter zwischen 150 Euro und 1.000 Euro sowie Sofortabschreibung für geringwertige Wirtschaftsgüter bis 410 Euro. Für das Wirtschafsgut im Wert von 299,00 Euro ist es im Augenblick unerheblich, welche Art der Abschreibung Frau Beispiel wählt.

03. Dezember 2010:

Einnahme durch die regelmäßigen Aufträge im Zusammenhang mit der Rechtanwaltskanzlei Muster.

11. Dezember 2010:

Abbuchen der Telefonrechnung.

15. Dezember 2010:

Einnahme durch Kunde Schult in Höhe von 1.785 Euro.

20. Dezember 2010:

Einnahme durch Kunde Förster in Höhe von 2.975 Euro.

Die folgenden Abbildungen (siehe Abbildung 126 bis Abbildung 130) geben Ihnen einen allgemeinen Überblick über die Jahresbuchungen.

Einnahmen Schreibarbeiten

Datum	Vorgang	netto	Mwst-Satz	MwST	brutto
03.01.2010	Geldeingang Rechtsanwaltskanzlei Muster	850,00 €	19%	161,50 €	1.011,50 €
31.01.2010	Firma Maier begleicht die Rechnung	1.200,00 €	19%	228,00 €	1.428,00 €
03.02.2010	Geldeingang Rechtsanwaltskanzlei Muster	850,00 €	19%	161,50 €	1.011,50 €
20.02.2010	Geldeingang Firma Schult	750,00 €	19%	142,50 €	892,50 €
03.03.2010	Geldeingang Rechtsanwaltskanzlei Muster	850,00 €	19%	161,50 €	1.011,50 €
15.03.2010	Geldeingang Firma Schult	500,00 €	19%	95,00 €	595,00 €
03.04.2010	Geldeingang Rechtsanwaltskanzlei Muster	850,00 €	19%	161,50 €	1.011,50 €
12.04.2010	Kunde Förster begleicht die Rechnung	150,00 €	19%	28,50 €	178,50 €
03.05.2010	Geldeingang Rechtsanwaltskanzlei Muster	850,00 €	19%	161,50 €	1.011,50 €
12.05.2010	Geldeingang Firma Schult	2.500,00 €	19%	475,00 €	2.975,00 €
03.06.2010	Geldeingang Rechtsanwaltskanzlei Muster	850,00 €	19%	161,50 €	1.011,50 €
03.07.2010	Geldeingang Rechtsanwaltskanzlei Muster	850,00 €	19%	161,50 €	1.011,50 €
03.08.2010	Geldeingang Rechtsanwaltskanzlei Muster	850,00 €	19%	161,50 €	1.011,50 €
18.08.2010	Kunde Förster begleicht die Rechnung	1.275,00 €	19%	242,25 €	1.517,25 €
03.09.2010	Geldeingang Rechtsanwaltskanzlei Muster	850,00 €	19%	161,50 €	1.011,50 €
03.10.2010	Geldeingang Rechtsanwaltskanzlei Muster	1.000,00 €	19%	190,00 €	1.190,00 €
03.11.2010	Geldeingang Rechtsanwaltskanzlei Muster	1.000,00 €	19%	190,00 €	1.190,00 €
03.12.2010	Geldeingang Rechtsanwaltskanzlei Muster	1.000,00 €	19%	190,00 €	1.190,00 €
15.12.2010	Geldeingang Firma Schult	1.500,00 €	19%	285,00 €	1.785,00 €
20.12.2010	Geldeingang Kunde Förster	2.500,00 €	19%	475,00 €	2.975,00 €
		- €	19%	- €	
		- €	19%	- €	
		- €	19%	- €	
		- €	19%	- €	
		- €	19%	- €	
Gesamt		21.025,00 €		3.994,75 €	25.019,75 €

Abbildung 126: Hier ist das Jahr komplett

Telefon

Datum	Vorgang	netto	Mwst-Satz	MwST	brutto
10.01.2010	Telecom	50,42 €	19%	9,58 €	60,00 €
10.02.2010	Telecom	50,42 €	19%	9,58 €	60,00 €
10.03.2010	Telecom	50,42 €	19%	9,58 €	60,00 €
10.04.2010	Telecom	50,42 €	19%	9,58 €	60,00 €
10.05.2010	Telecom	50,42 €	19%	9,58 €	60,00 €
10.06.2010	Telecom	50,42 €	19%	9,58 €	60,00 €
10.07.2010	Telecom	50,42 €	19%	9,58 €	60,00 €
10.08.2010	Telecom	50,42 €	19%	9,58 €	60,00 €
11.09.2010	Telecom	50,42 €	19%	9,58 €	60,00 €
10.10.2010	Telecom	50,42 €	19%	9,58 €	60,00 €
10.11.2010	Telecom	50,42 €	19%	9,58 €	60,00 €
11.12.2010	Telecom	50,42 €	19%	9,58 €	60,00 €
		- €		- €	
		- €		- €	
		- €		- €	
		- €		- €	
		- €		- €	
		- €		- €	
		- €		- €	
		- €		- €	
		- €		- €	
		- €		- €	
		- €		- €	
Gesamt		605,04 €		114,96 €	720,00 €

Abbildung 127: Vollständige Jahresliste über alle Buchungen bzgl. Telefon

Geringwertige Wirtschaftsgüter

Datum	Vorgang	netto	Mwst-Satz	MwST	brutto
15.11.2010	Kauf eines Druckers bei Büro Müller	251,26 €	19%	47,74 €	299,00 €
		- €		- €	
		- €		- €	
		- €		- €	
		- €		- €	
		- €		- €	
		- €		- €	
		- €		- €	
		- €		- €	
		- €		- €	
		- €		- €	
		- €		- €	
		- €		- €	
		- €		- €	
		- €		- €	
		- €		- €	
		- €		- €	
		- €		- €	
		- €		- €	
		- €		- €	
		- €		- €	
		- €		- €	
Gesamt		**251,26 €**		**47,74 €**	**299,00 €**

Abbildung 128: Hier werden die Geringwertigen Wirtschaftsgüter notiert

Übersicht Einnahmen / Ausgaben

Einnahmen	netto	Mwst	brutto
Einnahmen Schreibarbeiten	21.025,00 €	3.994,75 €	25.019,75 €
N.N.	- €	- €	- €
N.N.	- €	- €	- €
N.N.	- €	- €	- €
N.N.	- €	- €	- €
Gesamt	**21.025,00 €**	**3.994,75 €**	**25.019,75 €**
Ausgaben	**netto**	**Mwst**	**brutto**
Geringwertige Wirtschaftsgüter	251,26 €	47,74 €	299,00 €
Büromaterial	67,23 €	12,77 €	80,00 €
Telefon	605,04 €	114,96 €	720,00 €
Übrige Betriebsausgaben	122,43 €	8,57 €	131,00 €
Porto	16,50 €	- €	16,50 €
N.N.	- €	- €	- €
N.N.	- €	- €	- €
N.N.	- €	- €	- €
N.N.	- €	- €	- €
N.N.	- €	- €	- €
N.N.	- €	- €	- €
N.N.	- €	- €	- €
N.N.	- €	- €	- €
N.N.	- €	- €	- €
N.N.	- €	- €	- €
Gesamt	**1.062,46 €**	**184,04 €**	**1.246,50 €**
Saldo	**19.962,54 €**	**3.810,71 €**	**23.773,25 €**

Abbildung 129: Auf diesem Excel-Sheet verdichten Sie die Jahresdaten

Umsatzsteuerdaten			
	netto	MwSt	brutto
Einnahmen			
1. Quartal	5.000,00 €	950,00 €	5.950,00 €
2. Quartal	5.200,00 €	988,00 €	6.188,00 €
3. Quartal	3.825,00 €	726,75 €	4.551,75 €
4. Quartal	7.000,00 €	1.330,00 €	8.330,00 €
Gesamt	**21.025,00 €**	**3.994,75 €**	**25.019,75 €**
Ausgaben			
1. Quartal	234,74 €	36,76 €	271,50 €
2. Quartal	171,04 €	32,49 €	203,53 €
3. Quartal	254,16 €	38,31 €	292,47 €
4. Quartal	402,52 €	76,48 €	479,00 €
Gesamt	**1.062,46 €**	**184,04 €**	**1.246,50 €**
Saldo			
1. Quartal	4.765,26 €	913,24 €	5.678,50 €
2. Quartal	5.028,96 €	955,51 €	5.984,47 €
3. Quartal	3.570,84 €	688,44 €	4.259,28 €
4. Quartal	6.597,48 €	1.253,52 €	7.851,00 €
Gesamt	**19.962,54 €**	**3.810,71 €**	**23.773,25 €**

Abbildung 130: Die Umsatzsteuerdaten des letzten Quartals – einschließlich Jahresendsummen

Die Liste auf dem Tabellenblatt **Gesamtübersicht** (siehe Abbildung 129) zeigt alle Einnahmen und Ausgaben; diese werden automatisch saldiert.

Vorsicht, der Saldo entspricht möglicherweise nicht dem Gewinn bzw. Verlust! Für den Fall, dass sich Frau Beispiel für die Poolabschreibung entscheidet, wären die 299 Euro (Geringwertige Wirtschaftsgüter) auf fünf Jahre abzuschreiben. Mehr zum Thema Abschreibung finden Sie in Kapitel 5.

3.3 Komfortable Musterlösung EÜR_Tool_UST.xls

Die Musterlösung **EÜR_Tool_UST.xls** stellt eine Einnahmen-/Überschuss-rechnung zur Verfügung. Es handelt sich um eine Arbeitshilfe, die wichtige Kriterien der Einnamen-/Überschussrechnung berücksichtigt, jedoch keinen Anspruch auf Vollständigkeit erhebt. Das heißt, es handelt sich nicht um eine vollständige Software, die alle Belange einer Einnahmen-/Überschussrechnung berücksichtigt. Es wird deshalb empfohlen, zu prüfen, ob alle für die individuelle Einnahmen-/Überschussrechnung erforderlichen Belange abgedeckt werden.

In der Arbeitsmappe werden folgende Funktionen umgesetzt:

- Sammeln aller Einnahmen und Ausgaben
- Gliedern der Einnahmen nach Einnahmearten
- Gliedern der Ausgaben nach Ausgabearten
- Verdichten aller Einnahmen und Ausgaben

- Zusammenstellen aller Ausgaben nach Ausgabenkategorien
- Zusammenstellen der Einnahmen und Einnahmearten
- Monatliche, quartalsweise und jährliche Verdichtung aller Umsätze, Kosten, Umsatzsteuer (Mehrwertsteuer und Vorsteuerdaten)
- Arbeiten mit periodisch wiederkehrenden Ausgaben und Einnahmen

Die Musterlösung finden Sie auf Ihrer CD-ROM zum Buch:
EÜR_Tool_UST.xls
Einfach aufrufen und parallel zum Lesen ausfüllen!hlen können Sie anhand des Tools **EÜR_Übersicht_UST.xls** nachvollziehen.

Sind Sie nicht umsatzsteuerpflichtig, so finden Sie ein entsprechendes Tool unter dem Dateinamen **EÜR_Tool_ohneUST.xls** auf Ihrer CD-ROM. Das Tool wird ausführlich in Kapitel 4.3 dieses Buches beschrieben.

3.3.1 Aufbau des Tools

Das Tool beinhaltet folgende Excel-Tabellen:

- **Ausgangspunkt**: Startseite des Tools
- **Datenerfassung**: Eingabe der Daten
- **Kontenplan**: Übersicht über alle Kontonummern mit Bezeichnungen und zugehörigem Umsatzsteuersatz
- **WiederkehrendeBuchungen**: Regelmäßig wiederholende Buchungen – sowohl für die Ausgaben- als auch Einnahmenseite
- **Bedienungsanleitung**: Hilfe zum Tool

Darüber hinaus stehen Ihnen folgende Auswertungstabellen zur Verfügung:

- Buchungsjournale
- Einnahmeübersichten
- Ausgabeübersichten
- Monatsaufstellungen
- Quartalsaufstellungen
- Jahresübersicht
- GuV

3.3.2 Starten Sie die Musterlösung

Der Ausgangspunkt der Musterlösung ist die Startseite des Tools. Sie gliedert sich in drei Bereiche:

- Kurzinfo zum Tool mit Link zur Bedienungsanleitung
- Tabellenübersicht
- Stammdaten
- Aktuelle Umsatzsteuersätze

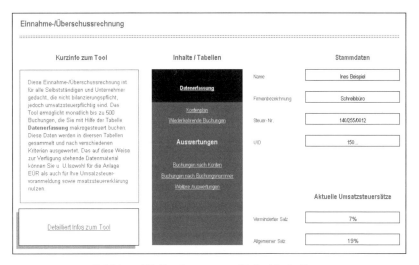

Abbildung 131: Der Ausgangspunkt der Musterlösung

Tabellenübersicht

Der mittlere Bereich des Startbildschirms verschafft Ihnen einen Überblick über alle angelegten Tabellen und erleichtert die Navigation. Durch einen Klick auf die Tabellennamen gelangen Sie direkt zu der gewünschten Seite.

Der Link **Weitere Auswertungen** leitet Sie zu zusätzlichen Auswertungstabellen (siehe Abbildung 132).

Abbildung 132: Der Link „Weitere Auswertungen" führt zu weiteren Auswertungen

Stammdaten

Bei den **Stammdaten** handelt es sich um die wichtigsten Informationen zum Unternehmen. Folgende Stammdaten werden verlangt:

- Name
- Firmenbezeichnung
- Steuer-Nr.

Aktuelle Umsatzsteuersätze

Im Bereich **Aktuelle Umsatzsteuersätze** sind die zurzeit gültigen Umsatzsteuersätze verfasst. Diese umfassen den allgemeinen Umsatzsteuersatz sowie den verminderten Umsatzsteuersatz. Um diese Angaben müssen Sie sich nur kümmern, wenn der Staat diese Sätze ändert.

Sollte dies der Fall sein, müssen Sie nichts weiter tun, als die Umsatzsteuersätze zu überschreiben.

3.3.3 Buchungsjournal

Das Tool unterscheidet zwei Buchungsjournale:

- Buchungsjournal für Einnahmen
- Buchungsjournal für Ausgaben

Sowohl das Buchungsjournal für Einnahmen als auch das Buchungsjournal für Ausgaben werden im fertigen Tool aus Sicherheitsgründen ausgeblendet.

Buchungsjournal für Einnahmen

Das Buchungsjournal für Einnahmen nimmt – wie der Name bereits andeutet – alle Buchungen im Zusammenhang mit Einnahmen auf. Das entspricht im Tool den Kontonummern 101 bis 120.

Es enthält spaltenweise folgende Angaben:

- Datum
- Beleg
- Vorgang
- Konto
- Nettobetrag
- MwSt-Satz
- MwSt
- Bruttobetrag

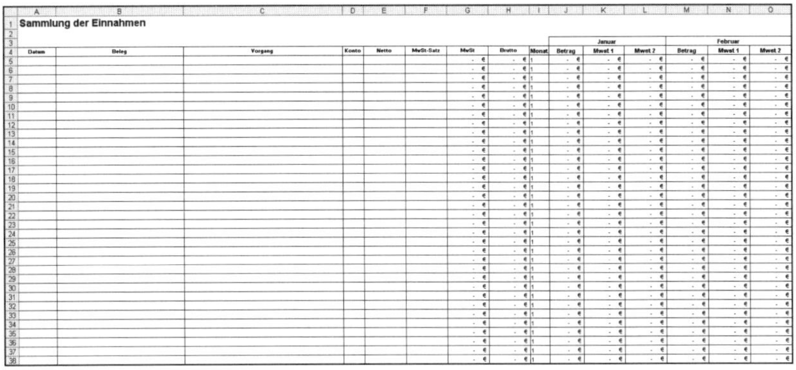

	A	B	C	D	E	F	G	H	I	J	K	L	M	N	O
1	Sammlung der Einnahmen														
2															
3										Januar			Februar		
4	Datum	Beleg	Vorgang	Konto	Netto	MwSt-Satz	MwSt	Brutto	Monat	Betrag	Mwst 1	Mwst 2	Betrag	Mwst 1	Mwst 2
5							- €	- €	1	- €	- €	- €	- €	- €	- €
6							- €	- €	1	- €	- €	- €	- €	- €	- €
7							- €	- €	1	- €	- €	- €	- €	- €	- €
8							- €	- €	1	- €	- €	- €	- €	- €	- €
9							- €	- €	1	- €	- €	- €	- €	- €	- €
10							- €	- €	1	- €	- €	- €	- €	- €	- €
11							- €	- €	1	- €	- €	- €	- €	- €	- €
12							- €	- €	1	- €	- €	- €	- €	- €	- €
13							- €	- €	1	- €	- €	- €	- €	- €	- €
14							- €	- €	1	- €	- €	- €	- €	- €	- €
15							- €	- €	1	- €	- €	- €	- €	- €	- €
16							- €	- €	1	- €	- €	- €	- €	- €	- €
17							- €	- €	1	- €	- €	- €	- €	- €	- €
18							- €	- €	1	- €	- €	- €	- €	- €	- €
19							- €	- €	1	- €	- €	- €	- €	- €	- €
20							- €	- €	1	- €	- €	- €	- €	- €	- €
21							- €	- €	1	- €	- €	- €	- €	- €	- €
22							- €	- €	1	- €	- €	- €	- €	- €	- €
23							- €	- €	1	- €	- €	- €	- €	- €	- €
24							- €	- €	1	- €	- €	- €	- €	- €	- €
25							- €	- €	1	- €	- €	- €	- €	- €	- €
26							- €	- €	1	- €	- €	- €	- €	- €	- €
27							- €	- €	1	- €	- €	- €	- €	- €	- €
28							- €	- €	1	- €	- €	- €	- €	- €	- €
29							- €	- €	1	- €	- €	- €	- €	- €	- €
30							- €	- €	1	- €	- €	- €	- €	- €	- €
31							- €	- €	1	- €	- €	- €	- €	- €	- €
32							- €	- €	1	- €	- €	- €	- €	- €	- €
33							- €	- €	1	- €	- €	- €	- €	- €	- €
34							- €	- €	1	- €	- €	- €	- €	- €	- €
35							- €	- €	1	- €	- €	- €	- €	- €	- €
36							- €	- €	1	- €	- €	- €	- €	- €	- €
37							- €	- €	1	- €	- €	- €	- €	- €	- €
38							- €	- €	1	- €	- €	- €	- €	- €	- €

Abbildung 133: Grundstruktur des Buchungsjournals für Einnahmen

Buchungsjournal für Ausgaben

Das Buchungsjournal für Ausgaben erfasst alle Buchungen im Zusammenhang mit Ausgaben. Das entspricht im Tool den Kontonummern 201 bis 235.

Es enthält analog zum Buchungsjournal Einnahmen folgende Angaben:

- Datum
- Beleg
- Vorgang
- Konto
- Nettobetrag
- MwSt-Satz
- MwSt
- Bruttobetrag

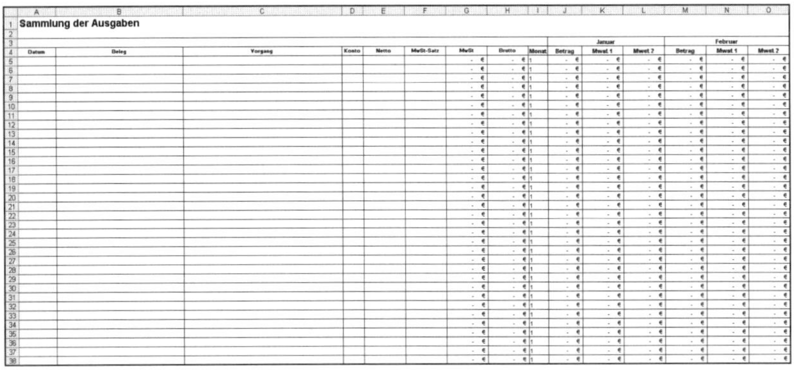

	A	B	C	D	E	F	G	H	I	J	K	L	M	N	O
1	Sammlung der Ausgaben														
2															
3										Januar			Februar		
4	Datum	Beleg	Vorgang	Konto	Netto	MwSt-Satz	MwSt	Brutto	Monat	Betrag	Mwst 1	Mwst 2	Betrag	Mwst 1	Mwst 2
5							- €	- €	1	- €	- €	- €	- €	- €	- €
6							- €	- €	1	- €	- €	- €	- €	- €	- €
7							- €	- €	1	- €	- €	- €	- €	- €	- €
8							- €	- €	1	- €	- €	- €	- €	- €	- €
9							- €	- €	1	- €	- €	- €	- €	- €	- €
10							- €	- €	1	- €	- €	- €	- €	- €	- €
11							- €	- €	1	- €	- €	- €	- €	- €	- €
12							- €	- €	1	- €	- €	- €	- €	- €	- €
13							- €	- €	1	- €	- €	- €	- €	- €	- €
14							- €	- €	1	- €	- €	- €	- €	- €	- €
15							- €	- €	1	- €	- €	- €	- €	- €	- €
16							- €	- €	1	- €	- €	- €	- €	- €	- €
17							- €	- €	1	- €	- €	- €	- €	- €	- €
18							- €	- €	1	- €	- €	- €	- €	- €	- €
19							- €	- €	1	- €	- €	- €	- €	- €	- €
20							- €	- €	1	- €	- €	- €	- €	- €	- €
21							- €	- €	1	- €	- €	- €	- €	- €	- €
22							- €	- €	1	- €	- €	- €	- €	- €	- €
23							- €	- €	1	- €	- €	- €	- €	- €	- €
24							- €	- €	1	- €	- €	- €	- €	- €	- €
25							- €	- €	1	- €	- €	- €	- €	- €	- €
26							- €	- €	1	- €	- €	- €	- €	- €	- €
27							- €	- €	1	- €	- €	- €	- €	- €	- €
28							- €	- €	1	- €	- €	- €	- €	- €	- €
29							- €	- €	1	- €	- €	- €	- €	- €	- €
30							- €	- €	1	- €	- €	- €	- €	- €	- €
31							- €	- €	1	- €	- €	- €	- €	- €	- €
32							- €	- €	1	- €	- €	- €	- €	- €	- €
33							- €	- €	1	- €	- €	- €	- €	- €	- €
34							- €	- €	1	- €	- €	- €	- €	- €	- €
35							- €	- €	1	- €	- €	- €	- €	- €	- €
36							- €	- €	1	- €	- €	- €	- €	- €	- €
37							- €	- €	1	- €	- €	- €	- €	- €	- €
38							- €	- €	1	- €	- €	- €	- €	- €	- €

Abbildung 134: Grundstruktur des Buchungsjournals für Ausgaben

Excel-Tipp

In Excel 2003 lassen Sie sich über die Menüfolge **Format > Blatt > Einblenden** und der nachfolgenden Auswahl des gewünschten Tabellenblatts ein Excel-Sheet anzeigen. Um es wieder auszublenden, gehen Sie über **Format > Blatt > Ausblenden** und wählen den entsprechenden Tabellenblattnamen aus.

Ab Excel 2007 gehen Sie folgendermaßen vor:

Klicken Sie auf der Registerkarte **Start** in der Gruppe **Zellen** auf **Format**. Wählen Sie unter **Sichtbarkeit > Ausblenden & Einblenden** den Eintrag **Blatt einblenden**. Aus den angezeigten Tabellenblätter-Namen klicken Sie das gewünschte Excel-Sheet an.

Um ein Excel-Sheet auszublenden, öffnen Sie auch das Register **Start** und wählen über **Zellen > Format > Sichtbarkeit > Ausblenden & Einblenden** das gewünschte Tabellenblatt aus.

3.3.4 Der Kontenplan

Der Kontenplan ist eine Übersicht über alle Konten eines Unternehmens. Streng genommen wird für eine Einnahmen-/Überschussrechnung kein Kontenplan benötigt. Allerdings erleichtert die Arbeit mit Konten, das automatische Erstellen von Übersichten in Excel. Auf diese Weise ist es möglich, Informationen im Rahmen der Einnahmen-/Überschussrechnung problemlos zu sortieren und zu verdichten. Aus diesem Grunde wird mit einem vereinfachten Kontenplan gearbeitet, der im Gegensatz zum Kontenrahmen, der in Verbindung mit der doppelten Buchführung benötigt wird, lediglich Einnahmen- und Ausgabenkonten unterscheidet.

Das Tool arbeitet mit über 50 Konten

Das Tool stellt folgende Konten zur Verfügung:

* 20 Einnahmenkonten
* 35 Ausgabenkonten

Der Kontenplan des Tools (siehe Abbildung 135) unterscheidet für Einnahmen- bzw. Ausgabenkonten jeweils folgende Positionen:

* Kontonummern
* Kontenbezeichnung
* Mehrwertsteuersatz
* Zeilen-Nr. Anlage EÜR

Im Kontenplan erfassen Sie alle für Ihren Bedarf notwendigen Konten.

Kontenplan   Beispiel OHG / Fliesenfachgeschäft   [Zur Datenerfassung] [Zum Ausgangspunkt]

Einnahmen:

Konto-Nr.	Bezeichnung	MwSt-Satz	Zeilen-Nr. Anlage EÜR
101	E1		7
102	E2	7%	10
103	E3	19%	7
104	E4	19%	8
105	E5	7%	8
106	E6	7%	8
107	E7		8
108	E8		8
109	E9		8
110	E10		8
111	E11		8
112	E12	19%	8
113	E13		8
114	E14		8
115	E15		8
116	E16		8
117	E17		8
118	E18		8
119	E19		8
120	Ausgaben für Abzuschreibende Wirtschaft:	19%	

Ausgaben:

Konto-Nr.	Bezeichnung	MwSt-Satz	Zeilen-Nr. Anlage EÜR
201	A1	7%	20
202	A2		21
203	A3		20
204	A4		
205	A5		
206	A6		
207	A7		
208	A8		
209	A9		
210	A10		
211	A11		
212	A12		
213	A13		
214	A14		
215	A15		
216	A16		
217	A17		
218	A18		
219	A19		
220	A20		
221	A21		
222	A22		
223	A23		
224	A24		
225	A25		
226	A26		
227	A27		
228	A28		
229	A29		
230	A30		
231	A31		
232	A32		
233	A33		
234	A34		
235	A35		

Abbildung 135: Der Kontenplan

Kontenplan

Praxis-Tipp

Die Angabe der Zeilennummer ist nicht zwingend notwendig, bringt jedoch erhebliche Vorteile bei der Erstellung der Anlage EÜR.

- **Exkurs: Zeilennummern**

In Kapitel 1 wurde die Einnahmen-/Überschussrechnung besprochen. Das Formular enthält verschiedene Zeilennummern, in denen Sie ggf. die für Sie zutreffenden Werte erfassen. Im Kontenplan haben Sie die Möglichkeit, eine Verbindung zwischen dem Konto und der Zeilennummer zu schaffen. Auf diese Weise ist es möglich, die Zahlen am Ende so zu verdichten, dass Sie diese direkt in der Einnahmen-/Überschussrechnung übernehmen können. Mit anderen Worten, Sie können verschiedene Konten zu einer Zeilennummer verdichten.

Einen Überblick über die zurzeit aktuellen Zeilennummern finden Sie im Kontenplan (siehe Abbildung 136).

Info Zeilennummern		Zeilennummern für Anlage EÜR anpassen
8	Betriebseinnahmen als umsatzsteuerlicher Kleinunternehmer	
9	davon aus Umsätzen, die in § 19 Abs. 3 Nr. 1 und Nr. 2 UStG bezeichnet sind	
10	Betriebseinnahme als Land- und Forstwirt, soweit die Durchschnittssatzbesteuerung nach § 24 UStG angewandt wird	
11	Umsatzsteuerpflichtige Betriebseinnahmen	
12	Umsatzsteuerfreie, nicht umsatzsteuerbare Betriebseinnahmen sowie Betriebseinnahmen, für die der Leistungsempfänger die Umsatzsteuer nach § 13b UStG schuldet	
13	davon Kapitalerträge	
14	Vereinnahmte Umsatzsteuer sowie Umsatzsteuer auf unentgeltliche Wertabgaben	
23	Waren, Rohstoffe und Hilfsstoffe einschl. der Nebenkosten	
24	Bezogene Fremdleistungen	
25	Ausgaben für eigenes Personal	
33	Aufwendungen für geringwertige Wirtschaftsgüter	
36	Miete/Pacht für Geschäftsräume und betrieblich genutzte Grundstücke	
37	Miete/Aufwendungen für doppelte Haushaltsführung	
38	Sonstige Aufwendungen für betrieblich genutzte Grundstücke (ohne Schuldzinsen und AfA)	
39	Aufwendungen für Telekommunikation	
40	Fortbildungskosten	
41	Rechts- und Steuerberatung, Buchführung	
42	Schuldzinsen zur Finanzierung von Anschaffungs- und Herstellungskosten von Wirtschaftsgütern des Anlagevermögens	
43	Übrige Schuldzinsen	
44	Gezahlte Vorsteuerbeträge	
45	An das Finanzamt gezahlte und ggf. verrechnete Umsatzsteuer	
46	Rücklagen, stille Reserven und / oder Ausgleichsposten	
47	Übrige unbeschränkt abziehbare Betriebsausgaben	
48	Geschenke	
49	Bewirtungsaufwendungen	
50	Verpflegungsmehraufwendungen	
51	Aufwendungen für ein häusliches Arbeitszimmer	
52	Sonstige beschränkt abziehbare Betriebsausgaben	
53	Gewerbesteuer	
54	Tatsächliche Kraftfahrzeugkosten und andere Fahrtkosten	
55	Kraftfahrzeugkosten für Wege zweischen Wohnung und Betriebsstätte, Familienheimfahrten	
56	Mindestens abziehbare Kraftfahrzeugkosten für Wege zwischen Wohnung und Betriebsstätte	

Abbildung 136: Auflistung der Zeilennummern im Kontenplan

Die Zeilennummern in der Anlage EÜR können sich von Jahr zu Jahr ändern. Damit Sie weiterhin mit Ihrem Tool arbeiten können, wurde es so konzipiert, dass Sie die Zeilennummer anpassen können.

- Klicken Sie dazu im Kontenplan auf die Schaltfläche **Zeilennummern für Anlage EÜR anpassen**.

- Sie erreichen die standardmäßig ausgeblendete Tabelle **Zeilennummern**.

- Dort erfassen Sie die Änderungen und bestätigen diese über die Schaltfläche **Änderungen bestätigen**.

Zeilennummern für Einnahmeüberschussrechnung

Zeilen-Nr.	Bezeichnung
8	Betriebseinnahmen als umsatzsteuerlicher Kleinunternehmer
9	davon aus Umsätzen, die in § 19 Abs. 3 Nr. 1 und Nr. 2 UStG bezeichnet sind
10	Betriebseinnahme als Land- und Forstwirt, soweit die Durchschnittssatzbesteuerung nach § 24 UStG angewandt wird
11	Umsatzsteuerpflichtige Betriebseinnahmen
12	Umsatzsteuerfreie, nicht umsatzsteuerbare Betriebseinnahmen sowie Betriebseinnahmen, für die der Leistungsempfänger die Umsatzsteuer nach § 13b UStG schuldet
13	davon Kapitalerträge
14	Vereinnahmte Umsatzsteuer sowie Umsatzsteuer auf unentgeltliche Wertabgaben
23	Waren, Rohstoffe und Hilfsstoffe einschl. der Nebenkosten
24	Bezogene Fremdleistungen
25	Ausgaben für eigenes Personal
33	Aufwendungen für geringwertige Wirtschaftsgüter
36	Miete/Pacht für Geschäftsräume und betrieblich genutzte Grundstücke
37	Miete/Aufwendungen für doppelte Haushaltsführung
38	Sonstige Aufwendungen für betrieblich genutzte Grundstücke (ohne Schuldzinsen und AfA)
39	Aufwendungen für Telekommunikation
40	Fortbildungskosten
41	Rechts- und Steuerberatung, Buchführung
42	Schuldzinsen zur Finanzierung von Anschaffungs- und Herstellungskosten von Wirtschaftsgütern des Anlagevermögens
43	Übrige Schuldzinsen
44	Gezahlte Vorsteuerbeträge
45	An das Finanzamt gezahlte und ggf. verrechnete Umsatzsteuer
46	Rücklagen, stille Reserven und / oder Ausgleichsposten
47	Übrige unbeschränkt abziehbare Betriebsausgaben
48	Geschenke
49	Bewirtungsaufwendungen
50	Verpflegungsmehraufwendungen
51	Aufwendungen für ein häusliches Arbeitszimmer
52	Sonstige beschränkt abziehbare Betriebsausgaben
53	Gewerbesteuer
54	Tatsächliche Kraftfahrzeugkosten und andere Fahrtkosten
55	Kraftfahrzeugkosten für Wege zwischen Wohnung und Betriebsstätte, Familienheimfahrten
56	Mindestens abziehbare Kraftfahrzeugkosten für Wege zwischen Wohnung und Betriebsstätte

Änderungen bestätigen

Abbildung 137: Die Tabelle „Zeilennummern"

Praxis-Hinweis

Die Änderung der Zeilennummern kann ausschließlich in der Tabelle **Zeilennummern** erfolgen, da diese Tabelle mit der Gewinnermittlung verknüpft ist. Eine Übernahme der geänderten Zeilennummern in der Gewinnermittlung ist nur gewährleistet, wenn Sie alle Anpassungsarbeiten ausschließlich im Register **Zeilennummern** durchführen.

- **Kontonummern**

Die Kontonummern sind im Tool fest vorgegeben. Mit anderen Worten: Sie können diese Zahlen nicht ändern. Das hat folgenden Hintergrund: Einnahmen- und Ausgabenkonten haben fest definierte Nummernkreise. Nur so kann Excel erkennen, ob es sich um einen Zu- oder Abgang an finanziellen Mitteln handelt. Darüber hinaus werden die Kontonummern für das Generieren verschiedener Auswertungen benötigt. Um Fehler in den Auswertungen zu vermeiden, wird mit vorgegebenen Nummern gearbeitet und auf frei definierbare Nummern verzichtet.

Wie bereits erwähnt, ermittelt das Tool anhand der Kontonummer, ob es sich um eine Einnahme oder eine Ausgabe handelt. Auf den Konten mit dem Nummernkreis 100 werden alle Einnahmen gesammelt. Der Nummernkreis 200 wird für die Ausgaben verwendet.

- **Kontenbezeichnung**

Die Bezeichnungen der einzelnen Konten sind frei definierbar. Dadurch haben Sie die Möglichkeit, das Tool auf Ihre individuellen Bedürfnisse abzustimmen. Alle Eingabefelder sind mit der Farbe hellblau hervorgehoben und sofort erkennbar.

- **Zuordnung der Umsatzsteuer**

Für jedes Konto können Sie den zugehörigen Umsatzsteuersatz über ein Zell-Dropdown definieren. Es werden ein allgemeiner Umsatzsteuersatz in Höhe von 19 % sowie ein verminderter Satz von 7 % unterschieden (siehe Abbildung 138). Falls es sich um eine umsatzsteuerfreie Geldbewegung handelt, lassen Sie das zugehörige Feld einfach frei. Das ist zum Beispiel im Zusammenhang mit Versicherungen der Fall.

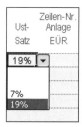

Abbildung 138: Zell-Dropdown mit Auswahlmöglichkeiten

- **Exkurs: Änderung der Umsatzsteuersätze**

Im Kontenplan werden die zurzeit gültigen Umsatzsteuersätze verwaltet.

Praxis-Tipp

Für den Fall, dass der Fiskus diese Sätze ändert, gehen Sie wie folgt vor:

Wechseln Sie auf das Excel-Tabellenblatt **Ausgangspunkt**. Dort erfassen Sie im Bereich **Aktuelle Umsatzsteuersätze** die neuen Werte (siehe Abbildung 139).

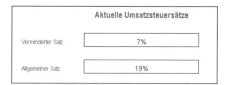

Abbildung 139: Eingabebereich für Umsatzsteuersätze

Künftig stehen diese Werte auch in den Auswahlfeldern des Kontenplans zur Verfügung.

Für den Fall, dass der Staat Sätze wie 7,5 % festlegt, müssen Sie Nachkommastellen erfassen – in zwei Schritten sind Sie am Ziel (siehe Abbildung 140):

4. Markieren Sie die Zelle, in der Sie die Nachkommastelle anzeigen möchten.

5. Klicken Sie in der **Format**-Symbolleiste auf die Schaltfläche **Dezimalstelle hinzufügen**.

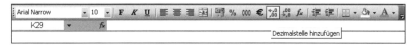

Abbildung 140: Mit einem Klick lassen Sie sich die Dezimalstellen anzeigen

Ggf. müssen Sie diese Vorgehensweise für die folgenden Tabellen wiederholen:

- Datenerfassung
- Kontenplan
- Buchungsübersicht_01
- Buchungsübersicht_02

Vergessen Sie nicht, den Blattschutz zu deaktivieren und anschließend wieder zu aktivieren.

> **Praxis-Tipp**
>
> Anwender der Versionen Excel 2007 und 2010 aktivieren bzw. deaktivieren den Blattschutz im Register **Start** unter **Zellen** > **Format** > **Blatt schützen**.
>
> Anwender der Version Excel 2003 und älter arbeiten mit der Befehlsfolge **Extras** > **Schutz** > **Blatt schützen** bzw. **Blattschutz aufheben**.

Auch wenn die Nachkommastellen nicht angezeigt werden, Excel übernimmt automatisch den korrekten Wert und rechnet mit der von Ihnen angegebenen Nachkommastelle.

Zusammenhang von Kontonummer und Zeilennummer

Neben der Bezeichnung und Mehrwertsteuer können Sie die Kontonummer – wie bereits erwähnt – mit einer Zeilennummer verknüpfen.

Das heißt: Sie können mehrere Kontonummern mit derselben Zeilennummer verknüpfen.

Beispiel: Sie führen in Ihrem Kontenplan folgende Konten:

- 215 Porto
- 216 Telefon
- 217 Büromaterial

In der Einnahmen-/Überschussrechnung werden diese Positionen zurzeit in Zeile 48 erfasst. Das heißt: Sie weisen allen drei Kontonummern die Zeile 48 zu.

Es ist jedoch nicht möglich, eine Kontonummer mit mehreren Zeilennummern zu verbinden.

Beispiel: In der Einnahmen-/Überschussrechnung werden zurzeit die Zeilen 39 und 40 unterschieden:

- Zeile 39: Miete/Pacht für Geschäftsräume und betrieblich genutzte Grundstücke
- Zeile 40: Sonstige Aufwendungen für betrieblich genutzte Grundstücke (ohne Schuldzinsen und AfA)

Es ist nicht möglich, ein Konto „Miete und Pacht" beiden Zeilennummern zuzuweisen.

Die Auswahl der Zeilennummer erfolgt wie bei der Mehrwertsteuer über ein Zell-Dropdown (siehe Abbildung 141).

Abbildung 141: Zell-Dropdown zur Auswahl der Zeilennummer

Automatisch werden alle Zeilennummern zur Verbuchung der Betriebseinnahmen mit den Einnahmekonten verbunden. Entsprechend sind alle Zeilennummern, die in der Einnahmen-/Überschussrechnung die Ausgabenpositionen widerspiegeln, mit den Ausgabekonten verknüpft.

Diese Arbeiten müssen Sie durchführen

Bevor Sie zum ersten Mal mit der Musterlösung **EÜR_Tool_UST.xls** arbeiten, müssen Sie die für Ihre Einnahmen-/Überschussrechnung relevanten Konten definieren. Das erfordert etwas Fingerspitzengefühl. Eine Orientierungshilfe bieten die Einnahme- und Ausgabepositionen der vergangenen Jahre. Für alle, die noch nicht lange im Geschäft sind, entfällt diese Möglichkeit. Nachfolgend deshalb eine Liste mit Kontenpositionen, die in der Praxis häufig benötigt werden:

- Mieten
- Leasing
- Versicherungen
- Kfz-Kosten

- Telefon
- Porto
- Reisekosten
- Bewirtung
- Büromaterial
- Literatur
- häusliches Arbeitszimmer
- Schuldzinsen
- Werbung
- Wareneinkäufe
- Dienstleistungen

Excel-Tipp

Wie bereits besprochen werden im Formular **Anlage EÜR** verschiedene Angaben verlangt. Für diese Angaben sollten Sie also in jedem Fall Konten vorsehen, wenn Buchungen mit den oben aufgeführten Positionen absehbar sind.

3.3.5 Periodisch wiederkehrende Buchungen

Einige Buchungen werden regelmäßig in bestimmten Zeitabständen durchgeführt. Nachfolgend einige Beispiele:

- Wer Räume mietet, muss in der Regel einmal monatlich Miete zahlen.
- Ein Freiberufler, der monatlich die Lohnbuchhaltung eines Kunden zu einem fixen Honorarsatz übernimmt, verfügt über eine regelmäßige Einnahme.
- Die Leasingrate für den Geschäftswagen fällt in der Regel monatlich in gleicher Höhe an.

Um die Eingaben im Zusammenhang mit periodisch wiederkehrenden Buchungen so komfortabel wie möglich zu gestalten, arbeitet die Musterlösung **EÜR_Tool_UST.xls** mit der Tabelle **WiederkehrendeBuchungen** (siehe Abbildung 142).

Regelmäßig wiederkehrende Buchungen				Beispiel OHG Fliesenfachgeschäft

Buchungs-Nr ▾	regelmäßige Buchung ▾	Geschäftsfall ▾	Konto-Nr. ▾	Betrag ▾
0	...	...	...	...
1	monatlich	Überweisung Leasingrate Geschäftswagen	201	350,00 €
2	quartalsweise	Überweisung Miete Lagerhalle	204	1.200,00 €
3	jährlich	Zeitschriftenabo	205	80,00 €
4	halbjährlich	Überweisung Versicherung KFZ	206	620,00 €
5				
6				
7				
8				
9				
10				
11				
12				
13				
14				
15				
16				
17				
18				
19				
20				
21				
22				
23				
24				
25				
26				
27				
28				
29				
30				
31				
32				
33				
34				
35				

Abbildung 142: Die Tabelle zur Erfassung periodisch wiederkehrender Buchungen

Dort erfassen Sie alle Buchungen, die regelmäßig durchzuführen sind. Sie haben die Möglichkeit, bis zu 100 periodisch wiederkehrende Buchungen zu definieren.

Im Zusammenhang mit periodisch wiederkehrenden Buchungen ist Folgendes zu beachten:

- Die Buchungsnummern sind vom Programm fest vorgegeben und dürfen nicht geändert werden.

- Die **Buchungsnummer 0** ist für unregelmäßige Buchungen vorgesehen und darf in keinem Fall für periodisch wiederkehrende Buchungen verwendet werden.

- Die Texte der periodisch wiederkehrenden Buchungen können individuell erfasst werden.

- In der Spalte **Regelmäßige Buchung** geben Sie an, in welchem zeitlichen Abstand die Buchung erfolgt. Über eine Auswahlliste werden folgende zeitliche Abstände vorgegeben (siehe Abbildung 143):
  - jährlich
  - halbjährlich
  - quartalsweise

- monatlich
- wöchentlich
- sonstige zeitl. Abstände

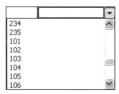

Abbildung 143: Auswahl der zeitlichen Abstände

- Unter **Geschäftsfall** wird notiert, um welche Art der Buchung es sich handelt. Hinterlegen Sie hier eine Notiz wie zum Beispiel „Leasing Geschäftswagen".
- In der Spalte **Konto-Nr.** geben Sie das Konto an, auf dem der Geschäftsfall gebucht werden soll. Diese Angabe ist für eine spätere Verdichtung der Daten unbedingt notwendig. Die Kontonummer wird ebenfalls über eine Auswahlliste erfasst (siehe Abbildung 144). Beachten Sie in diesem Zusammenhang, dass zuerst die Ausgabekonten und danach die Einnahmekonten erscheinen.

Abbildung 144: Auswahlliste für Kontonummern

- Im Bereich **Betrag** erfassen Sie den regelmäßig zu zahlenden Geldbetrag. Für den Fall, dass sich der Betrag im Laufe des Jahres ändert, passen Sie diesen auf dem Blatt **WiederkehrendeBuchungen** an. Künftig wird der neue Wert herangezogen. Die zuvor getätigten Buchungen sind von dem Vorgang nicht betroffen.
- Die Mehrwertsteuer wird über das zugehörige Konto automatisch berücksichtigt. Hierzu sind keine Angaben notwendig.
- Die Tabelle **WiederkehrendeBuchungen** kann jederzeit ergänzt bzw. geändert werden.

Praxis-Tipp

Es wird empfohlen, die Tabelle **WiederkehrendeBuchungen** vor dem ersten Einsatz des Tools auszufüllen. Zwingend notwendig ist das natürlich nicht; Sie arbeiten aber komfortabler, wenn Sie die Tabelle von Beginn an einsetzen. Die Tabelle **WiederkehrendeBuchungen** können Sie jederzeit ergänzen, verändern und reduzieren.

Zusatzfunktion: So filtern Sie regelmäßig wiederkehrende Buchungen

Angenommen Sie möchten wissen, welche Buchungen monatlich anfallen. Auskunft darüber erhalten Sie mit Hilfe des **AutoFilters** und der Spalte **Regelmäßige Buchungen**.

Der AutoFilter zeichnet sich durch eine sehr einfache Handhabung aus und bietet Ihnen die Möglichkeit, Daten mit nur wenigen Arbeitsschritten zu selektieren. Um aus der Liste der regelmäßigen Buchungen, die monatlichen Buchungen herauszufiltern, gehen Sie wie folgt vor:

1. Setzen Sie die Eingabemarkierung in die Datenliste und wählen Sie **Daten > Filter > AutoFilter** (siehe Abbildung 145).

Abbildung 145: So setzen Sie den AutoFilter außer Kraft

2. In der Überschriftenleiste erscheinen hinter den Feldnamen so genannte Listenpfeile. Diese können Sie verwenden, um einzelne Daten zu filtern.

3. Aktivieren Sie den Listenpfeil hinter der Spalte **Regelmäßige Buchungen** und wählen Sie anschließend in der sich öffnenden Dropdown-Liste das gewünschte Auswahlkriterium aus – in diesem Beispiel **monatlich** (siehe Abbildung 146).

Abbildung 146: Die Auswahlmöglichkeiten des AutoFilters

Anschließend werden auf dem Bildschirm ausschließlich die Datensätze mit dem ausgewählten Kriterium gezeigt. Die übrigen Daten werden ausgeblendet.

Wenn Sie wieder alle Buchungen anzeigen möchten, klicken Sie auf den Pfeil hinter **regelmäßige Buchung** und wählen den Eintrag **(Alle)** aus.

Excel-Tipp

Sie können die Auswahl weiter eingrenzen, in dem Sie die AutoFilter verschiedener Kategorien miteinander kombinieren. So haben Sie z.B. die Möglichkeit, die monatlichen regelmäßigen Buchungen eines ganz bestimmten Kontos anzuzeigen.

Um den Filter vollständig auszuschalten, wählen Sie erneut **Daten > Filter > AutoFilter**. Das Häkchen vor dem Eintrag **AutoFilter** wird ausgeblendet, ebenso die Pfeile hinter den Spaltenüberschriften. Die komplette Liste der Datensätze wird wieder angezeigt.

Anwender der neueren Excel-Versionen ab Excel 2007 finden die entsprechenden Funktionen unter **Daten > Sortieren und Filtern**.

3.3.6 Die Tabelle „Datenerfassung"

Im Blatt **Datenerfassung** werden, alle Einnahmen und Ausgaben gebucht. Diese Tabelle ist Dreh- und Angelpunkt des Tools.

Aufbau der Tabelle „Datenerfassung"

Die Tabelle **Datenerfassung** verfügt über folgende Felder (siehe Abbildung 147):

- Buchungs-Nr.
- Datum
- WKB-Nr.
- Beleg

- Vorgang
- Konto
- Kontenbezeichnung
- Nettowert
- MwSt-Satz
- MwSt-Betrag
- Bruttowert

Einige der Felder werden mit einem gestrichelten Rahmen dargestellt; dies weist Sie darauf hin, dass in dem jeweiligen Feld keine Eingabe notwendig ist. Die Felder, die mit einer durchgezogenen Rahmenlinie umrandet werden, entsprechen den Eingabefeldern.

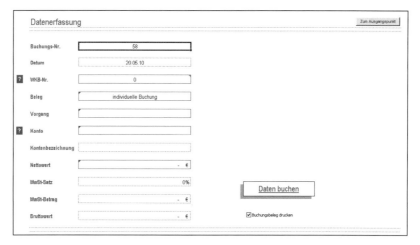

Abbildung 147: Auf diesem Excel-Sheet erfassen Sie die Daten

Keine Eingaben sind somit in folgenden Feldern erforderlich:

- **Datum:** Diese Angabe erscheint automatisch mit Hilfe der Funktion =Heute(); kann aber bei Bedarf überschrieben werden.
- **Kontenbezeichnung:** Sobald Sie die Kontonummer eingeben, erscheint automatisch die zugehörige Kontenbezeichnung. Berücksichtigen Sie bitte, dass es für diesen Vorgang notwendig ist, im Vorfeld Konten im Kontenplan zu definieren.
- **MwSt-Satz:** Die Kontonummer ist nicht nur mit der Kontenbezeichnung, sondern auch mit dem zugehörigen Mehrwertsteuersatz verknüpft, sodass diese Angabe überflüssig ist.
- **Mehrwertsteuerbetrag:** Dieser Wert ergibt sich automatisch rechnerisch aus Nettobetrag und Mehrwertsteuersatz.
- **Bruttowert:** Dieser Wert ergibt sich automatisch rechnerisch aus Nettobetrag und Mehrwertsteuerbetrag.

Ermöglicht wird diese Technik mit Hilfe zum Teil komplexer Formeln (siehe Abbildung 148).

Abbildung 148: Die Formeln der Tabelle „Datenerfassung"

Eingaben sind in folgenden Feldern notwendig:

- **Buchungs-Nr**: Die Buchungsnummer **Null** ist für unregelmäßige Buchungen vorgesehen. Das heißt: Für individuelle Buchungen übernehmen Sie den Eintrag **Null**. Für regelmäßige Buchungen stehen die Nummern **eins** bis **einhundert** zur Verfügung. Dies entspricht der Anzahl der Eingabemöglichkeiten in der Tabelle **WiederkehrendeBuchungen**. Geben Sie eine andere Zahl eingeben, erhalten Sie automatisch eine Fehlermeldung (siehe Abbildung 149).

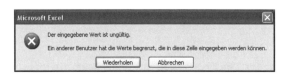

Abbildung 149: Hinweis auf eine nicht zulässige Eingabe

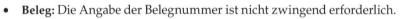

Praxis-Tipp

Wenn Sie die Buchungsnummer nicht im Kopf haben, gelangen Sie durch einen Klick auf das Fragezeichen automatisch in die **Tabelle WiederkehrendeBuchungen**.

- **Beleg:** Die Angabe der Belegnummer ist nicht zwingend erforderlich.
- **Vorgang:** Hier erfassen Sie stichwortartig eine kurze Beschreibung des aktuellen Vorgangs, z. B. **Geschäftswagen getankt**.

- **Kontonummer:** Die Angabe der Kontonummer erfolgt in Form einer Eingabe.
- **Nettowert:** Die Höhe des zu buchenden Betrags, also der Wert ohne Mehrwertsteuer.

So erfassen Sie einen Geschäftsfall mit Hilfe des Tools

Beim Erfassen von Geschäftsfällen werden grundsätzlich zwei Vorgehensweisen unterschieden:

- die Eingabe einer individuellen, das heißt nicht regelmäßig wiederkehrenden Buchung und
- die Eingabe einer regelmäßig wiederkehrenden Buchung.

So erfassen Sie eine individuelle Buchung

In der täglichen Praxis werden Sie es am häufigsten mit unregelmäßigen Buchungen zu tun haben. Wenn Sie zum Beispiel einen Geschäftspartner zum Essen einladen, Ihren Geschäftswagen voll tanken oder eine Druckerpatrone kaufen, sind die zugehörigen Beträge in der Regel unterschiedlich hoch. Das heißt, die Buchung erfolgt individuell. Dazu gehen Sie wie folgt vor:

Individuelle
Buchungen

- Aktivieren Sie, falls nötig, die Tabelle **Datenerfassung**. Um das Eintippen des Buchungsdatums müssen Sie sich nicht kümmern.
- Für individuelle Buchungen übernehmen Sie im Feld **Buchungs-Nr.** den Eintrag **Null**.
- Unter **Vorgang** tragen Sie stichwortartig eine kurze Beschreibung des aktuellen Vorgangs ein, beispielsweise **Einkauf von Druckerpatronen**.
- Geben Sie die **Kontonummer** in das dafür vorgesehene Eingabefeld ein.

Praxis-Tipp

Mit einem Klick auf die Schaltfläche des Fragezeichens gelangen Sie automatisch in den Kontenplan. Dort finden Sie alle Kontonummern, die Sie im Vorfeld angelegt haben.

- Geben Sie den Rechnungsbetrag netto ein – d.h. den Belegbetrag ohne Mehrwertsteuer. Den zugehörigen Mehrwertsteuersatz erkennt die Anwendung anhand der Angabe der zugehörigen Kontonummer. Die übrigen Werte, also **Mehrwertsteuerbetrag** und **Bruttowert** ermittelt Excel mit Hilfe von Formeln. Diese Steuerdaten sind unter anderem für Ihre Umsatzsteuer-Voranmeldung von Bedeutung.
- Wenn Sie einen Ausdruck des Buchungsvorgangs erzeugen möchten, aktivieren Sie das Kontrollkästchen **Buchungsbeleg drucken**.

- Nachdem Sie alle Daten erfasst haben, bestätigen Sie Ihre Eingaben über die Schaltfläche **Daten buchen**. Die Daten werden automatisch in das zugehörige **Buchungsjournal** übertragen und bilden dort die Grundlage für alle im Tool vorhandenen Auswertungen. Für den Fall, dass das Kontrollkästchen **Buchungsbeleg drucken** ein Häkchen enthält, wird automatisch ein Beleg gedruckt.

Praxisbeispiel: Individuelle Buchung durchführen

Sie kaufen Druckerpapier im Wert von 25,75 Euro netto. Im Kontenplan ist das Konto 215 mit der Kostenart **Büromaterial** belegt. Für Büromaterial gilt der allgemeine Mehrwertsteuersatz von 19 %.

Buchen Sie den Vorgang in der Tabelle **Datenerfassung** wie folgt (siehe Abbildung 150):

- Für individuelle Buchungen übernehmen Sie im Feld **WKB-Nr.** den Eintrag **Null**.

- Unter **Vorgang** tragen Sie eine kurze Beschreibung des aktuellen Vorgangs ein, z. B. **Kauf von Druckerpapier**.

- Geben Sie die Kontonummer **215** in das Eingabefeld **Konto** ein.

- Tragen Sie den netto Rechnungsbetrag unter **Nettowert** ein – den Belegbetrag ohne Mehrwertsteuer. Für das Beispiel erfassen Sie den Wert **25,75**. Die Währung wird vom Programm automatisch zugewiesen. Den zugehörigen Mehrwertsteuersatz erkennt die Anwendung über das Konto. Die übrigen Werte, also **Mehrwertsteuerbetrag** und **Bruttowert** ermittelt Excel mit Hilfe von Formeln.

- Wenn Sie einen Ausdruck des Buchungsvorgangs erzeugen möchten, setzen Sie vor das Kontrollkästchen **Buchungsbeleg drucken** einen Haken.

- Bestätigen Sie Ihre Eingaben mit Klick auf die Schaltfläche **Daten buchen**. Die Daten werden automatisch in das zugehörige **Buchungsjournal** übertragen und bilden dort die Grundlage für alle im Tool vorhandenen Auswertungen.

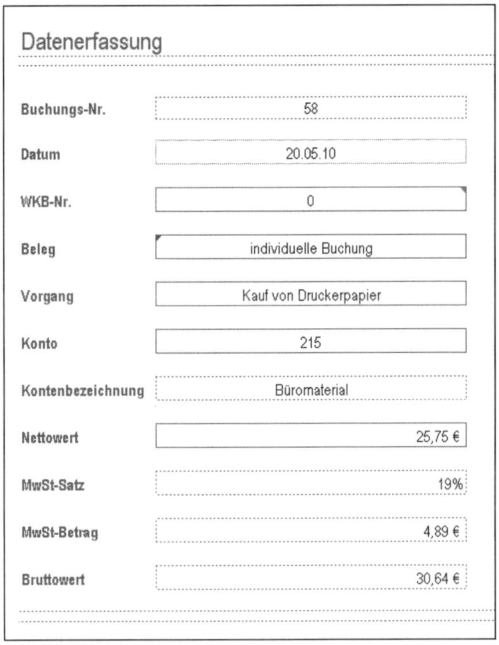
Datenerfassung

Buchungs-Nr.	58
Datum	20.05.10
WKB-Nr.	0
Beleg	individuelle Buchung
Vorgang	Kauf von Druckerpapier
Konto	215
Kontenbezeichnung	Büromaterial
Nettowert	25,75 €
MwSt-Satz	19%
MwSt-Betrag	4,89 €
Bruttowert	30,64 €

Abbildung 150: Beispiel für eine individuelle Buchung

So erfassen Sie wiederkehrende Buchungen

Das Erfassen regelmäßig wiederkehrender Buchungen ist noch einfacher als das Erfassen individueller Buchungen. Hier müssen Sie lediglich die korrekte Buchungsnummer eingeben:

- Überschreiben Sie in der Tabelle **Datenerfassung** den Eintrag **Null** mit der gewünschten Buchungsnummer im Feld **WKB-Nr.** Excel holt alle erforderlichen Informationen mit Hilfe der Funktion SVERWEIS() in die Eingabemaske. Beachten Sie bitte, dass es für diesen Vorgang zwingend notwendig ist, dass Sie im Vorfeld die wiederkehrende Buchung in der Tabelle **WiederkehrendeBuchungen** definiert haben.
- Durch einen Klick auf die Schaltfläche **Daten buchen**, schließen Sie den Vorgang auch im Falle einer regelmäßig wiederkehrenden Buchung ab. Über das Kontrollkästchen **Buchungsbeleg drucken** können Sie auch hier einen Ausdruck erzeugen.

Praxisbeispiel: Eine wiederkehrende Buchung durchführen

Sie haben einen Geschäftswagen geleast, für den eine monatliche Leasingrate von 416,50 Euro brutto abgebucht wird. Bei den wiederkehrenden Buchungen haben Sie dazu folgenden Eintrag angelegt (Abbildung 151):

- **Buchungs-Nr.**: 1
- **Konto**: 201 (dies entspricht im Kontenplan der Kostenart Firmenfahr-zeug)
- **regelmäßige Buchung**: monatlich
- **Geschäftsfall**: Abbuchung Leasingrate Geschäftswagen
- **Betrag**: 350,00 Euro

> **Praxis-Hinweis**
>
> In der Tabelle **WiederkehrendeBuchungen** erfassen Sie in der Spalte **Betrag** Nettobeträge. Bei einem Bruttowert von 416,50 Euro ergibt sich durch die Division durch den Faktor 1,19 ein Nettowert von 350,00 Euro.

Abbildung 151: Beispiel für eine regelmäßig wiederkehrende Buchung

Auf der Tabelle **Datenerfassung** werden Ihnen nach Eingabe **1** im Feld **WKB-Nr.** automatisch alle Angaben eingeblendet (siehe Abbildung 152).

Abbildung 152: Beispiel für eine wiederkehrende Buchung

3.3.7 Monats- und Quartalsauswertungen

Alle gebuchten Informationen werden in den folgenden Tabellen verwaltet:

- Quartal 1 bis Quartal 4
- Jahresübersicht
- Gewinnermittlung

Quartalsauswertungen

Die Quartalsauswertungen enthalten folgende Informationen:

- Konto-Nr.
- Netto Betrag pro Konto
- 7 % MwSt pro Konto alternativ 19 % MwSt pro Konto

Die Gliederung der Daten erfolgt nach Konten sowie Ausgaben und Einnahmen. Zeitlich sind die Daten nach Monaten und Quartalen geordnet. Das vierte Quartal enthält darüber hinaus die Angabe der Jahreswerte.

Damit können Sie die Angaben sowohl für monatliche als auch quartalsmäßige Umsatzsteuer-Voranmeldung nutzen.

Einnahme/Ausgaben-Übersicht													
	Januar			Februar			März			1. Quatal			
Konto-Nr.	Netto	MwSt 7,00%	MwSt 19,00%	Netto	MwSt 7,00%	MwSt 19,00%	Netto	MwSt 7,00%	MwSt 19,00%	Netto	MwSt 7,00%	MwSt 19,00%	
Einnahmen													
101	-	-	-	-	-	-	-	-	-	-	-	-	
102	-	-	-	-	-	-	-	-	-	-	-	-	
103	-	-	-	-	-	-	-	-	-	-	-	-	
104	-	-	-	-	-	-	-	-	-	-	-	-	
105	-	-	-	-	-	-	-	-	-	-	-	-	
106	-	-	-	-	-	-	-	-	-	-	-	-	
107	-	-	-	-	-	-	-	-	-	-	-	-	
108	-	-	-	-	-	-	-	-	-	-	-	-	
109	-	-	-	-	-	-	-	-	-	-	-	-	
110	-	-	-	-	-	-	-	-	-	-	-	-	
111	-	-	-	-	-	-	-	-	-	-	-	-	
112	-	-	-	-	-	-	-	-	-	-	-	-	
113	-	-	-	-	-	-	-	-	-	-	-	-	
114	-	-	-	-	-	-	-	-	-	-	-	-	
115	-	-	-	-	-	-	-	-	-	-	-	-	
116	-	-	-	-	-	-	-	-	-	-	-	-	
117	-	-	-	-	-	-	-	-	-	-	-	-	
118	-	-	-	-	-	-	-	-	-	-	-	-	
119	-	-	-	-	-	-	-	-	-	-	-	-	
120	-	-	-	-	-	-	-	-	-	-	-	-	
Gesamt	-	-	-	-	-	-	-	-	-	-	-	-	

Abbildung 153: Der obere Tabellenteil zeigt die Einnahmen

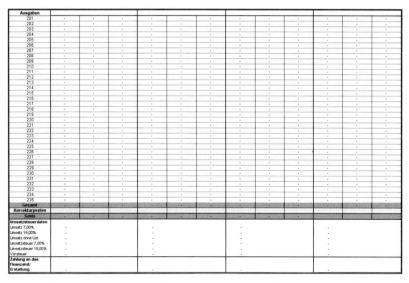

Abbildung 154: Der untere Teil zeigt die Ausgaben und die Umsatzsteuerdaten

Exkurs: Die Umsatzsteuer-Voranmeldung

Folgende Daten können direkt in die elektronische Umsatzsteuer-Voranmeldung (ElsterOnline) übertragen:

- Umsatz zu einem Mehrwertsteuersatz von 7 %

- Umsatz zu einem Mehrwertsteuersatz von 19 %

- Umsatzsteuer zu einem Mehrwertsteuersatz von 7 %

- Umsatzsteuer zu einem Mehrwertsteuersatz von 19 %

- Vorsteuer

So tragen Sie die Daten in das Elster-Formular ein:

1. Starten Sie die Elster-Software und entscheiden Sie sich im Eingangsdialog im Bereich Steuervoranmeldung für die Option **Umsatzsteuer-Voranmeldung**.

2. Geben Sie zunächst Ihre Steuernummer und das zuständige Finanzamt an. Anschließend erfassen Sie Name und Anschrift Ihres Unternehmens (siehe Abbildung 155).

3. Erfassen Sie als Nächstes den Voranmeldezeitraum.

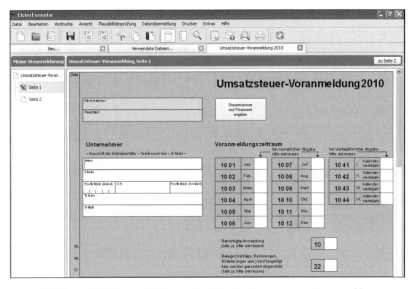

Abbildung 155: Oberer Teil der ersten Seite der Umsatzsteuer-Voranmeldung

4. Die Umsätze gehören auf die erste Seite des amtlichen Formulars unter Punkt I. Die Netto-Umsätze zum Steuersatz von 19 % werden in Zeile 27 (Nummer 81) erfasst, die Umsätze zum Steuersatz von 7 % werden in Zeile 28 (Nummer 86) geschrieben (siehe Abbildung 156).

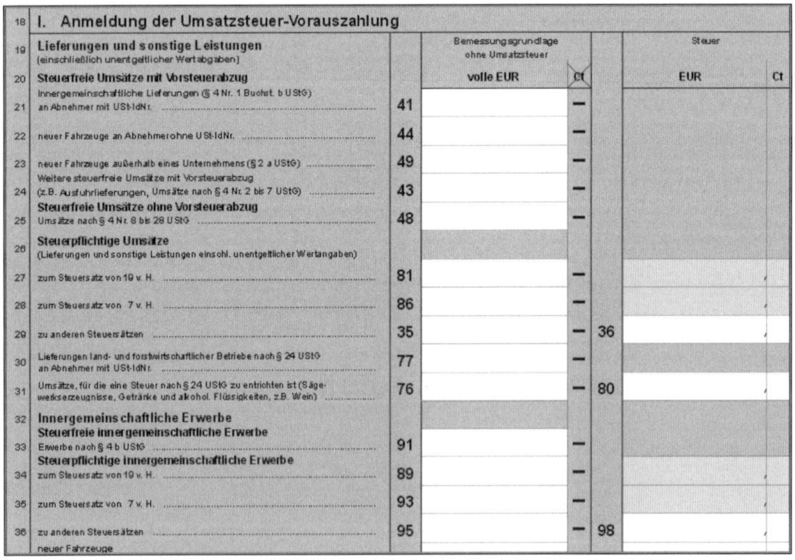

Abbildung 156: Der mittlere Teil des amtlichen Formulars

5. In der Spalte rechts daneben wird die zugehörige Steuer automatisch vom Programm errechnet. Da die Musterlösung mit Nachkommastellen rechnet und das Elster-Formular lediglich glatte Beträge berücksichtigt, kann es hier unter Umständen zu geringen Abweichungen im Bereich der Nachkommastellen kommen.
6. Wechseln Sie auf die zweite Seite des Elster-Formulars und tragen Sie die Vorsteuer unter **Abziehbare Vorsteuerbeträge**, Zeilen 53/54 Position 66 in die Spalte **Steuer** ein. Erfassen Sie hier die exakten Werte mit Nachkommastelle (siehe Abbildung 157).

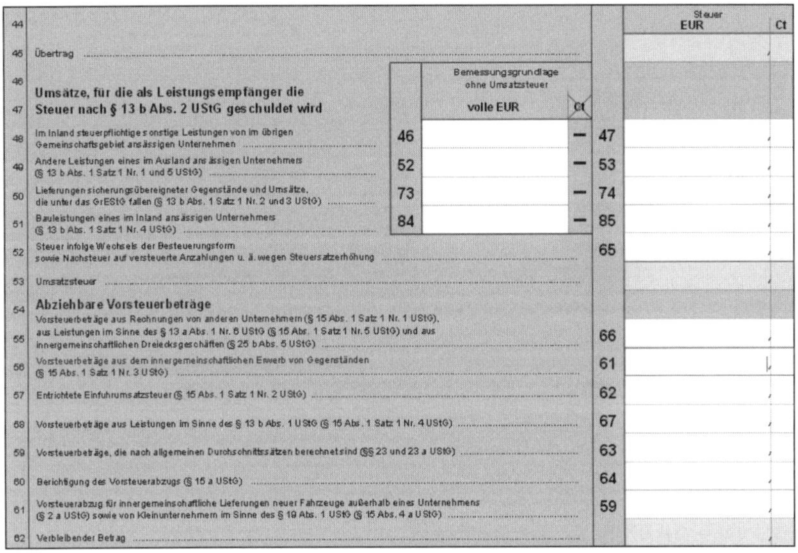

Zeile		Kz.	Bemessungsgrundlage ohne Umsatzsteuer volle EUR	Ct	Kz.	Steuer EUR	Ct
44							
45	Übertrag						
46							
47	**Umsätze, für die als Leistungsempfänger die Steuer nach § 13 b Abs. 2 UStG geschuldet wird**						
48	Im Inland steuerpflichtige sonstige Leistungen von im übrigen Gemeinschaftsgebiet ansässigen Unternehmen	46		—	47		
49	Andere Leistungen eines im Ausland ansässigen Unternehmers (§ 13 b Abs. 1 Satz 1 Nr. 1 und 5 UStG)	52		—	53		
50	Lieferungen sicherungsübereigneter Gegenstände und Umsätze, die unter das GrEStG fallen (§ 13 b Abs. 1 Satz 1 Nr. 2 und 3 UStG)	73		—	74		
51	Bauleistungen eines im Inland ansässigen Unternehmers (§ 13 b Abs. 1 Satz 1 Nr. 4 UStG)	84		—	85		
52	Steuer infolge Wechsels der Besteuerungsform sowie Nachsteuer auf versteuerte Anzahlungen u. ä. wegen Steuersatzerhöhung				65		
53	Umsatzsteuer						
54	**Abziehbare Vorsteuerbeträge**						
55	Vorsteuerbeträge aus Rechnungen von anderen Unternehmern (§ 15 Abs. 1 Satz 1 Nr. 1 UStG), aus Leistungen im Sinne des § 13 a Abs. 1 Nr. 6 UStG (§ 15 Abs. 1 Satz 1 Nr. 5 UStG) und aus innergemeinschaftlichen Dreiecksgeschäften (§ 25 b Abs. 5 UStG)				66		
56	Vorsteuerbeträge aus dem innergemeinschaftlichen Erwerb von Gegenständen (§ 15 Abs. 1 Satz 1 Nr. 3 UStG)				61		
57	Entrichtete Einfuhrumsatzsteuer (§ 15 Abs. 1 Satz 1 Nr. 2 UStG)				62		
58	Vorsteuerbeträge aus Leistungen im Sinne des § 13 b Abs. 1 UStG (§ 15 Abs. 1 Satz 1 Nr. 4 UStG)				67		
59	Vorsteuerbeträge, die nach allgemeinen Durchschnittssätzen berechnet sind (§§ 23 und 23 a UStG)				63		
60	Berichtigung des Vorsteuerabzugs (§ 15 a UStG)				64		
61	Vorsteuerabzug für innergemeinschaftliche Lieferungen neuer Fahrzeuge außerhalb eines Unternehmens (§ 2 a UStG) sowie von Kleinunternehmern im Sinne des § 19 Abs. 1 UStG (§ 15 Abs. 4 a UStG)				59		
62	Verbleibender Betrag						

Abbildung 157: Auszug aus der zweiten Seite des Elster-Formulars

Den Saldo aus vereinnahmter und entrichteter Steuer ergibt sich in Zeile 67. Beachten Sie, dass sich aufgrund der Angabe glatter Beträge im Zusammenhang mit den Umsätzen geringfügige Abweichungen zu Ihren Berechnungen in Excel ergeben können.

> **Praxis-Tipp**
> Das Formular zur elektronischen Übermittlung Ihrer Umsatzsteuer-Voranmeldung finden Sie im Internet unter **http://www.elster.de**.

Die Jahresübersicht

In der Jahresübersicht werden alle Einnahmen und Ausgaben verdichtet. Aufgeführt werden folgende Positionen (siehe Abbildung 158 und Abbildung 159):

- Konto-Nr.
- Kontenbezeichnung
- Nettobetrag
- Einnahmen, gesamt
- Ausgaben, gesamt
- Umsatzsteuerdaten

Einnahme/Ausgaben-Jahresübersicht		
Konto-Nr.		**Netto**
Einnahmen	**Kontenbezeichnung**	
101		
102		
103		
104		
105		
106		
107		
108		
109		
110		
111		
112		
113		
114		
115		
116		
117		
118		
119		
120		
Gesamt		

Abbildung 158: Der obere Teil der Jahresübersicht

Ausgaben		
201		
202		
203		
204		
205		
206		
207		
208		
209		
210		
211		
212		
213		
214		
215		
216		
217		
218		
219		
220		
221		
222		
223		
224		
225		
226		
227		
228		
229		
230		
231		
232		
233		
234		
235		
Gesamt		
Korrekturposten		
Saldo		
Umsatzsteuerdaten		
Umsatz 7%		
Umsatz 19%		
Umsatz ohne Ust		
Umsatzsteuer 7%		
Umsatzsteuer 19%		
Vorsteuer		
Zahlung an das Finanzamt/ Erstattung		

Abbildung 159: Der untere Teil der Jahresübersicht

Rechts neben der Jahresübersicht finden Sie eine Verdichtung der Informationen nach Zeilennummern der Anlage EÜR (siehe Abbildung 160).

Beispiel OHG / Steuer-Nr.: 140/255/0012

Zur Datenerfassung

Zum Ausgangspunkt

Einnahmen Zeile	Betrag Netto
7	- €
8	- €
9	- €
10	- €
11	- €
12	- €
13	- €
frei	- €
frei	- €
Ausgaben	
	- €
21	- €
22	- €
23	- €
frei	- €
32	- €
frei	- €
35	- €
39	- €
40	- €
41	- €
42	- €
43	- €
44	- €
45	- €
46	- €
frei	- €
48	- €
49	- €
50	- €
51	- €
52	- €
53	- €
frei	- €
frei	- €

Abbildung 160: Zusatzinformation – Verdichtung nach Zeilennummern

3.3.8 Praxisbeispiel: So ermitteln Sie den endgültigen Gewinn bzw. Verlust

Die Möglichkeiten, die Ihnen die Musterlösung **EÜR_Tool_UST.xls** bietet, sind sehr komplex. Um den Umgang mit dem Tool zu trainieren, finden Sie nachfolgend ein in sich abgeschlossenes Praxisbeispiel. Das Praxisbeispiel ist stark vereinfacht, damit es nicht zu aufwändig ist, es nachzuvollziehen.

Hier die Kerndaten: Ina Beispiel ist freiberuflich als Schreibkraft tätig. Frau Beispiel ist umsatzsteuerpflichtig.

Als Erstes erfasst Frau Beispiel in der Tabelle **Ausgangspunkt** Ihre Stammdaten (siehe Abbildung 161).

	A	B
1	Anschaffungskosten	100.000,00 €
2	Restwert	10.000,00 €
3	Nutzungsdauer	5

Abbildung 161: Die Startseite

Alle zu versteuernden Einnahmen unterliegen einem Mehrwertsteuersatz von 19 %. Frau Beispiel betreibt ihr Büro von zu Hause aus oder fährt zu ihren Kunden, um die Schreibarbeiten dort zu erledigen. Einen Geschäftswagen hat Frau Beispiel nicht. Auf der Ausgabenseite fallen regelmäßig folgende Positionen an:

- Geringwertige Wirtschaftsgüter
- Porto/Büromaterial
- Telefon
- Übrige Betriebsausgaben
- Verrechnete Umsatzsteuer

Kontenplan einrichten

Frau Beispiel richtet zunächst den Kontenplan ein (siehe Abbildung 162).

Kontenplan			Ines Beispiel Schreibbüro			Zur Datenerfassung / Zum Ausgangspunkt

Einnahmen			Ausgaben		
Konto-Nr. Bezeichnung	MwSt-Satz	Zeilen-Nr. Anlage EÜR	Konto-Nr. Bezeichnung	MwSt-Satz	Zeilen-Nr. Anlage EÜR
101 Einnahmen aus Leistung	19%	10	201 Geringwertige Wirtschaftsgüter	19%	32
102			202 Büromaterial	19%	48
103			203 Telefon	19%	48
104			204 Porto		48
105			205 Übrige Betriebsausgaben	19%	51
106			206 Übrige Betriebsausgaben	7%	51
107			207 Verrechnete Umsatzsteuer		53
108			208		
109			209		
110			210		
111			211		
112			212		
113			213		
114			214		
115			215		
116			216		
117			217		
118			218		
119			219		
120			220		

Abbildung 162: Der Kontenplan ist übersichtlich

Praxis-Tipp
Porti unterliegen nicht der Umsatzsteuerpflicht.

Wiederkehrende Buchungen

Folgende Buchungen fallen regelmäßig bei Frau Beispiel an:

- Frau Beispiel übernimmt regelmäßig Schreibarbeiten von einem Rechtsanwalt (Kanzlei Muster). Dadurch hat sie regelmäßige monatliche Einnahmen in Höhe von 850 Euro netto.
- Mit einer Telefongesellschaft hat Frau Beispiel einen Vertrag mit einer Flatrate abgeschlossen. Die monatliche Belastung liegt bei 50,42 Euro netto.

Für die genannten Positionen werden wiederkehrende Buchungen angelegt:

Die regelmäßigen Einnahmen werden auf dem Konto 101 verbucht. Die Bezahlung der Telefonrechnung muss dem Konto 203 zugeordnet werden (siehe Abbildung 163).

Regelmäßig wiederkehrende Buchungen					Ines Beispiel Schreibbüro
Buchungs-Nr ▼	regelmäßige Buchung ▼	Geschäftsfall	▼	Konto-Nr. ▼	Betrag ▼
0	---	---		---	---
1	monatlich	Einnhamen Rechtsanwaltskanzlei Muster		101	850,00 €
2	monatlich	Telefonrechnung bezahlen		203	50,42 €
3					
4					
5					
6					

Abbildung 163: Wiederkehrende Buchungen für den Beispielfall

Damit sind alle Voraussetzungen geschaffen. Die Buchungen im Verlauf des Jahres können erfasst werden.

Laufende Buchungen

Nun sollen die Geschäftsvorgänge gebucht werden.

- **Buchungen im Monat Januar**

3. Januar: Buchen der regelmäßigen Einnahme im Zusammenhang mit der Rechtsanwaltskanzlei Muster:

Da es sich um eine wiederkehrende Buchung handelt, gibt Frau Beispiel die entsprechende WKB-Nr. an. Die regelmäßige Einnahme der Rechtsanwaltskanzlei Muster wird in der Tabelle **WiederkehrendeBuchungen** unter der Nummer 1 geführt. Diese Nr. wird in das Feld **WKB-Nr.** geschrieben. Durch einen Klick auf die Schaltfläche **Daten buchen** wird der Buchungsvorgang abgeschlossen (siehe Abbildung 164).

Praxis-Tipp

WKB ist die Abkürzung für **Wi**ederkehrende **B**uchung.

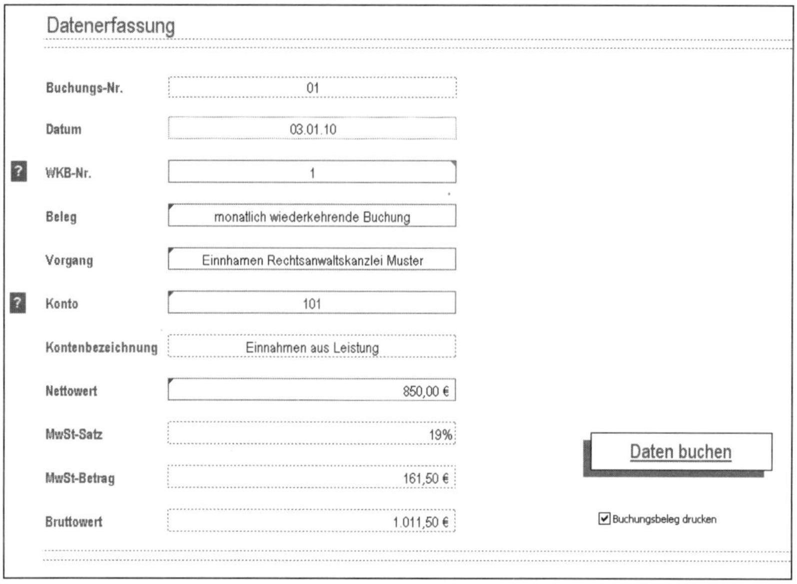

Datenerfassung

Buchungs-Nr.	01
Datum	03.01.10
? WKB-Nr.	1
Beleg	monatlich wiederkehrende Buchung
Vorgang	Einnhamen Rechtsanwaltskanzlei Muster
? Konto	101
Kontenbezeichnung	Einnahmen aus Leistung
Nettowert	850,00 €
MwSt-Satz	19%
MwSt-Betrag	161,50 €
Bruttowert	1.011,50 €

Daten buchen

☑ Buchungsbeleg drucken

Abbildung 164: Die erste Buchung

10. Januar: An diesem Tag wird die Telefonrechnung gebucht. Auch bei der Telefonrechnung handelt es sich um eine wiederkehrende Buchung. Diese hat die WKB-Nr. 2. Geben Sie die entsprechende Nummer in das vorgesehene Feld ein. Ansonsten unterscheidet sich nichts von der zuvor gebuchten wiederkehrenden Buchung. Durch einen Klick auf die Schaltfläche **Daten buchen** wird auch in diesem Fall der Buchungsvorgang abgeschlossen (siehe Abbildung 165).

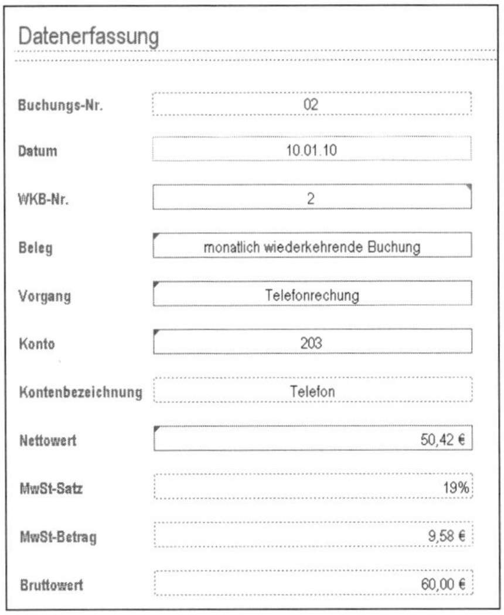

Datenerfassung	
Buchungs-Nr.	02
Datum	10.01.10
WKB-Nr.	2
Beleg	monatlich wiederkehrende Buchung
Vorgang	Telefonrechung
Konto	203
Kontenbezeichnung	Telefon
Nettowert	50,42 €
MwSt-Satz	19%
MwSt-Betrag	9,58 €
Bruttowert	60,00 €

Abbildung 165: Buchung Nr. 2

12. Januar: Frau Beispiel kauft Büromaterial im Wert von 27,73 Euro netto. Der Kauf von Büromaterial betrifft die erste individuelle Buchung. Hier wird die vorgegebene WKB-Nr. 0 übernommen. Unter **Vorgang** erfasst Frau Beispiel einen Vermerk, z. B. Kauf von Büromaterial.

Büromaterial wird auf dem Konto 202 gebucht. Außerdem muss hier der Nettowert erfasst werden (Abbildung 166).

Datenerfassung	
Buchungs-Nr.	03
Datum	07.06.10
? WKB-Nr.	0
Beleg	individuelle Buchung
Vorgang	Kauf von Büromaterial
? Konto	202
Kontenbezeichnung	Büromaterial
Nettowert	27,73 €
MwSt-Satz	19%
MwSt-Betrag	5,27 €
Bruttowert	33,00 €

Abbildung 166: Die dritte Buchung

Auch eine individuelle Buchung wird durch einen Klick auf die Schaltfläche **Daten buchen** abgeschlossen.

15. Januar: Ein Zeitschriftenabo in Höhe von 39,25 Euro netto muss bezahlt werden. Am 15. Januar überweist Frau Beispiel den Betrag. Für Zeitschriften gilt ein verminderter Mehrwertsteuersatz von 7 %. Aus diesem Grunde bucht Frau Beispiel die Rechnung auf dem Konto 206 Übrige Betriebsausgaben, die zu 7 % versteuert werden (siehe Abbildung 167).

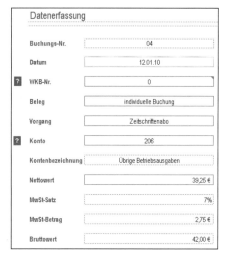

Abbildung 167: Eine Buchung mit einem Umsatzsteuersatz von 7 %

20. Januar: Frau Beispiel kauft Briefmarken im Wert von 5,50 Euro. Briefmarken sind umsatzsteuerfrei und werden bei Frau Beispiel auf dem Konto 204 Porto verbucht (siehe Abbildung 168).

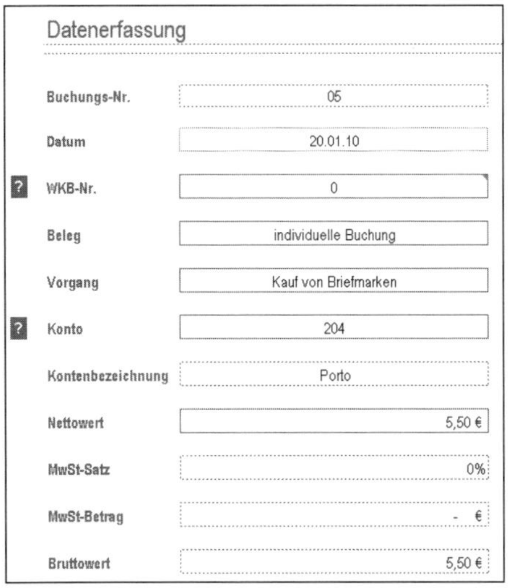

Abbildung 168: Beispiel für eine umsatzsteuerfreie Buchung

31. Januar: Kunde Maier überweist 1.200 Euro netto für ausgeführte Aufträge (siehe Abbildung 169).

Abbildung 169: Ein weiterer Geldeingang wird verzeichnet

Damit sind alle Einnahmen und Ausgaben, die im ersten Monat angefallen sind, erfasst. Abbildung 170 und Abbildung 171 zeigen die Auswertungen an.

Einnahme/Ausgaben-Übersicht — Ihres Beispiel / Steuer-Nr.: 44/C555/0012

Konto-Nr.	Januar Netto	MwSt 7,00%	MwSt 19,00%	Februar Netto	MwSt 7,00%	MwSt 19,00%	März Netto	MwSt 7,00%	MwSt 19,00%	1. Quatal Netto	MwSt 7,00%	MwSt 19,00%
Einnahmen												
101	2.050,00	-	389,50	-	-	-	-	-	-	2.050,00	-	389,50
102	-	-	-	-	-	-	-	-	-	-	-	-
103	-	-	-	-	-	-	-	-	-	-	-	-
104	-	-	-	-	-	-	-	-	-	-	-	-
105	-	-	-	-	-	-	-	-	-	-	-	-
106	-	-	-	-	-	-	-	-	-	-	-	-
107	-	-	-	-	-	-	-	-	-	-	-	-
108	-	-	-	-	-	-	-	-	-	-	-	-
109	-	-	-	-	-	-	-	-	-	-	-	-
110	-	-	-	-	-	-	-	-	-	-	-	-
111	-	-	-	-	-	-	-	-	-	-	-	-
112	-	-	-	-	-	-	-	-	-	-	-	-
113	-	-	-	-	-	-	-	-	-	-	-	-
114	-	-	-	-	-	-	-	-	-	-	-	-
115	-	-	-	-	-	-	-	-	-	-	-	-
116	-	-	-	-	-	-	-	-	-	-	-	-
117	-	-	-	-	-	-	-	-	-	-	-	-
118	-	-	-	-	-	-	-	-	-	-	-	-
119	-	-	-	-	-	-	-	-	-	-	-	-
120	-	-	-	-	-	-	-	-	-	-	-	-
Gesamt	**2.050,00**	**-**	**389,50**	**-**	**-**	**-**	**-**	**-**	**-**	**2.050,00**	**-**	**389,50**

Abbildung 170: Die Einnahmenseite

Einnahme/Ausgaben-Übersicht — Ihres Beispiel / Steuer-Nr.: 14/d/255/0012

Konto-Nr.	Januar Netto	MwSt 7,00%	MwSt 19,00%	Februar Netto	MwSt 7,00%	MwSt 19,00%	März Netto	MwSt 7,00%	MwSt 19,00%	1. Quatal Netto	MwSt 7,00%	MwSt 19,00%
Ausgaben												
201	-	-	-	-	-	-	-	-	-	-	-	-
202	27,73	-	5,27	-	-	-	-	-	-	27,73	-	5,27
203	50,42	-	9,58	-	-	-	-	-	-	50,42	-	9,58
204	5,50	-	-	-	-	-	-	-	-	5,50	-	-
205	-	-	-	-	-	-	-	-	-	-	-	-
206	39,25	2,75	-	-	-	-	-	-	-	39,25	2,75	-
207	-	-	-	-	-	-	-	-	-	-	-	-
208	-	-	-	-	-	-	-	-	-	-	-	-
209	-	-	-	-	-	-	-	-	-	-	-	-
210	-	-	-	-	-	-	-	-	-	-	-	-
211	-	-	-	-	-	-	-	-	-	-	-	-
212	-	-	-	-	-	-	-	-	-	-	-	-
213	-	-	-	-	-	-	-	-	-	-	-	-
214	-	-	-	-	-	-	-	-	-	-	-	-
215	-	-	-	-	-	-	-	-	-	-	-	-
216	-	-	-	-	-	-	-	-	-	-	-	-
217	-	-	-	-	-	-	-	-	-	-	-	-
218	-	-	-	-	-	-	-	-	-	-	-	-
219	-	-	-	-	-	-	-	-	-	-	-	-
220	-	-	-	-	-	-	-	-	-	-	-	-
221	-	-	-	-	-	-	-	-	-	-	-	-
222	-	-	-	-	-	-	-	-	-	-	-	-
223	-	-	-	-	-	-	-	-	-	-	-	-
224	-	-	-	-	-	-	-	-	-	-	-	-
225	-	-	-	-	-	-	-	-	-	-	-	-
226	-	-	-	-	-	-	-	-	-	-	-	-
227	-	-	-	-	-	-	-	-	-	-	-	-
228	-	-	-	-	-	-	-	-	-	-	-	-
229	-	-	-	-	-	-	-	-	-	-	-	-
230	-	-	-	-	-	-	-	-	-	-	-	-
231	-	-	-	-	-	-	-	-	-	-	-	-
232	-	-	-	-	-	-	-	-	-	-	-	-
233	-	-	-	-	-	-	-	-	-	-	-	-
234	-	-	-	-	-	-	-	-	-	-	-	-
235	-	-	-	-	-	-	-	-	-	-	-	-
Gesamt	**122,90**	**2,75**	**14,85**	**-**	**-**	**-**	**-**	**-**	**-**	**122,90**	**2,75**	**14,85**
Korrekturposten												
Saldo	**1.927,10**	**2,75**	**374,65**	**-**	**-**	**-**	**-**	**-**	**-**			

Umsatzsteuerdaten				
Umsatz 7,00%	-	-	-	-
Umsatz 19,00%	2.050,00	-	-	2.050,00
Umsatz ohne Ust	-	-	-	-
Umsatzsteuer 7,00%	-	-	-	-
Umsatzsteuer 19,00%	389,50	-	-	389,50
Vorsteuer	17,60	-	-	17,60
Zahlung an das Finanzamt/ Erstattung	**371,90**	**-**	**-**	**371,90**

Abbildung 171: Die Ausgabenseite

Im unteren Teil sehen Sie die Umsatzsteuerdaten.

Excel-Tipp 2003

Damit Sie die Überschriften der Übersicht stets im Blick haben, können Sie das Fenster fixieren. Dazu setzen Sie die Eingabemarkierung in die Zelle C6 und wählen **Fenster > Fenster fixieren**. Um die Fixierung wieder aufzuheben verwenden Sie die Befehlsfolge **Fenster > Fixierung aufheben**.

Excel-Tipp 2007

In Excel 2007 finden Sie den entsprechenden Befehl unter dem Register **Ansicht** im Bereich **Fenster**. Klicken Sie dort auf **Fenster fixieren**.

Excel-Tipp 2010

Auch in Excel 2010 finden Sie den Befehl unter dem Register **Ansicht** im Bereich **Fenster**. Klicken Sie dort auf **Fenster einfrieren** und wählen Sie aus, ob Sie die oberste Zeile bzw. erste Spalte festsetzen möchten.

- **Buchungen im Monat Februar**

3. Februar: Die erste Buchung im Monat Februar entspricht der regelmäßigen Einnahme im Zusammenhang mit der Rechtsanwaltskanzlei Muster. Geben Sie als WKB-Nr. die **1** ein und betätigen Sie die Return-Taste (siehe Abbildung 172); dadurch werden die Werte aus der Tabelle **WiederkehrendeBuchungen** sofort übernommen.

Datenerfassung	
Buchungs-Nr.	07
Datum	03.02.10
? WKB-Nr.	1
Beleg	monatlich wiederkehrende Buchung
Vorgang	Einnahmen Rechtsanwaltskanzlei Muster
? Konto	101
Kontenbezeichnung	Einnahmen aus Leistung
Nettowert	850,00 €
MwSt-Satz	19%
MwSt-Betrag	161,50 €
Bruttowert	1.011,50 €

Abbildung 172: Die 7. Buchung entspricht einer regelmäßigen Einnahme

10. Februar: Die Telefonrechnung wird ebenfalls als wiederkehrende Buchung erfasst (siehe Abbildung 173).

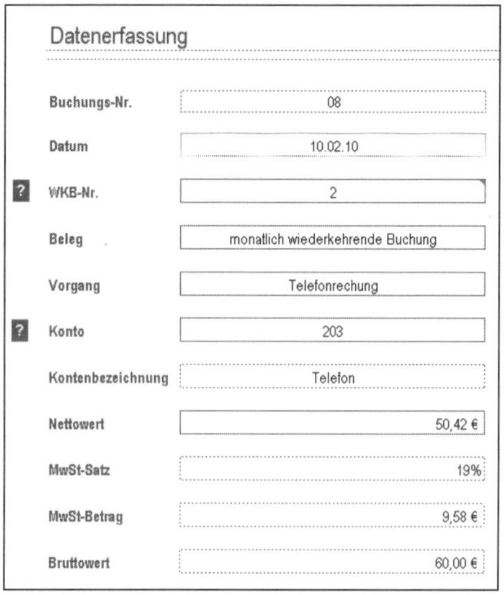

Datenerfassung

Buchungs-Nr.	08
Datum	10.02.10
? WKB-Nr.	2
Beleg	monatlich wiederkehrende Buchung
Vorgang	Telefonrechung
? Konto	203
Kontenbezeichnung	Telefon
Nettowert	50,42 €
MwSt-Satz	19%
MwSt-Betrag	9,58 €
Bruttowert	60,00 €

Abbildung 173: Die zweite Buchung im Februar hat die fortlaufende Nr. 08

20. Februar: Einnahmen aus einer Leistung für den Kunden Schult in Höhe von 750 Euro netto werden dem Girokonto gutgeschrieben (siehe Abbildung 174).

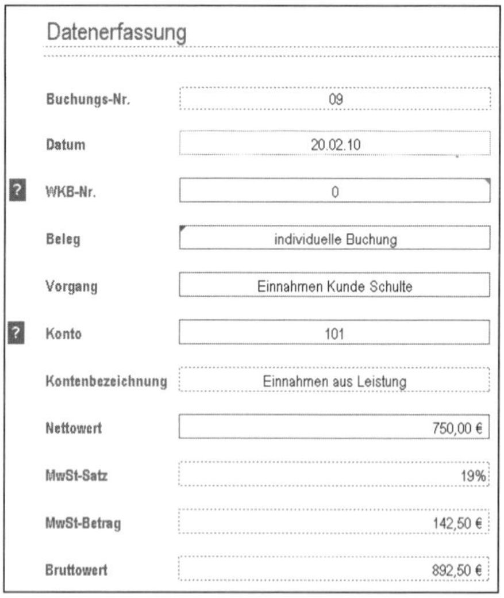

Datenerfassung

Buchungs-Nr.	09
Datum	20.02.10
? WKB-Nr.	0
Beleg	individuelle Buchung
Vorgang	Einnahmen Kunde Schulte
? Konto	101
Kontenbezeichnung	Einnahmen aus Leistung
Nettowert	750,00 €
MwSt-Satz	19%
MwSt-Betrag	142,50 €
Bruttowert	892,50 €

Abbildung 174: Buchung Nr. 9

Damit ist der zweite Monat abgeschlossen. Nachfolgend die Auswertungen in den Abbildung 175 und Abbildung 176.

Einnahme/Ausgaben-Übersicht

Konto-Nr.	Januar			Februar			März			1. Quatal		
	Netto	MwSt 7,00%	MwSt 19,00%	Netto	MwSt 7,00%	MwSt 19,00%	Netto	MwSt 7,00%	MwSt 19,00%	Netto	MwSt 7,00%	MwSt 19,00%
Einnahmen												
101	2.050,00	-	389,50	1.800,00	-	304,00	-	-	-	3.650,00	-	693,50
102	-	-	-	-	-	-	-	-	-	-	-	-
103	-	-	-	-	-	-	-	-	-	-	-	-
104	-	-	-	-	-	-	-	-	-	-	-	-
105	-	-	-	-	-	-	-	-	-	-	-	-
106	-	-	-	-	-	-	-	-	-	-	-	-
107	-	-	-	-	-	-	-	-	-	-	-	-
108	-	-	-	-	-	-	-	-	-	-	-	-
109	-	-	-	-	-	-	-	-	-	-	-	-
110	-	-	-	-	-	-	-	-	-	-	-	-
111	-	-	-	-	-	-	-	-	-	-	-	-
112	-	-	-	-	-	-	-	-	-	-	-	-
113	-	-	-	-	-	-	-	-	-	-	-	-
114	-	-	-	-	-	-	-	-	-	-	-	-
115	-	-	-	-	-	-	-	-	-	-	-	-
116	-	-	-	-	-	-	-	-	-	-	-	-
117	-	-	-	-	-	-	-	-	-	-	-	-
118	-	-	-	-	-	-	-	-	-	-	-	-
119	-	-	-	-	-	-	-	-	-	-	-	-
120	-	-	-	-	-	-	-	-	-	-	-	-
Gesamt	2.050,00	-	389,50	1.600,00	-	304,00	-	-	-	3.650,00	-	693,50

Abbildung 175: Die Einnahmenseite

Einnahme/Ausgaben-Übersicht

Konto-Nr.	Januar			Februar			März			1. Quatal		
	Netto	MwSt 7,00%	MwSt 19,00%	Netto	MwSt 7,00%	MwSt 19,00%	Netto	MwSt 7,00%	MwSt 19,00%	Netto	MwSt 7,00%	MwSt 19,00%
Ausgaben												
201	-	-	-	-	-	-	-	-	-	-	-	-
202	27,73	-	5,27	-	-	-	-	-	-	27,73	-	5,27
203	50,42	-	9,58	50,42	-	9,58	-	-	-	100,84	-	19,16
204	5,50	-	-	-	-	-	-	-	-	5,50	-	-
205	-	-	-	-	-	-	-	-	-	-	-	-
206	39,25	2,75	-	-	-	-	-	-	-	39,25	2,75	-
207	-	-	-	-	-	-	-	-	-	-	-	-
208	-	-	-	-	-	-	-	-	-	-	-	-
209	-	-	-	-	-	-	-	-	-	-	-	-
210	-	-	-	-	-	-	-	-	-	-	-	-
211	-	-	-	-	-	-	-	-	-	-	-	-
212	-	-	-	-	-	-	-	-	-	-	-	-
213	-	-	-	-	-	-	-	-	-	-	-	-
214	-	-	-	-	-	-	-	-	-	-	-	-
215	-	-	-	-	-	-	-	-	-	-	-	-
216	-	-	-	-	-	-	-	-	-	-	-	-
217	-	-	-	-	-	-	-	-	-	-	-	-
218	-	-	-	-	-	-	-	-	-	-	-	-
219	-	-	-	-	-	-	-	-	-	-	-	-
220	-	-	-	-	-	-	-	-	-	-	-	-
221	-	-	-	-	-	-	-	-	-	-	-	-
222	-	-	-	-	-	-	-	-	-	-	-	-
223	-	-	-	-	-	-	-	-	-	-	-	-
224	-	-	-	-	-	-	-	-	-	-	-	-
225	-	-	-	-	-	-	-	-	-	-	-	-
226	-	-	-	-	-	-	-	-	-	-	-	-
227	-	-	-	-	-	-	-	-	-	-	-	-
228	-	-	-	-	-	-	-	-	-	-	-	-
229	-	-	-	-	-	-	-	-	-	-	-	-
230	-	-	-	-	-	-	-	-	-	-	-	-
231	-	-	-	-	-	-	-	-	-	-	-	-
232	-	-	-	-	-	-	-	-	-	-	-	-
233	-	-	-	-	-	-	-	-	-	-	-	-
234	-	-	-	-	-	-	-	-	-	-	-	-
235	-	-	-	-	-	-	-	-	-	-	-	-
Gesamt	122,90	2,75	14,85	50,42	-	9,58	-	-	-	173,32	2,75	24,43
Korrekturposten												
Saldo	1.927,10	- 2,75	374,65	1.549,58	-	294,42	-	-	-	3.476,68	- 2,75	669,07

Umsatzsteuerdaten					
Umsatz 7,00%	-		-		-
Umsatz 19,00%	2.050,00		1.600,00		3.650,00
Umsatz ohne Ust					
Umsatzsteuer 7,00%	-		-		-
Umsatzsteuer 19,00%	389,50		304,00		693,50
Vorsteuer	17,60		9,58		27,18
Zahlung an das Finanzamt/ Erstattung	371,90		294,42		666,32

Abbildung 176: Die Ausgabenseite

- **Buchungen im Monat März**

3. März: Als erste Buchung im März fällt die regelmäßige Einnahme im Zusammenhang mit der Rechtsanwaltskanzlei Muster an (siehe Abbildung 177).

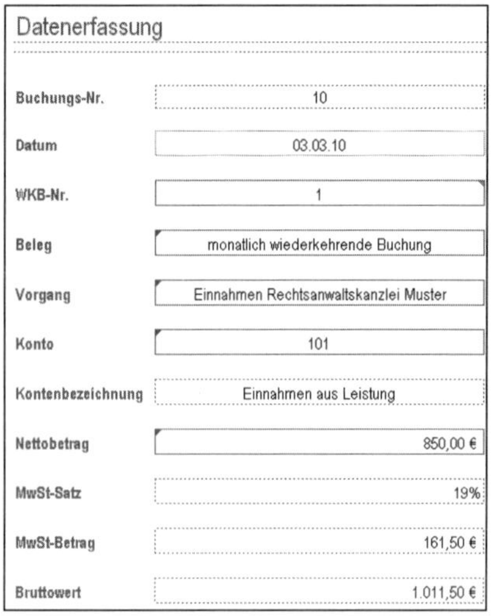

Datenerfassung	
Buchungs-Nr.	10
Datum	03.03.10
WKB-Nr.	1
Beleg	monatlich wiederkehrende Buchung
Vorgang	Einnahmen Rechtsanwaltskanzlei Muster
Konto	101
Kontenbezeichnung	Einnahmen aus Leistung
Nettobetrag	850,00 €
MwSt-Satz	19%
MwSt-Betrag	161,50 €
Bruttowert	1.011,50 €

Abbildung 177: Buchung einer weiteren Einnahme

10. März: Die Telefonrechnung wird ebenfalls als wiederkehrende Buchung erfasst (siehe Abbildung 178).

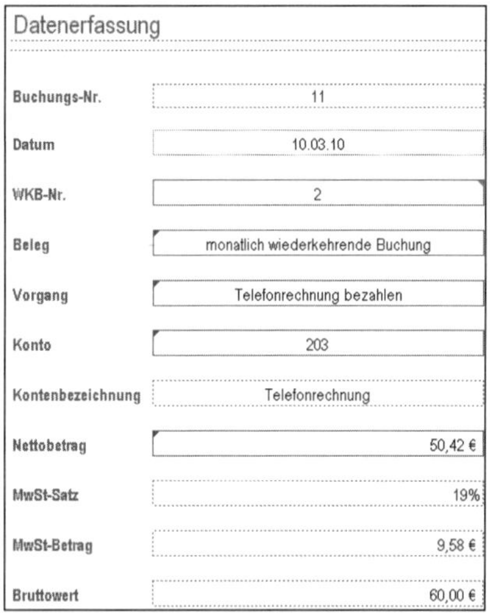

Datenerfassung	
Buchungs-Nr.	11
Datum	10.03.10
WKB-Nr.	2
Beleg	monatlich wiederkehrende Buchung
Vorgang	Telefonrechnung bezahlen
Konto	203
Kontenbezeichnung	Telefonrechnung
Nettobetrag	50,42 €
MwSt-Satz	19%
MwSt-Betrag	9,58 €
Bruttowert	60,00 €

Abbildung 178: Buchung Nr. 11

15. März: Einnahmen aus einer Leistung für den Kunden Schult in Höhe von 500 Euro netto werden von Frau Beispiel eingetragen (siehe Abbildung 179).

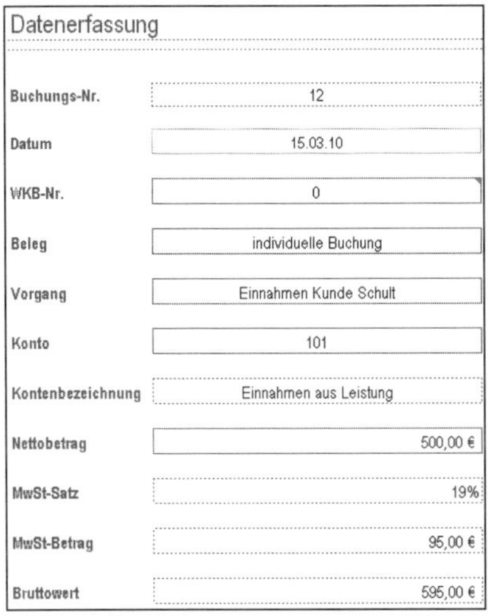

Datenerfassung	
Buchungs-Nr.	12
Datum	15.03.10
WKB-Nr.	0
Beleg	individuelle Buchung
Vorgang	Einnahmen Kunde Schult
Konto	101
Kontenbezeichnung	Einnahmen aus Leistung
Nettobetrag	500,00 €
MwSt-Satz	19%
MwSt-Betrag	95,00 €
Bruttowert	595,00 €

Abbildung 179: Diese Einnahme wird individuell gebucht

21. März: Frau Beispiel kauft Briefmarken im Wert von 11 Euro (siehe Abbildung 180).

Datenerfassung	
Buchungs-Nr.	13
Datum	21.03.10
WKB-Nr.	0
Beleg	individuelle Buchung
Vorgang	Kauf von Briefmarken
Konto	204
Kontenbezeichnung	Porto
Nettobetrag	11,00 €
MwSt-Satz	0%
MwSt-Betrag	- €
Bruttowert	11,00 €

Abbildung 180: Die letzte Buchung des ersten Quartals

Damit sind der dritte Monat und das erste Quartal abgeschlossen. Die folgenden Abbildungen (siehe Abbildung 181 bis Abbildung 184) zeigen die verdichteten Daten.

Einnahme/Ausgaben-Übersicht   Ines Beispiel / Steuer-Nr : 140/255/0012

Konto-Nr.	Januar	Februar	März	1. Quatal
Einnahmen				
101	2.050,00	1.600,00	1.350,00	5.000,00
102	-	-	-	-
103	-	-	-	-
104	-	-	-	-
105	-	-	-	-
106	-	-	-	-
107	-	-	-	-
108	-	-	-	-
109	-	-	-	-
110	-	-	-	-
111	-	-	-	-
112	-	-	-	-
113	-	-	-	-
114	-	-	-	-
115	-	-	-	-
116	-	-	-	-
117	-	-	-	-
118	-	-	-	-
119	-	-	-	-
120	-	-	-	-
Gesamt	**2.050,00**	**1.600,00**	**1.350,00**	**5.000,00**

Abbildung 181: Einnahmen erstes Quartal

Konto-Nr.	Januar			Februar			März			1. Quartal		
	Netto	MwSt 7,00%	MwSt 19,00%	Netto	MwSt 7,00%	MwSt 19,00%	Netto	MwSt 7,00%	MwSt 19,00%	Netto	MwSt 7,00%	MwSt 19,00%
Ausgaben												
201		-	-		-	-		-	-		-	-
202	27,73	-	5,27	-	-	-	-	-	-	27,73	-	5,27
203	50,42	-	9,58	50,42	-	9,58	50,42	-	9,58	151,26	-	28,74
204	5,50	-	-	-	-	-	11,00	-	-	16,50	-	-
205	-	-	-	-	-	-	-	-	-	-	-	-
206	39,25	2,75	-	-	-	-	-	-	-	39,25	2,75	-
207	-	-	-	-	-	-	-	-	-	-	-	-
208	-	-	-	-	-	-	-	-	-	-	-	-
209	-	-	-	-	-	-	-	-	-	-	-	-
210	-	-	-	-	-	-	-	-	-	-	-	-
211	-	-	-	-	-	-	-	-	-	-	-	-
212	-	-	-	-	-	-	-	-	-	-	-	-
213	-	-	-	-	-	-	-	-	-	-	-	-
214	-	-	-	-	-	-	-	-	-	-	-	-
215	-	-	-	-	-	-	-	-	-	-	-	-
216	-	-	-	-	-	-	-	-	-	-	-	-
217	-	-	-	-	-	-	-	-	-	-	-	-
218	-	-	-	-	-	-	-	-	-	-	-	-
219	-	-	-	-	-	-	-	-	-	-	-	-
220	-	-	-	-	-	-	-	-	-	-	-	-
221	-	-	-	-	-	-	-	-	-	-	-	-
222	-	-	-	-	-	-	-	-	-	-	-	-
223	-	-	-	-	-	-	-	-	-	-	-	-
224	-	-	-	-	-	-	-	-	-	-	-	-
225	-	-	-	-	-	-	-	-	-	-	-	-
226	-	-	-	-	-	-	-	-	-	-	-	-
227	-	-	-	-	-	-	-	-	-	-	-	-
228	-	-	-	-	-	-	-	-	-	-	-	-
229	-	-	-	-	-	-	-	-	-	-	-	-
230	-	-	-	-	-	-	-	-	-	-	-	-
231	-	-	-	-	-	-	-	-	-	-	-	-
232	-	-	-	-	-	-	-	-	-	-	-	-
233	-	-	-	-	-	-	-	-	-	-	-	-
234	-	-	-	-	-	-	-	-	-	-	-	-
235	-	-	-	-	-	-	-	-	-	-	-	-
Gesamt	**122,90**	**2,75**	**14,85**	**50,42**	**-**	**9,58**	**61,42**	**-**	**9,58**	**234,74**	**2,75**	**34,01**
Korrekturposten												
Saldo	**1.927,10**	**2,75**	**374,65**	**1.549,58**	**-**	**294,42**	**1.288,58**	**-**	**246,92**	**4.765,26**	**2,75**	**915,99**

Umsatzsteuerdaten				
Umsatz 7,00%	-	-	-	-
Umsatz 19,00%	2.050,00	1.600,00	1.350,00	5.000,00
Umsatz ohne Ust	-	-	-	-
Umsatzsteuer 7,00%	-	-	-	-
Umsatzsteuer 19,00%	389,50	304,00	256,50	950,00
Vorsteuer	17,60	9,58	9,58	36,76
Zahlung an das Finanzamt/ Erstattung	371,90	294,42	246,92	913,24

Abbildung 182: Ausgaben und Umsatzsteuerdaten erstes Quartal

Buchungen nach Datum gegliedert				Ines Beispiel / Steuer-Nr.: 140/255/0012		
Buchungs- Nr.	Datum	Konto	netto		MwST	brutto
1	03.01.10	101	850,00 €		161,50 €	1.011,50 €
2	10.01.10	203	50,42 €		9,58 €	60,00 €
3	11.01.10	202	27,73 €		5,27 €	33,00 €
4	12.01.10	206	39,25 €		2,75 €	42,00 €
5	20.01.10	204	5,50 €		- €	5,50 €
6	31.01.10	101	1.200,00 €		228,00 €	1.428,00 €
7	03.02.10	101	850,00 €		161,50 €	1.011,50 €
8	10.02.10	203	50,42 €		9,58 €	60,00 €
9	20.02.10	101	750,00 €		142,50 €	892,50 €
10	03.03.10	101	850,00 €		161,50 €	1.011,50 €
11	10.03.10	203	50,42 €		9,58 €	60,00 €
12	15.03.10	101	500,00 €		95,00 €	595,00 €
13	21.03.10	204	11,00 €		- €	11,00 €

Abbildung 183: Aufstellung aller bislang erfolgter Buchungen

Buchungen nach Konten gegliedert			Ines Beispiel / Steuer-Nr.: 140/255/0012			Zur Datenerfassung Zum Ausgangspunkt
Datum	Vorgang	Konto	netto	Mwst.- Satz	MwST	brutto
31.01.10	Einnahmen Kunde Meier	101	1.200,00 €	19%	228,00 €	1.428,00 €
03.02.10	Einnahmen Rechtsanwaltskanzlei Muster	101	850,00 €	19%	161,50 €	1.011,50 €
20.02.10	Einnahmen Kunde Schulte	101	750,00 €	19%	142,50 €	892,50 €
03.02.10	Einnahmen Rechtsanwaltskanzlei Muster	101	850,00 €	19%	161,50 €	1.011,50 €
03.03.10	Einnahmen Rechtsanwaltskanzlei Muster	101	850,00 €	19%	161,50 €	1.011,50 €
15.03.10	Einnahme Kunde Schult	101	500,00 €	19%	95,00 €	595,00 €
		101 Ergebnis	5.000,00 €		950,00 €	5.950,00 €
11.01.10	Kauf von Büromaterial	202	27,73 €	19%	5,27 €	33,00 €
		202 Ergebnis	27,73 €		5,27 €	33,00 €
10.01.10	Telefonrechung	203	50,42 €	19%	9,58 €	60,00 €
10.02.10	Telefonrechung	203	50,42 €	19%	9,58 €	60,00 €
10.03.10	Telefonrechung	203	50,42 €	19%	9,58 €	60,00 €
		203 Ergebnis	151,26 €		28,74 €	180,00 €
20.01.10	Kauf von Briefmarken	204	5,50 €	0%	- €	5,50 €
21.03.10	Kauf von Briefmarken	204	11,00 €	0%	- €	11,00 €
		204 Ergebnis	16,50 €		- €	16,50 €
12.01.10	Überweisung Zeitschriftenabo "Das Schreibbüro"	206	39,25 €	7%	2,75 €	42,00 €
		206 Ergebnis	39,25 €		2,75 €	42,00 €
		Gesamtergebnis	5.234,74 €		986,76 €	6.221,50 €

Abbildung 184: Gliederung nach Konten

Damit sind alle Buchungen im ersten Quartal erfolgt. Frau Beispiel kann mit den Buchungen für das zweite Quartal starten.

Praxis-Tipp

Legen Sie nach Möglichkeit regelmäßig Sicherungskopien Ihres Datenbestandes auf einem separaten Datenträger an.

- **Die Buchungen im zweiten Quartal**

Besonderheit Frau Beispiel ist verpflichtet, vierteljährlich eine Umsatz-steuer-Voranmeldung zu erstellen.

Hier die Buchungen im Überblick:

- 03.04.2010: Einnahme Rechtsanwaltskanzlei Muster (Wiederkehrende Buchung mit der WKB-Nr. 1)
- 10.04.2010: Telefon (Wiederkehrende Buchung mit der WKB-Nr. 2)
- 11.04.2010: Kauf von Druckerpatronen zum 19,75 netto (Konto 202 – Büromaterial)

- 12.04.2010: Einnahme Kunde Förster 150 Euro netto (Konto 101 – Einnahmen aus Leistung)
- 03.05.2010: Einnahme Rechtsanwaltskanzlei Muster (Wiederkehrende Buchung mit der WKB-Nr. 1)
- 10.05.2010: Telefon (Wiederkehrende Buchung mit der WKB-Nr. 2)
- 12.05.2010: Einnahme Kunde Schult 2500 Euro netto (Konto 101 – Einnahmen aus Leistung)
- 03.06.2010: Einnahme Rechtsanwaltskanzlei Muster (Wiederkehrende Buchung mit der WKB-Nr. 1)
- 10.06.2010: Telefon (Wiederkehrende Buchung mit der WKB-Nr. 2)

Damit ist das zweite Quartal abgeschlossen. Die Übersichten sehen Sie in Abbildung 185 und Abbildung 186.

Einnahme/Ausgaben-Übersicht

Konto-Nr.	April Netto	MwSt 7,00%	MwSt 19,00%	Mai Netto	MwSt 7,00%	MwSt 19,00%	Juni Netto	MwSt 7,00%	MwSt 19,00%	2. Quartal Netto	MwSt 7,00%	MwSt 19,00%
Einnahmen												
101	1.000,00	-	190,00	3.350,00	-	636,50	850,00	-	161,50	5.200,00	-	988,00
102	-	-	-	-	-	-	-	-	-	-	-	-
103	-	-	-	-	-	-	-	-	-	-	-	-
104	-	-	-	-	-	-	-	-	-	-	-	-
105	-	-	-	-	-	-	-	-	-	-	-	-
106	-	-	-	-	-	-	-	-	-	-	-	-
107	-	-	-	-	-	-	-	-	-	-	-	-
108	-	-	-	-	-	-	-	-	-	-	-	-
109	-	-	-	-	-	-	-	-	-	-	-	-
110	-	-	-	-	-	-	-	-	-	-	-	-
111	-	-	-	-	-	-	-	-	-	-	-	-
112	-	-	-	-	-	-	-	-	-	-	-	-
113	-	-	-	-	-	-	-	-	-	-	-	-
114	-	-	-	-	-	-	-	-	-	-	-	-
115	-	-	-	-	-	-	-	-	-	-	-	-
116	-	-	-	-	-	-	-	-	-	-	-	-
117	-	-	-	-	-	-	-	-	-	-	-	-
118	-	-	-	-	-	-	-	-	-	-	-	-
119	-	-	-	-	-	-	-	-	-	-	-	-
120	-	-	-	-	-	-	-	-	-	-	-	-
Gesamt	1.000,00	-	190,00	3.350,00	-	636,50	850,00	-	161,50	5.200,00	-	988,00

Abbildung 185: Die Einnahmenseite

Konto-Nr.	April Netto	MwSt 7,00%	MwSt 19,00%	Mai Netto	MwSt 7,00%	MwSt 19,00%	Juni Netto	MwSt 7,00%	MwSt 19,00%	2. Quartal Netto	MwSt 7,00%	MwSt 19,00%
Einnahmen												
201	-	-	-	-	-	-	-	-	-	-	-	-
202	19,75	-	3,75	-	-	-	-	-	-	19,75	-	3,75
203	50,42	-	9,58	50,42	-	9,58	50,42	-	9,58	151,26	-	28,74
204	-	-	-	-	-	-	-	-	-	-	-	-
205	-	-	-	-	-	-	-	-	-	-	-	-
206	-	-	-	-	-	-	-	-	-	-	-	-
207	-	-	-	-	-	-	-	-	-	-	-	-
208	-	-	-	-	-	-	-	-	-	-	-	-
209	-	-	-	-	-	-	-	-	-	-	-	-
210	-	-	-	-	-	-	-	-	-	-	-	-
211	-	-	-	-	-	-	-	-	-	-	-	-
212	-	-	-	-	-	-	-	-	-	-	-	-
213	-	-	-	-	-	-	-	-	-	-	-	-
214	-	-	-	-	-	-	-	-	-	-	-	-
215	-	-	-	-	-	-	-	-	-	-	-	-
216	-	-	-	-	-	-	-	-	-	-	-	-
217	-	-	-	-	-	-	-	-	-	-	-	-
218	-	-	-	-	-	-	-	-	-	-	-	-
219	-	-	-	-	-	-	-	-	-	-	-	-
220	-	-	-	-	-	-	-	-	-	-	-	-
221	-	-	-	-	-	-	-	-	-	-	-	-
222	-	-	-	-	-	-	-	-	-	-	-	-
223	-	-	-	-	-	-	-	-	-	-	-	-
224	-	-	-	-	-	-	-	-	-	-	-	-
225	-	-	-	-	-	-	-	-	-	-	-	-
226	-	-	-	-	-	-	-	-	-	-	-	-
227	-	-	-	-	-	-	-	-	-	-	-	-
228	-	-	-	-	-	-	-	-	-	-	-	-
229	-	-	-	-	-	-	-	-	-	-	-	-
230	-	-	-	-	-	-	-	-	-	-	-	-
231	-	-	-	-	-	-	-	-	-	-	-	-
232	-	-	-	-	-	-	-	-	-	-	-	-
233	-	-	-	-	-	-	-	-	-	-	-	-
234	-	-	-	-	-	-	-	-	-	-	-	-
235	-	-	-	-	-	-	-	-	-	-	-	-
Gesamt	70,17	-	13,33	50,42	-	9,58	50,42	-	9,58	171,01	-	32,49
Korrekturposten												
Saldo	929,83	-	176,67	3.299,58	-	626,92	799,58	-	151,92	5.028,99	-	955,51
Umsatzsteuerdaten												
Umsatz 7,00%												
Umsatz 19,00%	1.000,00			3.350,00			850,00			5.200,00		
Umsatz ohne Ust												
Umsatzsteuer 7,00%												
Umsatzsteuer 19,00%	190,00			636,50			161,50			988,00		
Vorsteuer	13,33			9,58			9,58			32,49		
Zahlung an das Finanzamt/ Erstattung	176,67			626,92			151,92			955,51		

Abbildung 186: Die Ausgabenseite

- **Die Buchungen im dritten Quartal**

Im dritten Quartal fallen folgende Buchungen an:

- 03.07.2010: Einnahme Rechtsanwaltskanzlei Muster (Wiederkehrende Buchung mit der WKB-Nr. 1)

- 11.07.2010: Telefon (Wiederkehrende Buchung mit der WKB-Nr. 2)

- 11.07.2010: Kauf von Büromaterial zu einem Preis in Höhe von 19,75 Euro netto (Konto 202 – Büromaterial)

- 17.07.2010: Einnahme Kunde Förster 275,00 Euro netto (Konto 101 – Einnahmen aus Leistung)

- 03.08.2010: Einnahme Rechtsanwaltskanzlei Muster (Wiederkehrende Buchung mit der WKB-Nr. 1)

- 11.08.2010: Telefon (Wiederkehrende Buchung mit der WKB-Nr. 2)

- 18.08.2010: Einnahme Kunde Förster 1275,00 Euro netto (Konto 101 – Einnahmen aus Leistung)

- 03.09.2010: Einnahme Rechtsanwaltskanzlei Muster (Wiederkehrende Buchung mit der WKB-Nr. 1

- 11.09.2010: Telefon (Wiederkehrende Buchung mit der WKB-Nr. 2)

- 30.09.2010: Fachbuch 83,18 Euro netto (Konto 206 – Übrige Betriebsausgaben zum verminderten Mehrwertsteuersatz)

Alle Einnahmen und Ausgaben im dritten Quartal finden Sie übersichtlich in Abbildung 187 und Abbildung 188.

Einnahme/Ausgaben-Übersicht

Konto-Nr.	Juli			August			September			3. Quartal		
	Netto	MwSt 7,00%	MwSt 19,00%	Netto	MwSt 7,00%	MwSt 19,00%	Netto	MwSt 7,00%	MwSt 19,00%	Netto	MwSt 7,00%	MwSt 19,00%
Einnahmen												
101	850,00	-	161,50	2.125,00	-	403,75	850,00	-	161,50	3.825,00	-	726,75
102	-	-	-	-	-	-	-	-	-	-	-	-
103	-	-	-	-	-	-	-	-	-	-	-	-
104	-	-	-	-	-	-	-	-	-	-	-	-
105	-	-	-	-	-	-	-	-	-	-	-	-
106	-	-	-	-	-	-	-	-	-	-	-	-
107	-	-	-	-	-	-	-	-	-	-	-	-
108	-	-	-	-	-	-	-	-	-	-	-	-
109	-	-	-	-	-	-	-	-	-	-	-	-
110	-	-	-	-	-	-	-	-	-	-	-	-
111	-	-	-	-	-	-	-	-	-	-	-	-
112	-	-	-	-	-	-	-	-	-	-	-	-
113	-	-	-	-	-	-	-	-	-	-	-	-
114	-	-	-	-	-	-	-	-	-	-	-	-
115	-	-	-	-	-	-	-	-	-	-	-	-
116	-	-	-	-	-	-	-	-	-	-	-	-
117	-	-	-	-	-	-	-	-	-	-	-	-
118	-	-	-	-	-	-	-	-	-	-	-	-
119	-	-	-	-	-	-	-	-	-	-	-	-
120	-	-	-	-	-	-	-	-	-	-	-	-
Gesamt	850,00	-	161,50	2.125,00	-	403,75	850,00	-	161,50	3.825,00	-	726,75

Abbildung 187: Einnahmen im dritten Quartal

Konto-Nr.	Juli Netto	Juli MwSt 7,00%	Juli MwSt 19,00%	August Netto	August MwSt 7,00%	August MwSt 19,00%	September Netto	September MwSt 7,00%	September MwSt 19,00%	3. Quartal Netto	3. Quartal MwSt 7,00%	3. Quartal MwSt 19,00%
Ausgaben												
201	-	-	-	-	-	-	-	-	-	-	-	-
202	19,75	-	3,75	-	-	-	-	-	-	19,75	-	3,75
203	50,42	-	9,58	50,42	-	9,58	50,42	-	9,58	151,26	-	28,74
204	-	-	-	-	-	-	-	-	-	-	-	-
205	-	-	-	-	-	-	-	-	-	-	-	-
206	-	-	-	-	-	-	83,18	5,82	-	83,18	5,82	-
207	-	-	-	-	-	-	-	-	-	-	-	-
208	-	-	-	-	-	-	-	-	-	-	-	-
209	-	-	-	-	-	-	-	-	-	-	-	-
210	-	-	-	-	-	-	-	-	-	-	-	-
211	-	-	-	-	-	-	-	-	-	-	-	-
212	-	-	-	-	-	-	-	-	-	-	-	-
213	-	-	-	-	-	-	-	-	-	-	-	-
214	-	-	-	-	-	-	-	-	-	-	-	-
215	-	-	-	-	-	-	-	-	-	-	-	-
216	-	-	-	-	-	-	-	-	-	-	-	-
217	-	-	-	-	-	-	-	-	-	-	-	-
218	-	-	-	-	-	-	-	-	-	-	-	-
219	-	-	-	-	-	-	-	-	-	-	-	-
220	-	-	-	-	-	-	-	-	-	-	-	-
221	-	-	-	-	-	-	-	-	-	-	-	-
222	-	-	-	-	-	-	-	-	-	-	-	-
223	-	-	-	-	-	-	-	-	-	-	-	-
224	-	-	-	-	-	-	-	-	-	-	-	-
225	-	-	-	-	-	-	-	-	-	-	-	-
226	-	-	-	-	-	-	-	-	-	-	-	-
227	-	-	-	-	-	-	-	-	-	-	-	-
228	-	-	-	-	-	-	-	-	-	-	-	-
229	-	-	-	-	-	-	-	-	-	-	-	-
230	-	-	-	-	-	-	-	-	-	-	-	-
231	-	-	-	-	-	-	-	-	-	-	-	-
232	-	-	-	-	-	-	-	-	-	-	-	-
233	-	-	-	-	-	-	-	-	-	-	-	-
234	-	-	-	-	-	-	-	-	-	-	-	-
235	-	-	-	-	-	-	-	-	-	-	-	-
Gesamt	70,17	-	13,33	50,42	-	9,58	133,60	5,82	9,58	254,19	5,82	32,49
Korrekturposten												
Saldo	779,83	-	148,17	2.074,50	-	394,17	716,40	5,82	151,92	3.570,81	5,82	694,26

Umsatzsteuerdaten	Juli	August	September	3. Quartal
Umsatz 7,00%	-	-	-	-
Umsatz 19,00%	850,00	2.125,00	850,00	3.825,00
Umsatz ohne Ust	-	-	-	-
Umsatzsteuer 7,00%	-	-	-	-
Umsatzsteuer 19,00%	161,50	403,75	161,50	726,75
Vorsteuer	13,33	9,58	15,40	38,31
Zahlung an das Finanzamt/Erstattung	148,17	394,17	146,10	688,44

Abbildung 188: Ausgaben im dritten Quartal

- **Die Buchungen im vierten Quartal**

Ab dem ersten Oktober erhöht sich die regelmäßige Einnahme von Frau Beispiel aus dem Auftrag mit der Rechtsanwaltskanzlei Muster um 150 Euro. Passen Sie die Tabelle **WiederkehrendeBuchung** entsprechend an.

Praxis-Hinweis

Die bereits durchgeführten Buchungen sind von diesem Vorgang nicht betroffen.

					Ines Beispiel Schreibbüro

Regelmäßig wiederkehrende Buchungen

Buchungs-Nr	regelmäßige Buchung	Geschäftsfall		Konto-Nr.	Betrag
0	---	---		---	---
1	monatlich	Einnahmen Rechtsanwaltskanzlei Muster		101	1.000,00 €
2	monatlich	Telefonrechung		203	50,42 €
3					

Abbildung 189: Ändern Sie eine wiederkehrende Buchung

Die Buchungen im vierten Quartal:

- 03.10.2010: Einnahme Rechtsanwaltskanzlei Muster (Wiederkehrende Buchung mit der WKB-Nr. 1, siehe Abbildung 190)

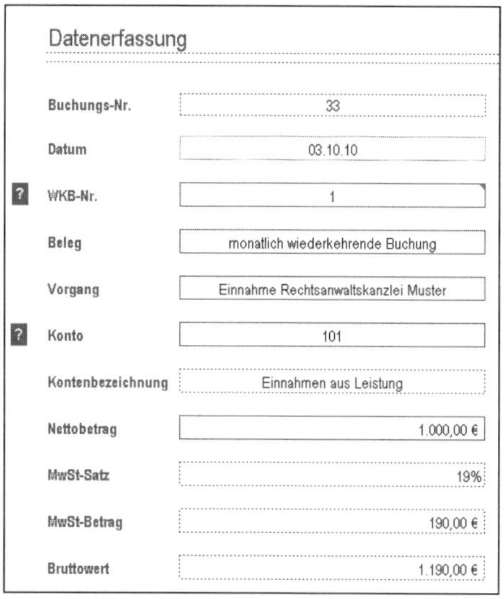

Abbildung 190: WKB Nr. 1 mit geänderten Werten

- 11.10.2010: Telefon (Wiederkehrende Buchung mit der WKB-Nr. 2)
- 03.11.2010: Einnahme Rechtsanwaltskanzlei Muster (Wiederkehrende Buchung mit der WKB-Nr. 1)
- 11.11.2010: Telefon (Wiederkehrende Buchung mit der WKB-Nr. 2)
- 15.11.2010: Kauf eines Druckers zum Preis von 251,26 Euro netto. (Konto 201 – Geringwertige Wirtschaftsgüter)
- 03.12.2010: Einnahme Rechtsanwaltskanzlei Muster (Wiederkehrende Buchung mit der WKB-Nr. 1)
- 11.12.2010: Telefon (Wiederkehrende Buchung mit der WKB-Nr. 2)
- 15.12.2010: Einnahme Kunde Schult 1.500 Euro (Konto 101 – Einnahmen)
- 20.12.2010: Einnahme Kunde Förster 2.500 Euro (Konto 101 – Einnahmen)

Die Abbildung 191 und Abbildung 192 zeigen die Buchungswerte im vierten Quartal.

Einnahme/Ausgaben-Übersicht   (klein: Inkl. Beispiel / Steuer-Nr. 140/255/00012)

Konto-Nr.	Oktober Netto	MwSt 7,00%	MwSt 19,00%	November Netto	MwSt 7,00%	MwSt 19,00%	Dezember Netto	MwSt 7,00%	MwSt 19,00%	4. Quartal Netto	MwSt 7,00%	MwSt 19,00%
Einnahmen												
101	1.000,00	-	190,00	1.000,00	-	190,00	5.000,00	-	950,00	7.000,00	-	1.330,00
102	-	-	-	-	-	-	-	-	-	-	-	-
103	-	-	-	-	-	-	-	-	-	-	-	-
104	-	-	-	-	-	-	-	-	-	-	-	-
105	-	-	-	-	-	-	-	-	-	-	-	-
106	-	-	-	-	-	-	-	-	-	-	-	-
107	-	-	-	-	-	-	-	-	-	-	-	-
108	-	-	-	-	-	-	-	-	-	-	-	-
109	-	-	-	-	-	-	-	-	-	-	-	-
110	-	-	-	-	-	-	-	-	-	-	-	-
111	-	-	-	-	-	-	-	-	-	-	-	-
112	-	-	-	-	-	-	-	-	-	-	-	-
113	-	-	-	-	-	-	-	-	-	-	-	-
114	-	-	-	-	-	-	-	-	-	-	-	-
115	-	-	-	-	-	-	-	-	-	-	-	-
116	-	-	-	-	-	-	-	-	-	-	-	-
117	-	-	-	-	-	-	-	-	-	-	-	-
118	-	-	-	-	-	-	-	-	-	-	-	-
119	-	-	-	-	-	-	-	-	-	-	-	-
120	-	-	-	-	-	-	-	-	-	-	-	-
Gesamt	1.000,00	-	190,00	1.000,00	-	190,00	5.000,00	-	950,00	7.000,00	-	1.330,00

Abbildung 191: Einnahmenübersicht im letzten Quartal

Konto-Nr.	Oktober Netto	MwSt 7,00%	MwSt 19,00%	November Netto	MwSt 7,00%	MwSt 19,00%	Dezember Netto	MwSt 7,00%	MwSt 19,00%	4. Quartal Netto	MwSt 7,00%	MwSt 19,00%
Ausgaben												
201	-	-	-	251,26	-	47,74	-	-	-	251,26	-	47,74
202	-	-	-	-	-	-	-	-	-	-	-	-
203	50,42	-	9,58	50,42	-	9,58	50,42	-	9,58	151,26	-	28,74
204	-	-	-	-	-	-	-	-	-	-	-	-
205	-	-	-	-	-	-	-	-	-	-	-	-
206	-	-	-	-	-	-	-	-	-	-	-	-
207	-	-	-	-	-	-	-	-	-	-	-	-
208	-	-	-	-	-	-	-	-	-	-	-	-
209	-	-	-	-	-	-	-	-	-	-	-	-
210	-	-	-	-	-	-	-	-	-	-	-	-
211	-	-	-	-	-	-	-	-	-	-	-	-
212	-	-	-	-	-	-	-	-	-	-	-	-
213	-	-	-	-	-	-	-	-	-	-	-	-
214	-	-	-	-	-	-	-	-	-	-	-	-
215	-	-	-	-	-	-	-	-	-	-	-	-
216	-	-	-	-	-	-	-	-	-	-	-	-
217	-	-	-	-	-	-	-	-	-	-	-	-
218	-	-	-	-	-	-	-	-	-	-	-	-
219	-	-	-	-	-	-	-	-	-	-	-	-
220	-	-	-	-	-	-	-	-	-	-	-	-
221	-	-	-	-	-	-	-	-	-	-	-	-
222	-	-	-	-	-	-	-	-	-	-	-	-
223	-	-	-	-	-	-	-	-	-	-	-	-
224	-	-	-	-	-	-	-	-	-	-	-	-
225	-	-	-	-	-	-	-	-	-	-	-	-
226	-	-	-	-	-	-	-	-	-	-	-	-
227	-	-	-	-	-	-	-	-	-	-	-	-
228	-	-	-	-	-	-	-	-	-	-	-	-
229	-	-	-	-	-	-	-	-	-	-	-	-
230	-	-	-	-	-	-	-	-	-	-	-	-
231	-	-	-	-	-	-	-	-	-	-	-	-
232	-	-	-	-	-	-	-	-	-	-	-	-
233	-	-	-	-	-	-	-	-	-	-	-	-
234	-	-	-	-	-	-	-	-	-	-	-	-
235	-	-	-	-	-	-	-	-	-	-	-	-
Gesamt	50,42	-	9,58	301,68	-	57,32	50,42	-	9,58	402,52	-	76,48

Korrekturposten

	Oktober			November			Dezember			4. Quartal		
Saldo	949,58	-	180,42	698,32	-	132,68	4.949,58	-	940,42	6.597,48	-	1.253,52

Umsatzsteuerdaten

	Oktober	November	Dezember	4. Quartal
Umsatz 7,00%	-	-	-	-
Umsatz 19,00%	1.000,00	1.000,00	5.000,00	7.000,00
Umsatz ohne Ust	-	-	-	-
Umsatzsteuer 7,00%	-	-	-	-
Umsatzsteuer 19,00%	190,00	190,00	950,00	1.330,00
Vorsteuer	9,58	57,32	9,58	76,48

Zahlung an das Finanzamt/ Erstattung

	Oktober	November	Dezember	4. Quartal
	180,42	132,68	940,42	1.253,52

Abbildung 192: Ausgabenübersicht im letzten Quartal

Vorsicht, der Saldo entspricht möglicherweise nicht dem Gewinn bzw. Verlust, da Positionen wie z. B. Abschreibungen in diesem Tool nicht berücksichtigt werden.

3.4 Sicherungskopien

In Excel können Sie über den Dialog **Speicheroptionen** veranlassen, dass Excel eine Sicherungskopie einer Datei anlegt.

Bis Excel 2003

Den Dialog erreichen Sie in Excel 2003 über die Menüfolge **Datei > Speichern unter**. Klicken Sie auf die Schaltfläche **Extras** und im folgenden Auswahlmenü auf **Allgemeine Optionen**.

Ist das Kontrollkästchen **Sicherungsdatei erstellen** gekennzeichnet, werden automatische Sicherungskopien von Ihren Arbeitsmappen angefertigt. Die Datei existiert daraufhin in zwei Versionen, wobei die zweite Variante lediglich eine andere Dateinamensendung hat. Falls Sie von dieser Möglichkeit Gebrauch machen wollen, empfiehlt es sich, Sicherungskopie und Originaldatei auf unterschiedlichen Datenträgern abzuspeichern.

Excel 2007

Anwender der Version Excel 2007 finden die entsprechende Funktion wie folgt:

7. Klicken Sie zunächst auf die Microsoft **Office**-Schaltfläche und anschließend auf die Schaltfläche **Speichern**.

8. Aktivieren Sie die Schaltfläche **Extras** und im sich öffnenden Auswahlmenü **Allgemeine Optionen**.

Excel 2010

Anwender der Version Excel 2010 gehen folgendermaßen vor:

9. Klicken Sie zunächst auf **Datei** und anschließend auf **Speichern**.

10. Aktivieren Sie die Schaltfläche **Extras** und im sich öffnenden Auswahlmenü **Allgemeine Optionen**.

4 Musterlösungen und Vorlagen für die EÜR ohne Umsatzsteuerpflicht

Die Einnahmen-/Überschussrechnung ist eine vereinfachte Form der Gewinnermittlung. Diese Art der Buchführung kann ohne tiefere Fachkenntnisse durchgeführt werden. Selbstständige und Unternehmen haben verschiedene Möglichkeiten, ihre Einnahmen und Ausgaben aufzuzeichnen und zu saldieren. In diesem Kapitel stellen wir Ihnen drei Varianten vor, bei denen Sie die Tabellenkalkulation Microsoft Excel unterstützt.

4.1 Einfaches Sammeln von Einnahmen und Ausgaben: EÜR_Vorlage_ohneUST.xls

Am einfachsten – aber auch am wenigsten komfortabel – ist es, wenn Sie alle Einnahmen und Ausgaben in einer einfachen Excel-Vorlage erfassen. Sie geben einfach Datum, Vorgang und Bruttobetrag ein und sammeln die einzelnen Positionen nach bestimmten Kriterien. Eine Aufteilung in Einnahmen und Ausgaben ist dabei i.d.R. ein absolutes Muss. Bei den Ausgaben gliedern Sie nach bestimmten Kostenarten, z.B. Büromaterial, Telefon, Porto, Geringwertige Wirtschaftsgüter und was sonst noch anfällt.

> Die Beispieldaten finden Sie auf Ihrer CD-ROM zum Buch:
> EÜR_Vorlage_ohneUST.xls

4.1.1 So arbeiten Sie mit den Beispiel-Tabellen

Die anfallenden Einnahmen und Ausgaben schreiben Sie einfach in die dafür vorgesehenen Listen. Dort werden automatisch die Summen gebildet. Die ermittelten Jahresendwerte erfassen Sie anschließend in einer Jahresübersicht.

Abbildung 193 zeigt ein Blankoformular. Eingaben erfolgen in folgenden Spalten:

- Datum
- Vorgang
- Betrag

Abbildung 193: Beispiel einer Vorlage

4.1.2 Mit einem Klick weitere Vorlagen erstellen

Sie haben jederzeit die Möglichkeit, das Formular durch einen Klick auf die Schaltfläche **Weitere Vorlage erstellen** zu vervielfachen. Auf diese Weise können Sie die Anzahl der Vorlagen selbst bestimmen und die einfach aufgebaute Datei an Ihre Bedürfnisse anpassen.

4.1.3 Tabellenblatt schnell um eine Zeile erweitern

Sollte die Anzahl der Zeilen nicht ausreichen, können Sie das Tabellenmodell in Excel 2003 auf einfache Weise schnell erweitern:

1. Setzen Sie die Eingabemarkierung in die vorletzte Zeile der vordefinierten Tabelle.
2. Wählen Sie **Einfügen** > **Zeilen**. Excel erweitert das Tabellengerüst um eine weitere Zeile.

Praxis-Tipp

Setzen Sie die Eingabemarkierung nicht in die Zeile **Gesamt**, da auf diese Weise die neue Zeile nicht in der Summe berücksichtigt werden würde.

Anwender der neueren Excel-Versionen (ab Excel 2007/2010) gehen wie folgt vor:

1. Setzen Sie die Eingabemarkierung in die vorletzte Zeile der vordefinierten Tabelle.
2. Klicken Sie im Register **Start** im Bereich **Zellen** auf den Pfeil hinter **Einfügen**. Wählen Sie **Blattzeilen einfügen** oder alternativ **Zellen einfügen** > **Ganze Zeile**. Excel erweitert das Tabellengerüst um eine weitere Zeile.

Praxis-Tipp

Setzen Sie die Eingabemarkierung nicht in die Zeile **Gesamt**, da ansonsten die neue Zeile nicht in der Summe berücksichtigt werden würde.

4.1.4 Gesamtübersicht erstellen

Am Ende des Jahres übertragen Sie die Gesamtbeträge, die Sie in den einzelnen Tabellen ermittelt haben, in die Tabelle **Gesamtübersicht** ein (siehe Abbildung 194). Bei der Gesamtübersicht handelt es sich um eine Übersicht über alle Einnahmen und Ausgaben. Die Einnahmen und Ausgaben werden automatisch saldiert.

Praxis-Tipp

Vorsicht, der Saldo entspricht u. U. nicht dem Gewinn bzw. Verlust, da Positionen wie z. B. Abschreibungen in diesem Tool nicht berücksichtigt werden.

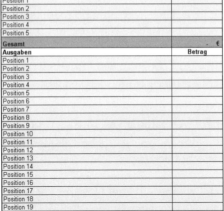

Abbildung 194: Mit dieser Tabelle verdichten Sie zum Jahresende Ihre Daten

Die Formeln entnehmen Sie Abbildung 195.

Übersicht Einnahmen / Ausgaben	
Einnahmen	**Betrag**
Position 1	
Position 2	
Position 3	
Position 4	
Position 5	
Gesamt	=SUMME(B4:B8)
Ausgaben	**Betrag**
Position 1	
Position 2	
Position 3	
Position 4	
Position 5	
Position 6	
Position 7	
Position 8	
Position 9	
Position 10	
Position 11	
Position 12	
Position 13	
Position 14	
Position 15	
Position 16	
Position 17	
Position 18	
Position 19	
Position 20	
Gesamt	=SUMME(B11:B30)
Saldo	=+B9-B31

Abbildung 195: Die Formeln der Übersicht

4.2 Die Musterlösung EÜR_Übersicht_ohneUST.xls

Die Musterlösung **EÜR_Übersicht_ohneUST.xls** stellt eine einfach strukturierte Einnahmen-/Überschussrechnung mit folgenden Tabellen zur
Verfügung.

* 5 Tabellenblätter zur Erfassung von Einnahmen
* 15 Tabellenblätter zur Erfassung von Ausgaben
* Gesamtübersicht
* Umsatzsteuer zur Verwaltung von Umsatzsteuerdaten.

Die Daten der Einnahmen- und Ausgabentabellen werden automatisch
in die Gesamtübersicht übertragen.

> **Die Musterlösung finden Sie auf Ihrer CD-ROM zum Buch:**
> EÜR_Übersicht_ohneUST.xls
> Die Beispielzahlen können Sie Schritt für Schritt anhand des Excel-Tools **EÜR_
> Übersicht_ohneUST.xls** nachvollziehen.

4.2.1 Aufbau der Musterlösung

Das Praxisbeispiel aus Kapitel 2 soll jetzt mit Hilfe des Excel-Tools aufbereitet werden. Frau Beispiel betreibt ein Büro in diesem Fall von zu Hause
aus oder fährt zu ihren Kunden um, die Schreibarbeiten zu erledigen.
Frau Beispiel ist nicht umsatzsteuerpflichtig. Einen Geschäftswagen hat
Frau Beispiel nicht. Um das Beispiel übersichtlich zu halten, werden die

Fahrtkosten vernachlässigt. Auf der Ausgabenseite fallen regelmäßig folgende Positionen an:

- Geringwertige Wirtschaftsgüter
- Porto/Büromaterial
- Telefon
- Übrige Betriebsausgaben

Für diese Ausgabenkategorien vergibt Frau Beispiel auf der Startseite für die Tabellen **Ausgaben_1** bis **Ausgaben_4** die Bezeichnungen für die Ausgabenkategorien. Diese werden automatisch in die Überschriftenzeile der einzelnen Tabellen übernommen. Darüber hinaus werden die Bezeichnungen der Ausgabenkategorien automatisch – mit Hilfe von Formeln – in die Gesamtübersicht übertragen.

Die Einnahmen erfasst Frau Beispiel in der Tabelle **Einnahmen_1**, der sie auf der **Startseite** die Bezeichnung **Einnahmen aus Schreibarbeiten** gegeben hat (siehe Abbildung 196).

Einnahme-/Überschussrechnung¹				
Abrechnungsjahr		2011		
Tabellen:				
	Zugehörige Einnahmenkategorie		**Zugehörige Kostenkategorie**	
Einnahmen 1	Einnahmen aus Schreibarbeiten	Ausgaben 1	Geringwertige Wirtschaftsgüter	
Einnahmen 2	NN	Ausgaben 2	Büromaterial	
Einnahmen 3	NN	Ausgaben 3	Telefon	
Einnahmen 4	NN	Ausgaben 4	Übrige Betriebsausgaben	
Einnahmen 5	NN	Ausgaben 5	Porto	
		Ausgaben 6	NN	
Zur Gesamtübersicht		Ausgaben 7	NN	
		Ausgaben 8	NN	
		Ausgaben 9	NN	
		Ausgaben 10	NN	
		Ausgaben 11	NN	
		Ausgaben 12	NN	
		Ausgaben 13	NN	
		Ausgaben 14	NN	
		Ausgaben 15	NN	

Abbildung 196: Die Startseite des Tools

4.2.2 Die Geschäftsfälle

Frau Beispiel übernimmt regelmäßig Schreibarbeiten von der Rechtsanwaltskanzlei Muster. Dadurch hat sie regelmäßige monatliche Einnahmen in Höhe von 850 Euro.

Mit einer Telefongesellschaft hat Frau Beispiel einen Vertrag mit einer Flatrate abgeschlossen. Die monatliche Belastung liegt bei 60 Euro.

Die Buchungen im ersten Quartal

3. Januar 2010:

Die regelmäßige Buchung im Zusammenhang mit der Rechtsanwaltskanzlei Muster geht ein. Frau Beispiel vermerkt diesen Geldeingang auf der Tabelle **Einnahmen_1**, auf der sie folgende Angaben notiert (siehe Abbildung 197):

- Datum
- Vorgang
- Betrag

Einnahmen aus Schreibarbeiten		
Datum	**Vorgang**	**Betrag**
03.01.2010	Geldeingang Rechtsanwaltskanzlei Muster	850,00 €
Gesamt		**850,00 €**

Abbildung 197: Der erste Geschäftsfall wurde festgehalten

10. Januar 2010:

Die Telefonrechnung wird abgebucht. Frau Beispiel hat hierfür bereits eine Tabelle vorbereitet, in der sie den Geldausgang erfasst. Sie hält folgende Angaben fest (siehe Abbildung 198):

- Datum
- Vorgang (= hier: Name des Anbieters)
- Betrag

Telefon		
Datum	Vorgang	brutto
10.01.2010	Telecom	60,00 €
Gesamt		60,00 €

Abbildung 198: Angaben zur Telefonrechnung

12. Januar 2010:

Kauf von Büromaterial im Wert von 33,00 Euro. Frau Beispiel trägt dies in der Tabelle **Ausgaben_2** ein.

Büromaterial		
Datum	Vorgang	Betrag
12.01.2010	Büroservice Meier	33,00 €

Abbildung 199: Die Liste Ausgaben – Büromaterial

15. Januar 2010:

Frau Beispiel überweist das Zeitschriftenabo zu einem Preis von 42,00 Euro. Sie hält den Geschäftsvorfall in der Excel-Tabelle mit der Bezeichnung **Übrige Betriebskosten (Ausgaben_4)** fest (siehe Abbildung 200).

Übrige Betriebsausgaben		
Datum	Vorgang	Betrag
15.01.2010	Zeitschriftenabo "Das Schreibbüro", Beispiel-Verlag	42,00 €

Abbildung 200: Die Liste Übrige Betriebskosten

20. Januar 2010:

Am 20. Januar kauft Frau Beispiel Briefmarken im Wert von 5,50 Euro. Der Kauf wird bei Frau Beispiel in der Tabelle **Porto (Ausgaben_5)** eingetragen.

31. Januar 2010:

Kunde Maier überweist 1.200 Euro für ausgeführte Aufträge. Damit wird die Rechnung, die Frau Beispiel im Vorfeld verschickt hatte, beglichen. Frau Beispiel ergänzt die Übersicht **Einnahmen**.

Praxis-Hinweis

Auf das Notieren von Rechnungsnummern wird im Beispiel verzichtet, um das Beispiel übersichtlich und schnell nachvollziehbar zu halten.

Damit sind die Buchungen des ersten Monats erfasst. Im Februar fallen folgende Buchungen an:

3. Februar 2010:

Geldeingang der regelmäßigen Einnahme im Zusammenhang mit der Rechtsanwaltskanzlei Muster (siehe Abbildung 201).

Einnahmen aus Schreibarbeiten		
Datum	**Vorgang**	**Betrag**
03.01.2010	Geldeingang Rechtsanwaltskanzlei Muster	850,00 €
31.01.2010	Firma Maier begleicht die Rechnung	1.200,00 €
03.02.2010	Geldeingang Rechtsanwaltskanzlei Muster	850,00 €
Gesamt		**2.900,00 €**

Abbildung 201: Der erste Geschäftsfall im Februar

10. Februar 2010:

Die Telefonrechnung wird abgebucht (siehe Abbildung 202).

Telefon		
Datum	**Vorgang**	**Betrag**
10.01.2010	Telecom	60,00 €
10.02.2010	Telecom	60,00 €

Abbildung 202: Die Ausgabenliste wird weiter ergänzt

20. Februar 2010:

Auf dem Konto von Frau Beispiel gehen Einnahmen aus einer Leistung für den Kunden Schult in Höhe von 750,00 Euro ein (siehe Abbildung 203).

Einnahmen aus Schreibarbeiten		
Datum	**Vorgang**	**Betrag**
03.01.2010	Geldeingang Rechtsanwaltskanzlei Muster	850,00 €
31.01.2010	Firma Maier begleicht die Rechnung	1.200,00 €
03.02.2010	Geldeingang Rechtsanwaltskanzlei Muster	850,00 €
20.02.2010	Geldeingang Kunde Schult	750,00 €

Abbildung 203: Aktuell sind vier Einnahmen zu verzeichnen

Damit sind auch alle Buchungen des zweiten Monats eingetragen.

Der März gestaltet sich wie folgt:

3. März 2010:

Buchen der regelmäßigen Einnahme im Zusammenhang mit der Rechts-anwalts-Kanzlei Muster in Höhe von 850 Euro.

10. März 2010:

Die Telefonrechnung wird abgebucht und erfasst.

15. März 2010:

Einnahmen aus einer Leistung für den Kunden Schult in Höhe von 500,00 Euro.

21. März 2010:

Frau Beispiel kauft für 11 Euro Briefmarken.

Damit ist der dritte Monat und somit das erste Quartal abgeschlossen. Die folgenden Abbildungen (siehe Abbildung 204 bis Abbildung 208) fassen noch einmal die einzelnen Buchungen auf der Einnahmen- und Ausgabenseite zusammen.

Einnahmen aus Schreibarbeiten		
Datum	**Vorgang**	**Betrag**
03.01.2010	Geldeingang Rechtsanwaltskanzlei Muster	850,00 €
31.01.2010	Firma Maier begleicht die Rechnung	1.200,00 €
03.02.2010	Geldeingang Rechtsanwaltskanzlei Muster	850,00 €
20.02.2010	Geldeingang Kunde Schult	750,00 €
03.03.2010	Geldeingang Rechtsanwaltskanzlei Muster	850,00 €
15.03.2010	Geldeingang Kunde Schult	500,00 €
Gesamt		**5.000,00 €**

Abbildung 204: Einnahmen erstes Quartals

Telefon		
Datum	**Vorgang**	**Betrag**
10.01.2010	Telecom	60,00 €
10.02.2010	Telecom	60,00 €
10.03.2010	Telecom	60,00 €

Abbildung 205: Ausgaben für Telefon

Büromaterial		
Datum	**Vorgang**	**Betrag**
12.01.2010	Büroservice Meier	33,00 €
Gesamt		**33,00 €**

Abbildung 206: Ausgaben für Büromaterial

Übrige Betriebsausgaben		
Datum	**Vorgang**	**Betrag**
15.01.2010	Zeitschriftenabo "Das Schreibbüro", Beispiel-Verlag	42,00 €
Gesamt		**42,00 €**

Abbildung 207: Ausgaben für Sonstiges

Porto		
Datum	**Vorgang**	**Betrag**
20.01.2010	Briefmarken / Post	5,50 €
21.03.2010	Briefmarken / Post	11,00 €
Gesamt		16,50 €

Abbildung 208: Ausgaben für Porti

Die Einnahmen und Ausgaben werden in einer gesonderten Aufstellung verdichtet (siehe Abbildung 209).

Übersicht Einnahmen / Ausgaben	
Einnahmen	**Betrag**
Einnahmen aus Schreibarbeiten	5.000,00 €
NN	- €
NN	- €
NN	- €
NN	- €
Gesamt	**5.000,00 €**
Ausgaben	**Betrag**
Geringwertige Wirtschaftsgüter	- €
Büromaterial	33,00 €
Telefon	180,00 €
Übrige Betriebsausgaben	42,00 €
Porto	16,50 €
NN	- €
NN	- €
NN	- €
NN	- €
NN	- €
NN	- €
NN	- €
NN	- €
NN	- €
NN	- €
Gesamt	**271,50 €**
Saldo	**4.728,50 €**

Abbildung 209: Das erste Quartal im Überblick

Abbildung 210 zeigt die Formelansicht.

A	B
1	Übersicht Einnahmen / Ausgaben	
2		
3	**Einnahmen**	**Betrag**
4	=Einnahmen_1!$A$1	=Einnahmen_1!$C$29
5	=Einnahmen_2!$A$1	=Einnahmen_2!$F$29
6	=Einnahmen_3!$A$1	=Einnahmen_3!$F$29
7	=Einnahmen_4!$A$1	=Einnahmen_4!$F$29
8	=Einnahmen_5!$A$1	=Einnahmen_5!$F$29
9	**Gesamt**	**=SUMME(B4:B8)**
10	**Ausgaben**	**Betrag**
11	=Ausgaben_1!$A$1	=Ausgaben_1!$F$29
12	=Ausgaben_2!$A$1	=Ausgaben_2!$C$29
13	=Ausgaben_3!$A$1	=Ausgaben_3!$C$29
14	=Ausgaben_4!$A$1	=Ausgaben_4!$C$29
15	=Ausgaben_5!$A$1	=Ausgaben_5!$C$29
16	=Ausgaben_6!$A$1	=Ausgaben_6!$F$29
17	=Ausgaben_7!$A$1	=Ausgaben_7!$F$29
18	=Ausgaben_8!$A$1	=Ausgaben_8!$F$29
19	=Ausgaben_9!$A$1	=Ausgaben_9!$F$29
20	=Ausgaben_10!$A$1	=Ausgaben_10!$F$29
21	=Ausgaben_11!$A$1	=Ausgaben_11!$F$29
22	=Ausgaben_12!$A$1	=Ausgaben_12!$F$29
23	=Ausgaben_13!$A$1	=Ausgaben_13!$F$29
24	=Ausgaben_14!$A$1	=Ausgaben_14!$F$29
25	=Ausgaben_15!$A$1	=Ausgaben_15!$F$29
26	**Gesamt**	**=SUMME(B11:B25)**
27	**Saldo**	**=B9-B26**

Abbildung 210: Die Übersicht für das erste Quartal

Das zweite Quartal

Im 2. Quartal sind folgende Geschäftsfälle festzuhalten:

03. April 2010:

Die regelmäßige Einnahme der Rechtsanwaltskanzlei Muster geht auf dem Konto ein.

10. April 2010:

Die Telefonrechnung wird abgebucht.

11. April 2010:

Kauf von Druckerpatronen zum Preis von 23,50 Euro. Druckerpatronen ordnet Frau Beispiel dem Büromaterial zu.

12. April 2010:

Einnahme durch einen Schreibauftrag für den Kunde Förster in Höhe von 150 Euro.

Im Monat April fallen keine weiteren Buchungen an.

03. Mai 2010:

Einnahme durch den regelmäßigen Auftrag durch die Rechtsanwaltskanzlei Muster.

10. Mai 2010:

Abbuchen der Telefonrechnung in Höhe von 60,00 Euro.

12. Mai 2010:

Einnahme aus Schreibarbeiten für Kunde Schult 2.500 Euro.

Damit ist auch der Mai abgeschlossen.

03. Juni 2010:

Einnahme durch den regelmäßigen Auftrag der Rechtsanwaltskanzlei Muster.

10. Juni 2010:

Die Telefonrechnung wird abgebucht.

Damit sind alle Buchungen für das erste Halbjahr erfasst und das zweite Quartal abgeschlossen. Die folgenden Abbildungen geben Ihnen einen guten Überblick über alle Buchungen im ersten Halbjahr (siehe Abbildung 211 bis Abbildung 213).

Einnahmen aus Schreibarbeiten		
Datum	**Vorgang**	**Betrag**
03.01.2010	Geldeingang Rechtsanwaltskanzlei Muster	850,00 €
31.01.2010	Firma Maier begleicht die Rechnung	1.200,00 €
03.02.2010	Geldeingang Rechtsanwaltskanzlei Muster	850,00 €
20.02.2010	Geldeingang Kunde Schult	750,00 €
03.03.2010	Geldeingang Rechtsanwaltskanzlei Muster	850,00 €
15.03.2010	Geldeingang Kunde Schult	500,00 €
03.04.2010	Geldeingang Rechtsanwaltskanzlei Muster	850,00 €
12.04.2010	Schreibauftrag Kunde Förster	150,00 €
03.05.2010	Geldeingang Rechtsanwaltskanzlei Muster	850,00 €
12.05.2010	Geldeingang Kunde Schult	2.500,00 €
30.06.2010	Geldeingang Rechtsanwaltskanzlei Muster	850,00 €
Gesamt		**10.200,00 €**

Abbildung 211: Die Einnahmenübersicht für das erste Halbjahr

Telefon		
Datum	**Vorgang**	**Betrag**
10.01.2010	Telecom	60,00 €
10.02.2010	Telecom	60,00 €
10.03.2010	Telecom	60,00 €
10.04.2010	Telecom	60,00 €
10.05.2010	Telecom	60,00 €
10.06.2010	Telecom	60,00 €

Abbildung 212: Diese Liste zeigt alle Ausgaben im Zusammenhang mit dem Telefon

Büromaterial		
Datum	Vorgang	Betrag
12.01.2010	Büroservice Meier	33,00 €
11.04.2010	Kauf von Druckerpatronen	23,50 €
Gesamt		56,50 €

Abbildung 213: Die Übersicht „Büromaterial"

Weitere Ausgaben sind nicht angefallen. Die Zusammenfassung zeigt Abbildung 214.

Übersicht Einnahmen / Ausgaben	
Einnahmen	**Betrag**
Einnahmen aus Schreibarbeiten	10.200,00 €
NN	- €
NN	- €
NN	- €
NN	- €
Gesamt	10.200,00 €
Ausgaben	**Betrag**
Geringwertige Wirtschaftsgüter	- €
Büromaterial	56,50 €
Telefon	360,00 €
Übrige Betriebsausgaben	42,00 €
Porto	16,50 €
NN	- €
NN	- €
NN	- €
NN	- €
NN	- €
NN	- €
NN	- €
NN	- €
NN	- €
NN	- €
Gesamt	475,00 €
Saldo	9.725,00 €

Abbildung 214: Die Übersicht für das zweite Halbjahr

Geschäftsfälle im dritten Quartal

Im Monat Juli fallen folgende Buchungen an:

03. Juli 2010:

Gutschrift der regelmäßigen Einnahme durch die Rechtsanwaltskanzlei Muster.

11. Juli 2010:

Abbuchen der Telefonrechnung.

11. Juli 2010:

Kauf von Büromaterial zu einem Preis in Höhe von 23,50 Euro.

03. August 2010:

Gutschrift der regelmäßigen Einnahme durch die Rechtsanwaltskanzlei Muster.

10. August 2010:

Abbuchen der Telefonrechnung.

18. August 2010:

Einnahme Kunde Förster 1.275,00 Euro.

18. August 2010:

Kauf eines Fachbuches für 89,00 Euro.

03. September 2010:

Gutschrift der regelmäßigen Einnahme durch die Rechtsanwaltskanzlei Muster.

10. September 2010:

Abbuchen der Telefonrechnung.

Nachfolgend die Übersichten der Buchungen einschließlich des dritten Quartals (siehe Abbildung 215 bis Abbildung 219).

Einnahmen aus Schreibarbeiten		
Datum	**Vorgang**	**Betrag**
03.01.2010	Geldeingang Rechtsanwaltskanzlei Muster	850,00 €
31.01.2010	Firma Maier begleicht die Rechnung	1.200,00 €
03.02.2010	Geldeingang Rechtsanwaltskanzlei Muster	850,00 €
20.02.2010	Geldeingang Kunde Schult	750,00 €
03.03.2010	Geldeingang Rechtsanwaltskanzlei Muster	850,00 €
15.03.2010	Geldeingang Kunde Schult	500,00 €
03.04.2010	Geldeingang Rechtsanwaltskanzlei Muster	850,00 €
12.04.2010	Schreibauftrag Kunde Förster	150,00 €
03.05.2010	Geldeingang Rechtsanwaltskanzlei Muster	850,00 €
12.05.2010	Geldeingang Kunde Schult	2.500,00 €
03.06.2010	Geldeingang Rechtsanwaltskanzlei Muster	850,00 €
03.07.2010	Geldeingang Rechtsanwaltskanzlei Muster	850,00 €
03.08.2010	Geldeingang Rechtsanwaltskanzlei Muster	850,00 €
18.08.2010	Geldeingang Kunde Förster	1.275,00 €
03.09.2010	Geldeingang Rechtsanwaltskanzlei Muster	850,00 €
Gesamt		**14.025,00 €**

Abbildung 215: Einnahmen bis zum dritten Quartal

Telefon		
Datum	**Vorgang**	**brutto**
10.01.2010	Telecom	60,00 €
10.02.2010	Telecom	60,00 €
10.03.2010	Telecom	60,00 €
11.04.2010	Telecom	60,00 €
10.05.2010	Telecom	60,00 €
10.06.2010	Telecom	60,00 €
11.07.2010	Telecom	60,00 €
10.08.2010	Telecom	60,00 €
10.09.2010	Telecom	60,00 €
Gesamt		**540,00 €**

Abbildung 216: Telefonrechnungen bis zum dritten Quartal

Büromaterial		
Datum	**Vorgang**	**Betrag**
12.01.2010	Büroservice Meier	33,00 €
11.04.2010	Kauf von Druckerpatronen bei Tintentanke Schüller	23,50 €
11.07.2010	Kauf von Büromaterial bei Büroservice Meier	23,50 €
Gesamt		**80,00 €**

Abbildung 217: Büromaterial bis zum dritten Quartal

Übrige Betriebsausgaben		
Datum	**Vorgang**	**Betrag**
15.01.2010	Zeitschriftenabo "Das Schreibbüro", Beispiel-Verlag	42,00 €
18.08.2010	Fachbuch "DIN-Vorschriften" Buchhandlung Maier	89,00 €
Gesamt		**131,00 €**

Abbildung 218: Sonstiges bis zum dritten Quartal

Übersicht Einnahmen / Ausgaben	
Einnahmen	**Betrag**
Einnahmen aus Schreibarbeiten	14.025,00 €
NN	- €
NN	- €
NN	- €
NN	- €
Gesamt	**14.025,00 €**
Ausgaben	**Betrag**
Geringwertige Wirtschaftsgüter	- €
Büromaterial	80,00 €
Telefon	540,00 €
Übrige Betriebsausgaben	131,00 €
Porto	16,50 €
NN	- €
NN	- €
NN	- €
NN	- €
NN	- €
NN	- €
NN	- €
NN	- €
NN	- €
NN	- €
Gesamt	**767,50 €**
Saldo	**13.257,50 €**

Abbildung 219: Einnahmen und Ausgaben im dritten Quartal

Im Folgenden die Buchungen für das vierte und gleichzeitig letzte Quartal

03. Oktober 2010:

Ab Oktober erhöht sich die regelmäßige Einnahme von Frau Beispiel bei der Rechtsanwaltskanzlei Muster um 150 Euro. Es geht eine Überweisung in Höhe von 1.000 Euro ein.

11. Oktober 2010:

Abbuchen der Telefonrechnung.

03. November 2010:

Einnahme durch die regelmäßigen Aufträge im Zusammenhang mit der Rechtsanwaltskanzlei Muster.

11. November 2010:

Abbuchen der Telefonrechnung.

15. November 2010:

Kauf eines Druckers zum Preis von 299,00 Euro. Diesen Kauf trägt Frau Beispiel in das Excel-Sheet **Geringwertige Wirtschaftsgüter** ein.

Praxis-Hinweis

Im Rahmen des Wachstumsbeschleunigungsgesetzes hat sich der Bundesrat in Sachen „Geringwertige Wirtschaftsgüter" etwas Besonderes einfallen lassen: In diesem Zusammenhang wurde für Abschreibungen ein so genanntes Wahlrecht eingeführt. Es betrifft alle beweglichen Wirtschaftsgüter bis zu einem Wert von 1.000 Euro netto. Zur Disposition stehen eine so genannte Poolabschreibung und eine Sofortabschreibung. Poolabschreibung für alle Wirtschaftsgüter zwischen 150 Euro und 1.000 Euro sowie Sofortabschreibung für geringwertige Wirtschaftsgüter bis 410 Euro. Für das Wirtschafsgut im Wert von 299,00 Euro ist es im Augenblick unerheblich, welche Art der Abschreibung Frau Beispiel wählt.

03. Dezember 2010:

Einnahme durch die regelmäßigen Aufträge im Zusammenhang mit der Rechtanwaltskanzlei Muster.

10. Dezember 2010:

Abbuchen der Telefonrechnung.

15. Dezember 2010:

Einnahme durch Kunde Schult in Höhe von 1.500 Euro.

20. Dezember 2010:

Einnahme durch Kunde Förster in Höhe von 2.500 Euro.

Die gesamten Jahresübersichten der Einnahmen und Ausgaben listen die folgenden Abbildungen (siehe Abbildung 220 bis Abbildung 223) auf.

Einnahmen aus Schreibarbeiten		
Datum	**Vorgang**	**Betrag**
03.01.2010	Geldeingang Rechtsanwaltskanzlei Muster	850,00 €
31.01.2010	Firma Maier begleicht die Rechnung	1.200,00 €
03.02.2010	Geldeingang Rechtsanwaltskanzlei Muster	850,00 €
20.02.2010	Geldeingang Kunde Schult	750,00 €
03.03.2010	Geldeingang Rechtsanwaltskanzlei Muster	850,00 €
15.03.2010	Geldeingang Kunde Schult	500,00 €
03.04.2010	Geldeingang Rechtsanwaltskanzlei Muster	850,00 €
12.04.2010	Schreibauftrag Kunde Förster	150,00 €
03.05.2010	Geldeingang Rechtsanwaltskanzlei Muster	850,00 €
12.05.2010	Geldeingang Kunde Schult	2.500,00 €
03.06.2010	Geldeingang Rechtsanwaltskanzlei Muster	850,00 €
03.07.2010	Geldeingang Rechtsanwaltskanzlei Muster	850,00 €
03.08.2010	Geldeingang Rechtsanwaltskanzlei Muster	850,00 €
18.08.2010	Geldeingang Kunde Förster	1.275,00 €
03.09.2010	Geldeingang Rechtsanwaltskanzlei Muster	850,00 €
03.10.2010	Geldeingang Rechtsanwaltskanzlei Muster	1.000,00 €
03.11.2010	Geldeingang Rechtsanwaltskanzlei Muster	1.000,00 €
03.12.2010	Geldeingang Rechtsanwaltskanzlei Muster	1.000,00 €
15.12.2010	Geldeingang Kunde Schult	1.500,00 €
20.12.2010	Schreibauftrag Kunde Förster	2.500,00 €
Gesamt		**21.025,00 €**

Abbildung 220: Alle Einnahmen-Buchungen über das gesamte Jahr

Telefon		
Datum	**Vorgang**	**Betrag**
10.01.2010	Telecom	60,00 €
10.02.2010	Telecom	60,00 €
10.03.2010	Telecom	60,00 €
11.04.2010	Telecom	60,00 €
10.05.2010	Telecom	60,00 €
10.06.2010	Telecom	60,00 €
11.07.2010	Telecom	60,00 €
10.08.2010	Telecom	60,00 €
10.09.2010	Telecom	60,00 €
11.10.2010	Telecom	60,00 €
11.11.2010	Telecom	60,00 €
10.12.2010	Telecom	60,00 €
Gesamt		**720,00 €**

Abbildung 221: Die vollständige Jahrestelefonliste

Geringwertige Wirtschaftsgüter		
Datum	**Vorgang**	**Betrag**
15.11.2010	Kauf eines Druckers	299,00 €
Gesamt		**299,00 €**

Abbildung 222: Hier werden die Geringwertigen Wirtschaftsgüter notiert

Übersicht Einnahmen / Ausgaben	
Einnahmen	**Betrag**
Einnahmen aus Schreibarbeiten	21.025,00 €
NN	- €
NN	- €
NN	- €
NN	- €
Gesamt	**21.025,00 €**
Ausgaben	**Betrag**
Geringwertige Wirtschaftsgüter	299,00 €
Büromaterial	80,00 €
Telefon	720,00 €
Übrige Betriebsausgaben	131,00 €
Porto	16,50 €
NN	- €
NN	- €
NN	- €
NN	- €
NN	- €
NN	- €
NN	- €
NN	- €
NN	- €
NN	- €
Gesamt	**1.246,50 €**
Saldo	**19.778,50 €**

Abbildung 223: Auf diesem Excel-Sheet werden die Jahresdaten verdichtet

Bei der Gesamtübersicht (siehe Abbildung 223) handelt es sich um eine Übersicht über alle Einnahmen und Ausgaben. Die Einnahmen und Ausgaben werden automatisch saldiert.

Vorsicht, der Saldo entspricht möglicherweise nicht dem Gewinn bzw. Verlust! Für den Fall, dass sich Frau Beispiel für die Poolabschreibung entscheidet, wären die 299 Euro auf fünf Jahre abzuschreiben. Mehr zum Thema Abschreibung finden Sie in Kapitel 5.

4.3 Komfortable Musterlösung EÜR_Tool_ ohneUST.xls

Die Musterlösung **EÜR_Tool_ohneUST.xls** stellt eine Einnahmen-/Überschussrechnung zur Verfügung. Es handelt sich um eine Arbeitshilfe, die wichtige Kriterien der Einnamen-/Überschussrechnung berücksichtigt, jedoch keinen Anspruch auf Vollständigkeit erhebt. Das heißt, es handelt sich nicht um eine vollständige Software, die alle Belange einer Einnahmen-/Überschussrechnung berücksichtigt. Es wird deshalb empfohlen, zu prüfen, ob alle für die individuelle Einnahmen-/Überschussrechnung erforderlichen Belange abgedeckt werden.

In der Arbeitsmappe werden folgende Funktionen umgesetzt:

- Sammeln aller Einnahmen und Ausgaben
- Gliedern der Einnahmen nach Einnahmearten
- Gliedern der Ausgaben nach Ausgabearten
- Verdichten aller Einnahmen und Ausgaben
- Zusammenstellen aller Ausgaben nach Ausgabenkategorien
- Zusammenstellen der Einnahmen und Einnahmearten
- Monatliche, quartalsweise und jährliche Verdichtung der Kosten
- Arbeiten mit periodisch wiederkehrenden Ausgaben und Einnahmen.

Die Musterlösung finden Sie auf Ihrer CD-ROM zum Buch:
EÜR_Tool_ohneUST.xls
Einfach aufrufen und parallel zum Lesen ausfüllen!

Sind Sie umsatzsteuerpflichtig, so finden Sie ein entsprechendes Tool unter dem Dateinamen **EÜR_Tool_UST.xls** auf Ihrer CD-ROM. Das Tool wird ausführlich in Kapitel 3.3 dieses Buches beschrieben.

4.3.1 Aufbau des Tools

Das Tool beinhaltet folgende Tabellen:

- **Ausgangspunkt**: Startseite des Tools
- **Datenerfassung**: Eingabe der Daten
- **Kontenplan**: Übersicht über alle Kontonummern mit Bezeichnungen
- **WiederkehrendeBuchungen**: Regelmäßig wiederholende Buchungen – sowohl für die Ausgaben- als auch Einnahmenseite
- **Bedienungsanleitung**: Hilfe zum Tool

Darüber hinaus stehen folgende Auswertungstabellen zur Verfügung:

- Buchungsjournale
- Einnahmeübersichten
- Ausgabeübersichten
- Monatsaufstellungen
- Quartalsaufstellungen
- Jahresübersicht
- GuV

4.3.2 Starten Sie die Musterlösung

Die Startseite des Tools gliedert sich in drei Bereiche (siehe Abbildung 224):
- Kurzinfo zum Tool mit Link zur Bedienungsanleitung
- Tabellenübersicht
- Stammdaten

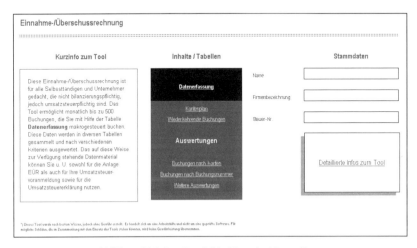

Abbildung 224: Der Startbildschirm der Musterlösung

Tabellenübersicht

Dieser Bereich verschafft Ihnen einen Überblick und erleichtert die Navigation. Durch einen Klick auf die Tabellennamen gelangen Sie direkt zu der gewünschten Seite.

Der Link **Weitere Auswertungen** leitet Sie zu einer Auswahl weiter Auswertungstabellen (siehe Abbildung 225).

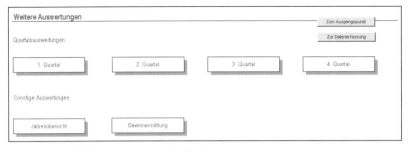

Abbildung 225: Diese Tabelle führt zu weiteren Auswertungen.

Stammdaten

Bei den **Stammdaten** handelt es sich um die wichtigsten Informationen zum Unternehmen. Folgende Stammdaten werden verlangt:

- Name
- Firmenbezeichnung
- Steuer-Nr.

4.3.3 Buchungsjournal

Das Tool unterscheidet zwei Buchungsjournale:

- Buchungsjournal für Einnahmen
- Buchungsjournal für Ausgaben

Sowohl das Buchungsjournal für Einnahmen als auch das Buchungs-journal für Ausgaben werden im fertigen Tool aus Sicherheitsgründen ausgeblendet.

Buchungsjournal für Einnahmen

Das Buchungsjournal für Einnahmen nimmt – wie der Name bereits andeutet – alle Buchungen im Zusammenhang mit Einnahmen auf. Das entspricht im Tool den Kontonummern 101 bis 120.

Es enthält spaltenweise folgende Angaben:

- Datum
- Beleg
- Vorgang
- Konto
- Betrag

Datum	Beleg	Vorgang	Konto	Betrag	Monat	Januar	Februar	März	April	Mai	Juni
		Sammlung der Einnahmen									

Abbildung 226: Grundstruktur des Buchungsjournals für Einnahmen

Buchungsjournal für Ausgaben

Das Buchungsjournal für Ausgaben erfasst alle Buchungen im Zusammenhang mit Ausgaben. Das entspricht im Tool den Kontonummern 201 bis 235.

Es enthält folgende Angaben:

- Datum
- Beleg
- Vorgang
- Konto
- Betrag

Datum	Beleg	Vorgang	Konto	Betrag	Monat	Januar	Februar	März	April	Mai	Juni
		Sammlung der Ausgaben									

Abbildung 227: Grundstruktur des Buchungsjournals für Ausgaben

Excel-Tipp

In Excel 2003 lassen Sie sich über die Menüfolge **Format > Blatt > Einblenden** und der nachfolgenden Auswahl des gewünschten Tabellenblatts ein Excel-Sheet anzeigen. Um es wieder auszublenden, gehen Sie über **Format > Blatt > Ausblenden** und wählen den entsprechenden Tabellenblattnamen aus.

Ab Excel 2007 gehen Sie folgendermaßen vor:

Klicken Sie auf der Registerkarte **Start** in der Gruppe **Zellen** auf **Format**. Wählen Sie unter **Sichtbarkeit > Ausblenden & Einblenden** den Eintrag **Blatt einblenden**. Aus den angezeigten Tabellenblätter-Namen klicken Sie das gewünschte Excel-Sheet an.

Um ein Excel-Sheet auszublenden, öffnen Sie auch das Register **Start** und wählen über **Zellen > Format > Sichtbarkeit > Ausblenden & Einblenden** das gewünschte Tabellenblatt aus.

4.3.4 Der Kontenplan

Der Kontenplan ist eine Übersicht über alle Konten eines Unternehmens. Streng genommen wird für eine Einnahmen-/Überschussrechnung kein Kontenplan benötigt. Allerdings erleichtert die Arbeit mit Konten das automatische Erstellen von Übersichten in Excel. Auf diese Weise ist es möglich, Informationen im Rahmen der Einnahmen-/Überschussrechnung problemlos zu sortieren und zu verdichten. Aus diesem Grunde wird mit einem vereinfachten Kontenplan gearbeitet, der im Gegensatz zum Kontenrahmen, der in Verbindung mit der doppelten Buchführung benötigt wird, lediglich Einnahmen- und Ausgabenkonten unterscheidet.

Mit diesen Konten arbeitet das Tool

Das Tool stellt folgende Konten zur Verfügung:

- 20 Einnahmekonten
- 35 Ausgabekonten

Der Kontenplan des Tools unterscheidet für Einnahmen- bzw. Ausgabenkonten jeweils folgende Positionen:

- Kontonummern
- Kontenbezeichnung
- Zeilen-Nr. Anlage EÜR

Im Kontenplan erfassen Sie alle für Ihren Bedarf notwendigen Konten (siehe Abbildung 228).

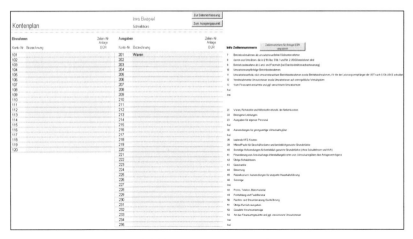

Abbildung 228: Der Kontenplan

Praxis-Tipp

Die Angabe der Zeilennummer ist nicht zwingend notwendig, bringt jedoch erhebliche Vorteile bei der Erstellung der Anlage EÜR.

- **Exkurs: Zeilennummern**

In Kapitel 1 wurde die Einnahmen-/Überschussrechnung besprochen. Das Formular enthält verschiedene Zeilennummern, in denen Sie ggf. die für Sie zutreffenden Werte erfassen. Im Kontenplan haben Sie die Möglichkeit, eine Verbindung zwischen dem Konto und der Zeilennummer zu schaffen. Auf diese Weise ist es möglich, die Zahlen am Ende so zu verdichten, dass Sie diese direkt in der Einnahmen-/Überschussrechnung übernehmen können. Mit anderen Worten, Sie können verschiedene Konten zu einer Zeilennummer verdichten.

Einen Überblick über die zurzeit aktuellen Zeilennummern finden Sie im Kontenplan (siehe Abbildung 229).

Zeilennummern

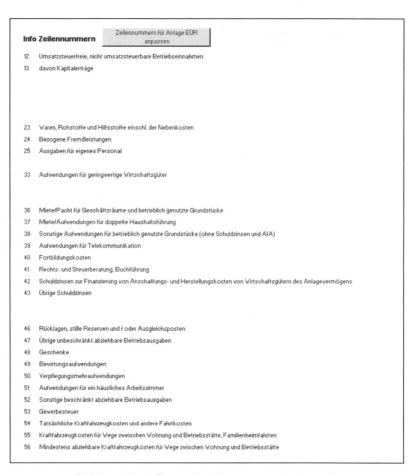

Abbildung 229: Auflistung der Zeilennummern im Kontenplan

Die Zeilennummern in der Anlage EÜR können sich von Jahr zu Jahr ändern. Damit Sie weiterhin mit Ihrem Tool arbeiten können, wurde es so konzipiert, dass Sie die Zeilennummer anpassen können.

1. Klicken Sie dazu im Kontenplan auf die Schaltfläche **Zeilennummern für Anlage EÜR anpassen**.

2. Sie erreichen die standardmäßig ausgeblendete Tabelle **Zeilennummern**.

3. Dort erfassen Sie die Änderungen und bestätigen diese über die Schaltfläche **Änderungen bestätigen**.

Zeilennummern für Einnahmeüberschussrechnung

Zeilen-Nr.   Bezeichnung

12	Umsatzsteuerfreie, nicht umsatzsteuerbare Betriebseinnahmen
13	davon Kapitalerträge
23	Waren, Rohstoffe und Hilfsstoffe einschl. der Nebenkosten
24	Bezogene Fremdleistungen
25	Ausgaben für eigenes Personal
33	Aufwendungen für geringwertige Wirtschaftsgüter
36	Miete/Pacht für Geschäftsräume und betrieblich genutzte Grundstücke
37	Miete/Aufwendungen für doppelte Haushaltsführung
38	Sonstige Aufwendungen für betrieblich genutzte Grundstücke (ohne Schuldzinsen und AfA)
39	Aufwendungen für Telekommunikation
40	Fortbildungskosten
41	Rechts- und Steuerberatung, Buchführung
42	Schuldzinsen zur Finanzierung von Anschaffungs- und Herstellungskosten von Wirtschaftsgütern des Anlagevermögens
43	Übrige Schuldzinsen
46	Rücklagen, stille Reserven und / oder Ausgleichsposten
47	Übrige unbeschränkt abziehbare Betriebsausgaben
48	Geschenke
49	Bewirtungsaufwendungen
50	Verpflegungsmehraufwendungen
51	Aufwendungen für ein häusliches Arbeitszimmer
52	Sonstige beschränkt abziehbare Betriebsausgaben
53	Gewerbesteuer
54	Tatsächliche Kraftfahrzeugkosten und andere Fahrtkosten
55	Kraftfahrzeugkosten für Wege zwischen Wohnung und Betriebsstätte, Familienheimfahrten
56	Mindestens abziehbare Kraftfahrzeugkosten für Wege zwischen Wohnung und Betriebsstätte

Abbildung 230: Die Tabelle „Zeilennummern"

Praxis-Tipp

Die Änderung der Zeilennummern kann ausschließlich in der Tabelle **Zeilen-nummern** erfolgen, da diese Tabelle mit der **Gewinnermittlung** verknüpft ist. Eine Übernahme der geänderten Zeilennummern in der Gewinnermittlung ist nur gewährleistet, wenn Sie alle Anpassungsarbeiten ausschließlich im Register **Zeilennummern** durchführen.

- **Kontonummern**

Die Kontonummern sind im Tool fest vorgegeben. Mit anderen Worten: Sie können diese Zahlen nicht ändern. Das hat folgenden Hintergrund: Einnahmen- und Ausgabenkonten haben fest definierte Nummernkreise. Nur so kann Excel erkennen, ob es sich um einen Zu- oder Abgang an finanziellen Mitteln handelt. Darüber hinaus werden die Kontonummern für das Generieren verschiedener Auswertungen benötigt. Um Fehler in den Auswertungen zu vermeiden, wird mit vorgegebenen Nummern gearbeitet und auf frei definierbare Nummern verzichtet.

Wie bereits erwähnt, ermittelt das Tool anhand der Kontonummer, ob es sich um eine Einnahme oder eine Ausgabe handelt. Auf den Konten mit dem Nummernkreis 100 werden alle Einnahmen gesammelt. Der Nummernkreis 200 wird für die Ausgaben verwendet.

- **Kontenbezeichnung**

Die Bezeichnungen der einzelnen Konten sind frei definierbar. Dadurch haben Sie die Möglichkeit, das Tool auf Ihre individuellen Bedürfnisse abzustimmen. Alle Eingabefelder sind mit der Farbe hellblau hervorgehoben.

Zusammenhang von Kontonummer und Zeilennummer

Wie bereits erwähnt, habe Sie die Möglichkeit, die Kontonummer mit einer Zeilennummer zu verknüpfen. Das heißt: Sie können mehrere Kontonummern mit derselben Zeilennummer verbinden.

Beispiel: Sie führen in Ihrem Kontenplan folgende Konten:

- 215 Porto
- 216 Telefon
- 217 Büromaterial

In der Einnahmen-/Überschussrechnung werden diese Positionen zurzeit in Zeile 48 erfasst. Das heißt: Sie weisen allen drei Kontonummern die Zeile 48 zu.

Es ist jedoch nicht möglich, eine Kontonummer mit mehreren Zeilennummern zu verbinden.

Beispiel: In der Einnahmen-/Überschussrechnung werden zurzeit die Zeilen 39 und 40 unterschieden:

- 39 Miete/Pacht für Geschäftsräume und betrieblich genutzte Grundstücke
- 40 Sonstige Aufwendungen für betrieblich genutzte Grundstücke (ohne Schuldzinsen und AfA)

Es ist nicht möglich ein Konto mit der Bezeichnung Miete und Pacht beiden Zeilennummern zuzuweisen.

Die Auswahl der Zeilennummer erfolgt über ein Zell-Dropdown (siehe Abbildung 231).

Abbildung 231: Zell-Dropdown zur Auswahl der Zeilennummer

Automatisch werden alle Zeilennummern zur Verbuchung der Betriebseinnahmen mit den Einnahmekonten verbunden. Entsprechend sind alle Zeilennummern, die in der Einnahmen-/Überschussrechnung die Ausgabenpositionen widerspiegeln, mit den Ausgabekonten verknüpft.

Diese Arbeiten müssen Sie durchführen

Bevor Sie zum ersten Mal mit der Musterlösung **EÜR_Tool_ohneUST. xls** arbeiten, müssen Sie die für Ihre Einnahmen-/Überschussrechnung relevanten Konten definieren. Das erfordert etwas Fingerspitzengefühl. Eine Orientierungshilfe bieten die Einnahme- und Ausgabepositionen der vergangenen Jahre. Für alle, die noch nicht lange im Geschäft sind, entfällt diese Möglichkeit. Nachfolgend deshalb eine Liste mit Kontenpositionen, die in der Praxis häufig benötigt werden:

- Mieten
- Leasing
- Versicherungen
- Kfz-Kosten
- Telefon
- Porto
- Reisekosten
- Bewirtung
- Büromaterial
- Literatur
- häusliches Arbeitszimmer
- Schuldzinsen
- Werbung
- Wareneinkäufe
- Dienstleistungen

Praxis-Tipp:
Wie bereits besprochen werden im Formular **Anlage EÜR** verschiedene Angaben verlangt. Für diese Angaben sollten Sie also in jedem Fall Konten vorsehen, wenn Buchungen mit den oben aufgeführten Positionen vorhersehbar sind.

4.3.5 Periodisch wiederkehrende Buchungen

Einige Buchungen werden regelmäßig in bestimmten Zeitabständen durchgeführt. Nachfolgend einige Beispiele:

- Wer Räume mietet, muss in der Regel einmal monatlich Miete zahlen.

- Ein Freiberufler, der monatlich die Lohnbuchhaltung eines Kunden zu einem fixen Honorarsatz übernimmt, verfügt über eine regelmäßige Einnahme.

- Die Leasingrate für den Geschäftswagen fällt in der Regel monatlich in gleicher Höhe an.

Um die Eingaben im Zusammenhang mit periodisch wiederkehrenden Buchungen so komfortabel wie möglich zu gestalten, arbeitet die Musterlösung mit der Tabelle **WiederkehrendeBuchungen** (siehe Abbildung 232).

Regelmäßig wiederkehrende Buchungen		Beispiel OHG Fliesenfachgeschäft		
Buchungs-Nr	regelmäßige Buchung	Geschäftsfall	Konto-Nr.	Betrag
0	---	---	---	
1	monatlich	Überweisung Leasingrate Geschäftswagen	201	350,00 €
2	quartalsweise	Überweisung Miete Lagerhalle	204	1.200,00 €
3	jährlich	Zeitschriftenabo	205	80,00 €
4	halbjährlich	Überweisung Versicherung KFZ	206	620,00 €
5				
6				
7				
8				
9				
10				
11				
12				
13				
14				
15				
16				
17				
18				
19				
20				
21				
22				
23				
24				
25				
26				
27				
28				
29				
30				
31				
32				
33				
34				
35				

Abbildung 232: Die Tabelle zur Erfassung periodisch wiederkehrender Buchungen

Dort erfassen Sie alle Buchungen, die regelmäßig durchzuführen sind. Sie haben die Möglichkeit, bis zu 100 periodisch wiederkehrende Buchungen zu definieren.

Im Zusammenhang mit periodisch wiederkehrenden Buchungen ist Folgendes zu beachten:

- Die Buchungsnummern sind vom Programm fest vorgegeben und dürfen nicht geändert werden.

- Die Texte der periodisch wiederkehrenden Buchungen können individuell erfasst werden.

- Die **Buchungsnummer Null** ist für unregelmäßige Buchungen vorgesehen und darf in keinem Fall für periodisch wiederkehrende Buchungen verwendet werden.

- In der Spalte **Regelmäßige Buchung** geben Sie an, in welchem zeitlichen Abstand die Buchung erfolgt. Über eine Auswahlliste werden folgende zeitliche Abstände vorgegeben: jährlich, halbjährlich, quartalsweise, monatlich, wöchentlich, sonstige zeitl. Abstände (siehe Abbildung 233).

11	
12	
13	jährlich
14	halbjährlich
	quartalsweise
15	monatlich
16	wöchentlich
17	sonstige zeitl. Abstände

Abbildung 233: Auswahl der zeitlichen Abstände

- Unter **Geschäftsfall** wird notiert, um welche Art der Buchung es sich handelt. Hinterlegen Sie hier eine Notiz wie beispielsweise „Leasing Geschäftswagen".

- In der Spalte **Konto-Nr.** geben Sie das Konto an, auf dem der Geschäftsfall gebucht werden soll. Diese Angabe ist für eine spätere Verdichtung der Daten unbedingt notwendig. Die Kontonummer wird ebenfalls über eine Auswahlliste erfasst (siehe Abbildung 234). Beachten Sie in diesem Zusammenhang, dass zuerst die Ausgabekonten und danach die Einnahmekonten erscheinen.

Abbildung 234: Auswahlliste für Kontonummern

- Im Bereich **Betrag** erfassen Sie den regelmäßig zu zahlenden Geldbetrag. Für den Fall, dass sich der Betrag im Laufe des Jahres ändert, passen Sie diesen auf dem Blatt **WiederkehrendeBuchungen** an. Künftig wird der neue Wert herangezogen. Die zuvor getätigten Buchungen sind von dem Vorgang nicht betroffen.

- Die Tabelle **WiederkehrendeBuchungen** kann jederzeit ergänzt bzw. geändert werden.

> **Praxis-Tipp**
>
> Es wird empfohlen, die Tabelle **WiederkehrendeBuchungen** vor dem ersten Einsatz des Tools auszufüllen – zwingend notwendig ist dies nicht. Komfortabler arbeiten Sie, wenn Sie die Tabelle von Beginn an einsetzen. Die Liste **WiederkehrendeBuchungen** können Sie jederzeit ergänzen, verändern und reduzieren.

Zusatzfunktion: So filtern Sie regelmäßig wiederkehrende Buchungen

Angenommen Sie möchten wissen, welche Buchungen monatlich anfallen. Auskunft darüber erhalten Sie mit Hilfe des **AutoFilters** und der Spalte **Regelmäßige Buchungen**.

Excel 2007/Excel 2010

Anwender der neueren Excel-Versionen finden die entsprechenden Funktionen unter **Daten > Sortieren und Filtern**.

Der AutoFilter zeichnet sich durch besonders simple Handhabung aus und bietet Ihnen die Möglichkeit, Daten mit nur wenigen Arbeitsschritten zu selektieren. Um aus der Liste der regelmäßigen Buchungen, die monatlichen Buchungen herauszufiltern, führen Sie die folgenden Schritte aus:

1. Setzen Sie die Eingabemarkierung in die Datenliste und wählen Sie **Daten > Filter > AutoFilter**.

2. In der Überschriftenleiste erscheinen hinter den Feldnamen so genannte Listenpfeile. Diese können Sie verwenden, um einzelne Daten zu filtern.

3. Öffnen Sie die Liste **regelmäßige Buchungen** mit Klick auf den kleinen Listenpfeil und wählen Sie anschließend in der sich öffnenden Dropdown-Liste das gewünschte Auswahlkriterium – z. B. monatlich – aus (siehe Abbildung 235).

Abbildung 235: Die Auswahlmöglichkeiten des Autofilters

4. Anschließend werden auf dem Bildschirm ausschließlich die Daten-sätze mit dem ausgewählten Kriterium gezeigt. Die übrigen Daten werden ausgeblendet.

5. Möchten Sie wieder alle Buchungen anzeigen, klicken Sie auf den Pfeil hinter **regelmäßige Buchung** und wählen den Eintrag **(Alle)** aus.

Excel-Tipp

Sie können die Auswahl weiter eingrenzen, in dem Sie die AutoFilter verschiede-ner Kategorien miteinander kombinieren. So haben Sie z. B. die Möglichkeit, die monatlichen regelmäßigen Buchungen eines ganz bestimmten Kontos anzuzeigen.

Um den Filter vollständig auszuschalten, wählen Sie erneut **Daten > Filter > AutoFilter** (bis Excel 2003). Ab Excel 2007 gehen Sie über **Daten > Sortieren und Filtern > Filtern**.

Das Häkchen vor dem Eintrag **AutoFilter** wird ausgeblendet, ebenso die Pfeile hinter den Spaltenüberschriften. Die komplette Liste der Datensätze wird wieder angezeigt (siehe Abbildung 236).

Abbildung 236: So setzen Sie den AutoFilter außer Kraft

4.3.6 Die Tabelle „Datenerfassung"

Im Blatt **Datenerfassung** werden, alle Einnahmen und Ausgaben gebucht. Diese Tabelle ist Dreh- und Angelpunkt des Tools.

Aufbau der Tabelle „Datenerfassung"

Die Tabelle **Datenerfassung** verfügt über folgende Felder:

- Buchungs-Nr.
- Datum
- WKB-Nr.
- Beleg

- Vorgang
- Konto
- Kontenbezeichnung
- Betrag

Einige der Felder werden mit einem gestrichelten Rahmen dargestellt; dies weist Sie darauf hin, dass in dem jeweiligen Feld keine Eingabe notwendig ist. Die Felder, die mit einer durchgezogenen Rahmenlinie umrandet werden, entsprechen den Eingabefeldern.

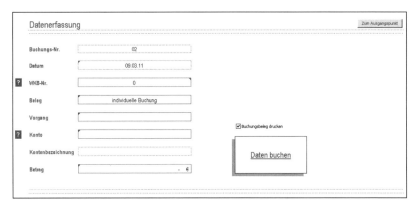

Abbildung 237: In diesen Feldern werden die Daten erfasst

Keine Eingaben sind somit in folgenden Feldern erforderlich:

- **Buchungs-Nr.**: Diese Angabe wird von Excel rechnerisch ermittelt.
- **Datum**: Diese Angabe erscheint automatisch mit Hilfe der Funktion =Heute(), kann aber bei Bedarf überschrieben werden.
- **Kontenbezeichnung**: Sobald Sie die Kontonummer eingeben, wird automatisch die zugehörige Kontenbezeichnung eingeblendet. Berücksichtigen Sie bitte, dass es für diesen Vorgang notwendig ist, im Vorfeld Konten im Kontenplan zu definieren.

Ermöglicht wird diese Technik mit Hilfe zum Teil komplexer Formeln. Vergleichen Sie dazu die Abbildung 238.

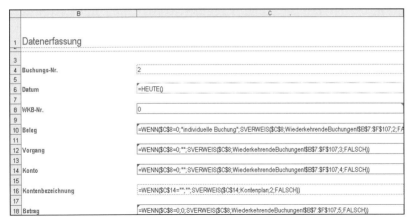

	B	C
1	Datenerfassung	
3		
4	Buchungs-Nr.	2
5		
6	Datum	=HEUTE()
7		
8	WKB-Nr.	0
9		
10	Beleg	=WENN($C$8=0;"individuelle Buchung";SVERWEIS($C$8;WiederkehrendeBuchungen!$B$7:$F$107;2;FA
11		
12	Vorgang	=WENN($C$8=0;"";SVERWEIS($C$8;WiederkehrendeBuchungen!$B$7:$F$107;3;FALSCH))
13		
14	Konto	=WENN($C$8=0;"";SVERWEIS($C$8;WiederkehrendeBuchungen!$B$7:$F$107;4;FALSCH))
15		
16	Kontenbezeichnung	=WENN($C$14="";"";SVERWEIS($C$14;Kontenplan;2;FALSCH))
17		
18	Betrag	=WENN($C$8=0;0;SVERWEIS($C$8;WiederkehrendeBuchungen!$B$7:$F$107;5;FALSCH))

Abbildung 238: Die Formeln der Tabelle „Datenerfassung"

Eingaben sind in folgenden Feldern notwendig:

- **WKB-Nr**: Die WKB- Nr. Null ist für unregelmäßige Buchungen vorgesehen. Das heißt: Für individuelle Buchungen übernehmen Sie den Eintrag **Null**. Eine Eingabe ist also nur unter bestimmten Voraussetzungen erforderlich. Für regelmäßige Buchungen stehen die Nummern **eins** bis **einhundert** zur Verfügung. Dies entspricht der Anzahl der Eingabemöglichkeiten in der Tabelle **WiederkehrendeBuchungen**. Wenn Sie eine andere Zahl eingeben, erhalten Sie automatisch eine Fehlermeldung (siehe Abbildung 239).

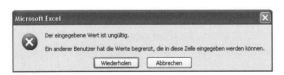

Abbildung 239: Hinweis auf eine nicht zulässige Eingabe.

Praxis-Tipp

Wenn Sie die Buchungsnummer nicht im Kopf haben, gelangen Sie durch einen Klick auf das Fragezeichen automatisch in die Tabelle **Wiederkehrende Buchungen**.

- **Beleg**: Die Angabe der Belegnummer ist nicht zwingend erforderlich.
- **Vorgang**: Hier erfassen Sie stichwortartig eine kurze Beschreibung des aktuellen Vorgangs, z. B. **Tankrechnung für Geschäftswagen beglichen**.
- **Kontonummer**: Die Angabe der Kontonummer erfolgt in Form einer Eingabe.

- **Betrag**: Die Höhe des zu buchenden Betrags, also der Rechnungsbetrag oder Barzahlungsbetrag.

So erfassen Sie einen Geschäftsfall mit Hilfe des Tools

Beim Erfassen von Geschäftsfällen werden grundsätzlich zwei Vorgehensweisen unterschieden:

- die Eingabe einer individuellen, das heißt nicht regelmäßig wiederkehrenden Buchung und
- die Eingabe einer regelmäßig wiederkehrenden Buchung.

So erfassen Sie eine individuelle Buchung

In der täglichen Praxis werden Sie es am häufigsten mit unregelmäßigen Buchungen zu tun haben. Wenn Sie zum Beispiel einen Geschäftspartner zum Essen einladen oder Ihren Geschäftswagen betanken, sind die zugehörigen Beträge in der Regel unterschiedlich hoch. Das heißt, die Buchung erfolgt individuell. Dazu gehen Sie wie folgt vor:

- Aktivieren Sie, falls nötig, die Tabelle **Datenerfassung**. Um das Eintippen des Buchungsdatums müssen Sie sich nicht kümmern.
- Für individuelle Buchungen übernehmen Sie im Feld **WKB-Nr.** den Eintrag **Null**.
- Unter **Vorgang** tragen Sie stichwortartig eine kurze Beschreibung des aktuellen Vorgangs ein, beispielsweise **Einkauf von Druckerpatronen**.
- Geben Sie die **Kontonummer** in das dafür vorgesehene Eingabefeld ein.

Praxis-Tipp

Mit einem Klick auf die Schaltfläche des Fragezeichens gelangen Sie automatisch in den Kontenplan. Dort finden Sie alle Kontonummern, die Sie im Vorfeld angelegt haben.

- Zu guter Letzt geben Sie den zugehörigen Betrag ein.
- Wenn Sie einen Ausdruck des Buchungsvorgangs erzeugen möchten, kennzeichnen Sie das Kontrollkästchen **Buchungsbeleg drucken**.
- Nachdem Sie alle Daten erfasst haben, klicken Sie auf die Schaltfläche **Daten buchen**. Die Daten werden automatisch in das zugehörige **Buchungsjournal** übertragen und bilden dort die Grundlage für alle im Tool vorhandenen Auswertungen. Für den Fall, dass das Kontrollkästchen **Buchungsbeleg drucken** mit einem Häkchen aktiviert ist, wird automatisch ein Beleg ausgedruckt.

Praxisbeispiel: Individuelle Buchung durchführen

Sie kaufen Druckerpapier im Wert von 29,00 Euro. Im Kontenplan ist das Konto 215 mit der Kostenart **Büromaterial** belegt. Buchen Sie den Vorgang in der Tabelle **Datenerfassung** wie folgt (siehe Abbildung 240):

- Für individuelle Buchungen übernehmen Sie im Feld WKB-Nr. den Eintrag **Null**.

- Unter **Vorgang** tragen Sie eine kurze Beschreibung des aktuellen Vorgangs ein, z. B. **Kauf von Druckerpapier**.

- Geben Sie die Kontonummer **215** in das Eingabefeld **Konto-Nr.** ein.

- Geben Sie den Rechnungsbetrag ein. Für das Beispiel erfassen Sie den Wert 29,00.

- Wenn Sie einen Ausdruck des Buchungsvorgangs erzeugen möchten, setzen Sie ein Häkchen vor das Kontrollkästchen **Buchungsbeleg drucken**.

- Nachdem Sie alle Daten erfasst haben, klicken Sie auf die Schaltfläche **Daten buchen**. Die Daten werden automatisch in das zugehörige **Buchungsjournal** übertragen und bilden dort die Grundlage für alle im Tool vorhandenen Auswertungen.

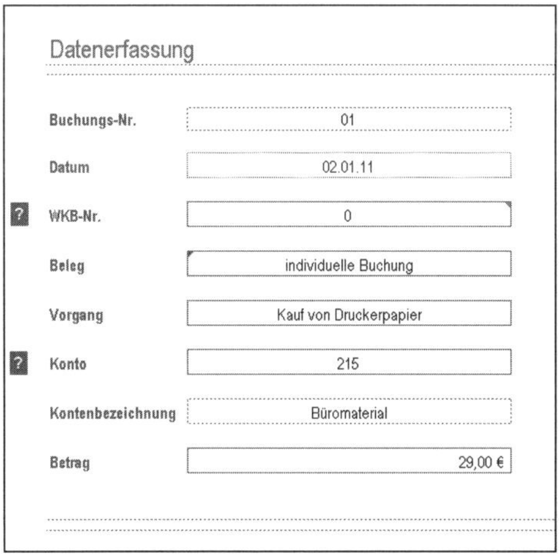

Abbildung 240: Beispiel für eine individuelle Buchung

So erfassen Sie wiederkehrende Buchungen

Das Erfassen regelmäßig wiederkehrender Buchungen ist noch einfacher als das Erfassen individueller Buchungen. Hier müssen Sie lediglich die korrekte **WKB-Nr.** eingeben:

- Überschreiben Sie in der Tabelle Datenerfassung den Eintrag Null mit der gewünschten Buchungsnummer im Feld WKB-Nr. Excel holt alle erforderlichen Informationen mit Hilfe der Funktion SVERWEIS() in die Eingabemaske. Beachten Sie bitte, dass es für diesen Vorgang zwingend notwendig ist, dass Sie im Vorfeld die wiederkehrende Buchung in der Tabelle WiederkehrendeBuchungen definiert haben.

- Sobald Sie die Schaltfläche Daten buchen aktivieren, schließen Sie den Vorgang auch im Falle einer regelmäßig wiederkehrenden Buchung ab. Über das Kontrollkästchen Buchungsbeleg drucken ist es auch hier möglich, einen Ausdruck zu erzeugen.

Praxisbeispiel: Eine wiederkehrende Buchung durchführen

Sie haben einen Geschäftswagen geleast, für den eine monatliche Leasingrate von 416,50 Euro abgebucht wird. Bei den wiederkehrenden Buchungen haben Sie dazu folgenden Eintrag angelegt (siehe Abbildung 241):

- **Buchungs-Nr.:** 1

- **Konto:** 201 (dies entspricht im Beispiel im Kontenplan der Kostenkategorie Firmenfahrzeug)

- **regelmäßige Buchung:** monatlich

- **Geschäftsfall:** Abbuchung Leasingrate Geschäftswagen

- **Betrag:** 416,50 Euro

Abbildung 241: Beispiel für eine regelmäßig wiederkehrende Buchung

Auf der Tabelle **Datenerfassung** werden Ihnen die Angaben automatisch angezeigt, sobald Sie unter der **WKB-Nr.** die Nummer **1** angeben (siehe Abbildung 242).

Abbildung 242: Der zugehörige Beleg wird durch die Angabe der WKB-Nr. vollständig erzeugt

4.3.7 Monats- und Quartalsauswertungen

Alle gebuchten Informationen werden in den folgenden Tabellen verwaltet:

- Quartal 1 bis Quartal 4
- Jahresübersicht
- Gewinnermittlung

Quartalsauswertungen

Die Quartalsauswertungen enthalten folgende Informationen:

- Konto-Nr.
- Betrag pro Konto

Die Gliederung der Daten erfolgt nach Konten sowie Einnahmen und Ausgaben (siehe Abbildung 243). Zeitlich sind die Daten nach Monaten und Quartalen geordnet. Das vierte Quartal enthält darüber hinaus die Angabe der Jahreswerte.

Einnahme/Ausgaben-Übersicht Ines Beispiel / Steuer-Nr.: 14/0285/0012

Konto-Nr.	Januar	Februar	März	1. Quatal
Einnahmen				
101	-	-	-	-
102	-	-	-	-
103	-	-	-	-
104	-	-	-	-
105	-	-	-	-
106	-	-	-	-
107	-	-	-	-
108	-	-	-	-
109	-	-	-	-
110	-	-	-	-
111	-	-	-	-
112	-	-	-	-
113	-	-	-	-
114	-	-	-	-
115	-	-	-	-
116	-	-	-	-
117	-	-	-	-
118	-	-	-	-
119	-	-	-	-
120	-	-	-	-
Gesamt	-	-	-	-
Ausgaben				
201	-	-	-	-
202	-	-	-	-
203	-	-	-	-
204	-	-	-	-
205	-	-	-	-
206	-	-	-	-
207	-	-	-	-
208	-	-	-	-
209	-	-	-	-
210	-	-	-	-
211	-	-	-	-
212	-	-	-	-
213	-	-	-	-
214	-	-	-	-
215	-	-	-	-
216	-	-	-	-
217	-	-	-	-
218	-	-	-	-
219	-	-	-	-
220	-	-	-	-
221	-	-	-	-
222	-	-	-	-
223	-	-	-	-
224	-	-	-	-
225	-	-	-	-
226	-	-	-	-
227	-	-	-	-
228	-	-	-	-
229	-	-	-	-
230	-	-	-	-
231	-	-	-	-
232	-	-	-	-
233	-	-	-	-
234	-	-	-	-
235	-	-	-	-
Gesamt				
Korrekturposten				
Saldo	-	-	-	-

Abbildung 243: Der obere Tabellenteil zeigt die Einnahmen, der untere die Ausgaben

Die Jahresübersicht

In der Jahresübersicht werden alle Einnahmen und Ausgaben verdichtet. Aufgeführt werden folgende Positionen (siehe Abbildung 244 und Abbildung 245):

- Konto-Nr.
- Kontenbezeichnung
- Betrag
- Einnahmen, gesamt
- Ausgaben, gesamt
- Korrekturposten
- Saldo

Einnahme/Ausgaben-Jahresübersicht

Konto-Nr.		Betrag
Einnahmen	Kontenbezeichnung	
101	-	-
102	-	-
103	-	-
104	-	-
105	-	-
106	-	-
107	-	-
108	-	-
109	-	-
110	-	-
111	-	-
112	-	-
113	-	-
114	-	-
115	-	-
116	-	-
117	-	-
118	-	-
119	-	-
120	-	-
Gesamt		-

Abbildung 244: Der obere Teil der Jahresübersicht

Ausgaben		
201		-
202		-
203		-
204		-
205		-
206		-
207		-
208		-
209		-
210		-
211		-
212		-
213		-
214		-
215		-
216		-
217		-
218		-
219		-
220		-
221		-
222		-
223		-
224		-
225		-
226		-
227		-
228		-
229		-
230		-
231		-
232		-
233		-
234		-
235		-
Gesamt		- €
Korrekturposten		
Saldo		-

Abbildung 245: Der untere Teil der Jahresübersicht

Rechts neben der Jahresübersicht finden Sie eine Verdichtung der Informationen nach Zeilennummern der Anlage EÜR (siehe Abbildung 246).

Ines Beispiel / Steuer-Nr.: 140/255/0012	

Einnahmen

Zeile	Betrag	
7	-	€
8	-	€
9	-	€
10	-	€
11	-	€
12	-	€
13	-	€
frei	-	€
frei	-	€

Ausgaben

	-	€
21	-	€
22	-	€
23	-	€
frei	-	€
32	-	€
frei	-	€
35	-	€
39	-	€
40	-	€
41	-	€
42	-	€
43	-	€
44	-	€
45	-	€
46	-	€
frei	-	€
48	-	€
49	-	€
50	-	€
51	-	€
52	-	€
53	-	€
frei	-	€
frei	-	€

Zur Datenerfassung

Zum Ausgangspunkt

Abbildung 246: Zusatzinformation – Verdichtung nach Zeilennummern

4.3.8 Praxisbeispiel: So ermitteln Sie den endgültigen Gewinn bzw. Verlust

Die Möglichkeiten, die Ihnen die Musterlösung **EÜR_Tool_ohneUST.xls** bietet, sind sehr komplex. Um den Umgang mit dem Tool zu trainieren, finden Sie nachfolgend ein in sich abgeschlossenes Praxisbeispiel. Das Praxisbeispiel ist stark vereinfacht, damit es nicht zu aufwändig ist, es nachzuvollziehen.

Wie in den vorangegangenen Beispielen im Folgenden noch einmal die Kerndaten:

Ina Beispiel ist freiberuflich als Schreibkraft tätig. Frau Beispiel ist nicht umsatzsteuerpflichtig.

Als Erstes erfasst Frau Beispiel in der Tabelle **Ausgangspunkt** Ihre Stammdaten (siehe Abbildung 247).

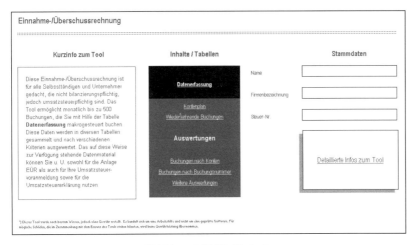

Abbildung 247: Die Startseite

Frau Beispiel betreibt ihr Büro von zu Hause aus oder fährt zu ihren Kunden, um die Schreibarbeiten dort zu erledigen. Einen Geschäftswagen hat Frau Beispiel nicht. Auf der Ausgabenseite fallen regelmäßig folgende Positionen an:

Geringwertige Wirtschaftsgüter

Porto/Büromaterial

Telefon

Übrige Betriebsausgaben

Kontenplan einrichten

Frau Beispiel richtet zunächst den Kontenplan ein (siehe Abbildung 248).

Kontenplan	Ines Beispiel Schreibbüro	Zur Datenerfassung Zum Ausgangspunkt

Einnahmen		Zeilen-Nr. Anlage EÜR	Ausgaben		Zeilen-Nr. Anlage EÜR
Konto-Nr.	Bezeichnung		Konto-Nr.	Bezeichnung	
101	Einnahmen aus Leistungen	10	201	Geringwertige Wirtschaftsgüter	32
102			202	Bürpmaterial	48
103			203	Telefon	48
104			204	Porto	48
105			205	Übrige Betriebsausgaben	51
106			206		
107			207		
108			208		
109			209		
110			210		
111			211		
112			212		
113			213		
114			214		
115			215		
116			216		
117			217		
118			218		
119			219		
120			220		
			221		
			222		
			223		
			224		
			225		
			226		
			227		
			228		
			229		
			230		
			231		
			232		
			233		
			234		
			235		

Abbildung 248: Der Kontenplan ist übersichtlich

Wiederkehrende Buchungen

Folgende Buchungen fallen regelmäßig bei Frau Beispiel an:

- Frau Beispiel übernimmt regelmäßig Schreibarbeiten von der Rechtsanwaltkanzlei Muster. Dadurch hat sie regelmäßige monatliche Einnahmen in Höhe von 850 Euro.

- Mit einer Telefongesellschaft hat Frau Beispiel einen Vertrag mit einer Flatrate abgeschlossen. Die monatliche Belastung liegt bei 60,00 Euro.

Für die genannten Positionen werden wiederkehrende Buchungen angelegt (siehe Abbildung 249):

Die regelmäßigen Einnahmen werden auf dem Konto 101 verbucht. Die Bezahlung der Telefonrechnung muss dem Konto 203 zugeordnet werden.

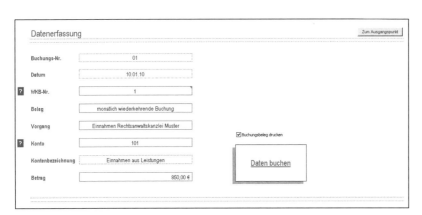

Buchungs-Nr	regelmäßige Buchung	Geschäftsfall	Konto-Nr.	Betrag
0	---	---	---	---
1	monatlich	Einnahmen Rechtsanwaltskanzlei Muster	101	850,00 €
2	monatlich	Begleichen der Telefonrechnung	203	60,00 €

Abbildung 249: Wiederkehrende Buchungen für den Beispielfall

Damit sind alle Voraussetzungen geschaffen. Die Buchungen im Verlauf des Jahres können erfasst werden.

Im Folgenden werden die Geschäftsvorgänge gebucht.

- **Buchungen im Monat Januar**

10. Januar: Buchen der regelmäßigen Einnahme im Zusammenhang mit der Rechtsanwaltskanzlei Muster:

Da es sich um eine wiederkehrende Buchung handelt, gibt Frau Beispiel die entsprechende WKB-Nr. an. Die regelmäßige Einnahme der Rechtsanwaltskanzlei Muster wird in der Liste **WiederkehrendeBuchungen** unter der Nummer **1** geführt. Diese Nr. wird in das Feld **WKB-Nr.** geschrieben. Durch einen Klick auf die Schaltfläche **Daten buchen** wird der Buchungsvorgang abgeschlossen (siehe Abbildung 250).

Praxis-Hinweis

WKB ist die Abkürzung für **W**iederkehrende **B**uchung.

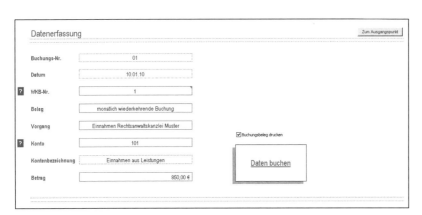

Abbildung 250: Die erste Buchung

10. Januar:

An diesem Tag wird außerdem die Telefonrechnung gebucht. Auch bei der Telefonrechnung handelt es sich um eine wiederkehrende Buchung; sie hat die WKB-Nr. **2**. Geben Sie die entsprechende Nummer in das dafür vorgesehene Feld ein. Ansonsten unterscheidet sich nichts von der zuvor gebuchten wiederkehrenden Buchung. Durch einen Klick auf die Schaltfläche **Daten buchen** wird auch in diesem Fall der Buchungsvorgang abgeschlossen (siehe Abbildung 251).

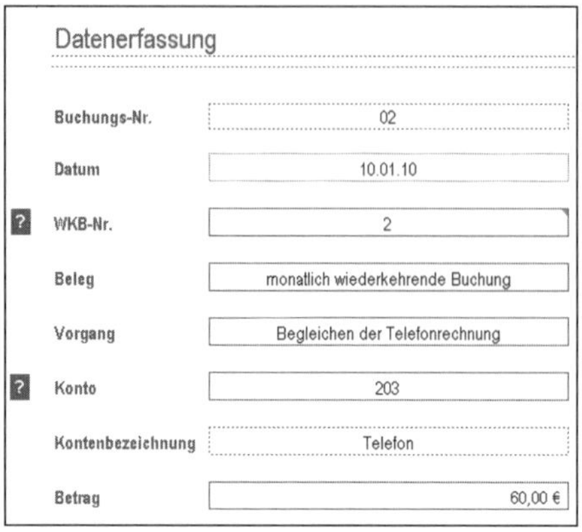

Datenerfassung	
Buchungs-Nr.	02
Datum	10.01.10
? WKB-Nr.	2
Beleg	monatlich wiederkehrende Buchung
Vorgang	Begleichen der Telefonrechnung
? Konto	203
Kontenbezeichnung	Telefon
Betrag	60,00 €

Abbildung 251: Buchung Nr. 2

12. Januar:

Frau Beispiel kauft für 33,00 Euro Büromaterial. Der Kauf von Büromaterial betrifft die erste individuelle Buchung. Hier wird die vorgegebene **WKB-Nr. 0** übernommen. Unter **Vorgang** erfasst Frau Beispiel einen Vermerk, z. B. **Kauf von Büromaterial**. Büromaterial wird auf dem Konto 202 gebucht (siehe Abbildung 252).

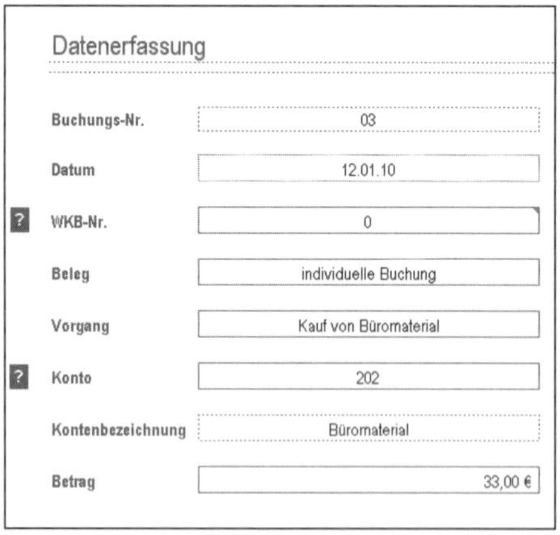

Datenerfassung	
Buchungs-Nr.	03
Datum	12.01.10
? WKB-Nr.	0
Beleg	individuelle Buchung
Vorgang	Kauf von Büromaterial
? Konto	202
Kontenbezeichnung	Büromaterial
Betrag	33,00 €

Abbildung 252: Die dritte Buchung

Auch eine individuelle Buchung wird durch einen Klick auf die Schalt-fläche **Daten buchen** abgeschlossen.

15. Januar:

Ein Zeitschriftenabo in Höhe von 42,00 Euro muss bezahlt werden. An diesem Tag überweist Frau Beispiel den Betrag. Frau Beispiel verbucht die Rechnung auf dem Konto 205 Übrige Betriebsausgaben (siehe Abbildung 253).

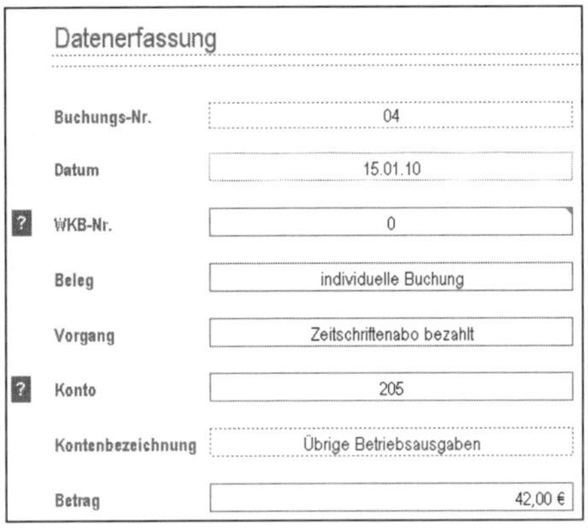

Abbildung 253: Die Buchung des Zeitschriftenabos

20. Januar:

Frau Beispiel kauft Briefmarken im Wert von 5,50 Euro, die sie auf dem Konto 204 Porto verbucht (siehe Abbildung 254).

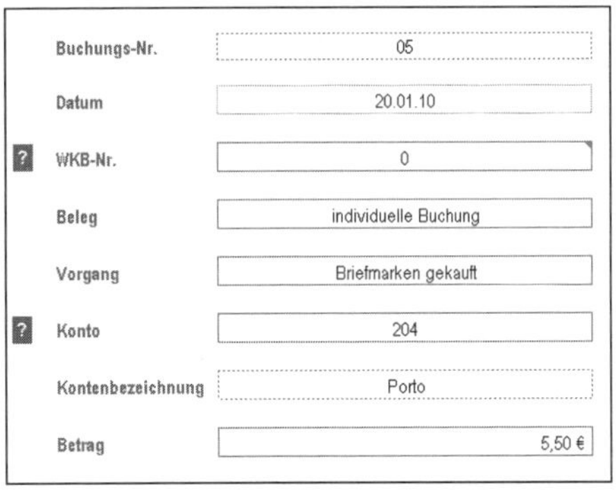

Abbildung 254: Kauf von Briefmarken

31. Januar: Kunde Maier überweist 1.200 Euro für ausgeführte Aufträge
(siehe Abbildung 255).

Abbildung 255: Ein weiterer Geldeingang wird verzeichnet

Damit sind alle Einnahmen und Ausgaben für den ersten Monat – Januar
– erfasst (siehe Abbildung 256 und Abbildung 257).

Einnahme/Ausgaben-Übersicht		Ines Beispiel / Steuer-Nr.: 140/255/0012		Zur Datenerfassung
Konto-Nr.	Januar	Februar	März	1. Quatal
Einnahmen				
101	2.050,00	-	-	2.050,00
102	-	-	-	-
103	-	-	-	-
104	-	-	-	-
105	-	-	-	-
106	-	-	-	-
107	-	-	-	-
108	-	-	-	-
109	-	-	-	-
110	-	-	-	-
111	-	-	-	-
112	-	-	-	-
113	-	-	-	-
114	-	-	-	-
115	-	-	-	-
116	-	-	-	-
117	-	-	-	-
118	-	-	-	-
119	-	-	-	-
120	-	-	-	-
Gesamt	2.050,00	-	-	2.050,00

Abbildung 256: Die Einnahmenseite

Ausgaben				
201	-	-	-	-
202	33,00	-	-	33,00
203	60,00	-	-	60,00
204	5,50	-	-	5,50
205	42,00	-	-	42,00
206	-	-	-	-
207	-	-	-	-
208	-	-	-	-
209	-	-	-	-
210	-	-	-	-
211	-	-	-	-
212	-	-	-	-
213	-	-	-	-
214	-	-	-	-
215	-	-	-	-
216	-	-	-	-
217	-	-	-	-
218	-	-	-	-
219	-	-	-	-
220	-	-	-	-
221	-	-	-	-
222	-	-	-	-
223	-	-	-	-
224	-	-	-	-
225	-	-	-	-
226	-	-	-	-
227	-	-	-	-
228	-	-	-	-
229	-	-	-	-
230	-	-	-	-
231	-	-	-	-
232	-	-	-	-
233	-	-	-	-
234	-	-	-	-
235	-	-	-	-
Gesamt	**140,50**	**-**	**-**	**140,50**
Korrekturposten				
Saldo	**1.909,50**	**-**	**-**	**1.909,50**

Abbildung 257: Ausgaben und Salden

Excel Tipp 2003

Damit Sie die Überschriften der Übersicht stets im Blick haben, können Sie das Fenster fixieren. Dazu setzen Sie die Eingabemarkierung in die Zelle C6 und wählen **Fenster** > Fenster fixieren. Um die Fixierung wieder aufzuheben verwenden Sie die Befehlsfolge **Fenster** > Fixierung aufheben.

Excel 2007

Unter Excel 2007 finden Sie den entsprechenden Befehl im Register **Ansicht** im Bereich **Fenster**. Klicken Sie dort auf **Fenster fixieren**.

Excel 2010

Als Anwender von Excel 2010 finden Sie den entsprechenden Befehl im Register **Ansicht** unter dem Bereich **Fenster**. Klicken Sie dort auf **Fenster einfrieren** und wählen Sie aus, ob Sie die oberste Zeile bzw. erste Spalte festsetzen möchten.

- **Buchungen im Monat Februar**

3. Februar: Die erste Buchung im Monat Februar entspricht der regelmäßigen Einnahme im Zusammenhang mit der Rechtsanwaltskanzlei Muster (siehe Abbildung 258). Geben Sie als WKB-NR. die **1** ein. Nach der Bestätigung mit der Return-Taste werden die Werte der Felder automatisch angezeigt.

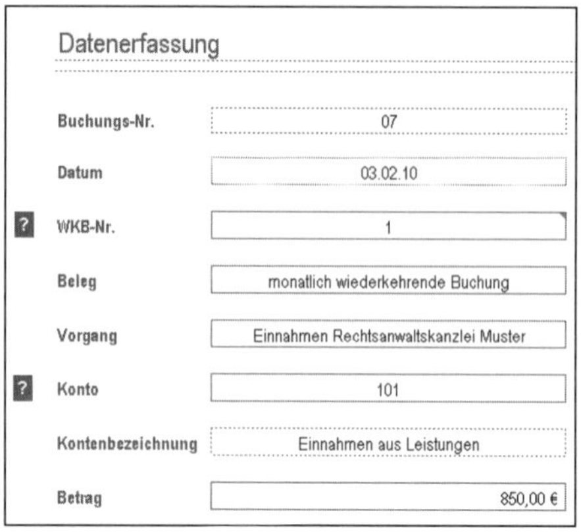

Datenerfassung	
Buchungs-Nr.	07
Datum	03.02.10
? WKB-Nr.	1
Beleg	monatlich wiederkehrende Buchung
Vorgang	Einnahmen Rechtsanwaltskanzlei Muster
? Konto	101
Kontenbezeichnung	Einnahmen aus Leistungen
Betrag	850,00 €

Abbildung 258: Die 7. Buchung entspricht einer regelmäßigen Einnahme

10. Februar: Die Telefonrechnung wird ebenfalls als wiederkehrende Buchung erfasst (siehe Abbildung 259).

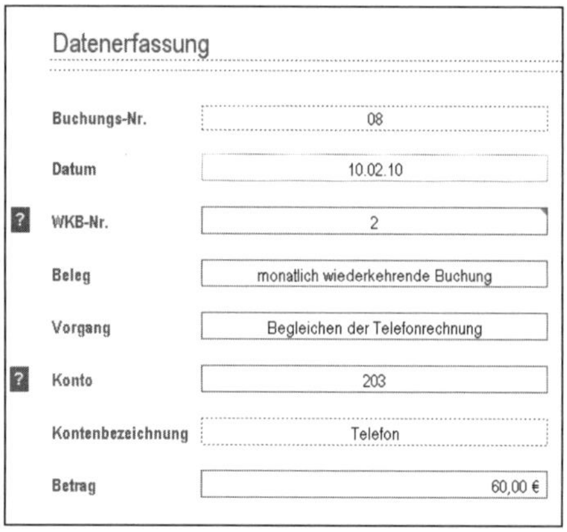

Datenerfassung	
Buchungs-Nr.	08
Datum	10.02.10
? WKB-Nr.	2
Beleg	monatlich wiederkehrende Buchung
Vorgang	Begleichen der Telefonrechnung
? Konto	203
Kontenbezeichnung	Telefon
Betrag	60,00 €

Abbildung 259: Die zweite Buchung im Februar hat die fortlaufende Nr. 08

20. Februar: Einnahmen aus einer Leistung für den Kunden Schult in Höhe von 750 Euro werden dem Girokonto gutgeschrieben (siehe Abbildung 260).

Abbildung 260: Buchung Nr. 9

Damit ist der zweite Monat abgeschlossen. Die nachfolgenden Abbildungen geben einen Überblick über die Auswertungen (siehe Abbildung 261 und Abbildung 262).

Konto-Nr.	Januar	Februar	März	1. Quatal
Einnahmen				
101	2.050,00	1.600,00	-	3.650,00
102	-	-	-	-
103	-	-	-	-
104	-	-	-	-
105	-	-	-	-
106	-	-	-	-
107	-	-	-	-
108	-	-	-	-
109	-	-	-	-
110	-	-	-	-
111	-	-	-	-
112	-	-	-	-
113	-	-	-	-
114	-	-	-	-
115	-	-	-	-
116	-	-	-	-
117	-	-	-	-
118	-	-	-	-
119	-	-	-	-
120	-	-	-	-
Gesamt	2.050,00	1.600,00	-	3.650,00

Abbildung 261: Die Einnahmenseite

Ausgaben				
201	-	-	-	-
202	33,00	-	-	33,00
203	60,00	60,00	-	120,00
204	5,50	-	-	5,50
205	42,00	-	-	42,00
206	-	-	-	-
207	-	-	-	-
208	-	-	-	-
209	-	-	-	-
210	-	-	-	-
211	-	-	-	-
212	-	-	-	-
213	-	-	-	-
214	-	-	-	-
215	-	-	-	-
216	-	-	-	-
217	-	-	-	-
218	-	-	-	-
219	-	-	-	-
220	-	-	-	-
221	-	-	-	-
222	-	-	-	-
223	-	-	-	-
224	-	-	-	-
225	-	-	-	-
226	-	-	-	-
227	-	-	-	-
228	-	-	-	-
229	-	-	-	-
230	-	-	-	-
231	-	-	-	-
232	-	-	-	-
233	-	-	-	-
234	-	-	-	-
235	-	-	-	-
Gesamt	**140,50**	**60,00**	**-**	**200,50**
Korrekturposten				
Saldo	**1.909,50**	**1.540,00**	**-**	**3.449,50**

Abbildung 262: Die Ausgabenseite

- **Buchungen im Monat März**

3. März: Als erste Buchung im März fällt die regelmäßige Einnahme im Zusammenhang mit der Rechtsanwaltskanzlei Muster an (siehe Abbildung 263).

Abbildung 263: Buchung einer weiteren Einnahme

10. März: Die Telefonrechnung wird ebenfalls als wiederkehrende Buchung erfasst (siehe Abbildung 264).

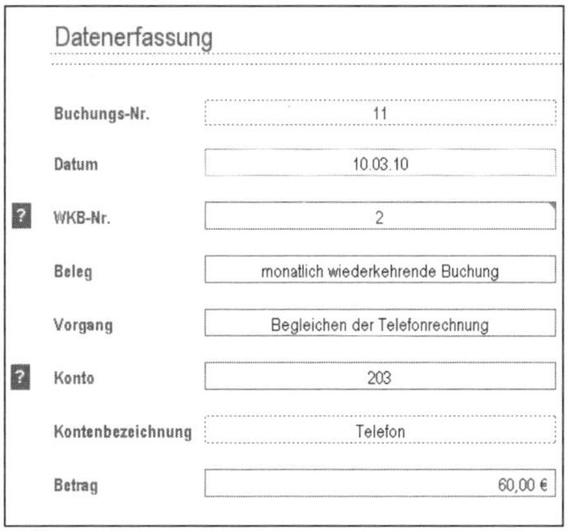

Datenerfassung

Buchungs-Nr.	11
Datum	10.03.10
? WKB-Nr.	2
Beleg	monatlich wiederkehrende Buchung
Vorgang	Begleichen der Telefonrechnung
? Konto	203
Kontenbezeichnung	Telefon
Betrag	60,00 €

Abbildung 264: Buchung Nr. 11

9. März: Einnahmen aus einer Leistung für den Kunden Schult in Höhe von 500 Euro werden von Frau Beispiel erfasst (siehe Abbildung 265).

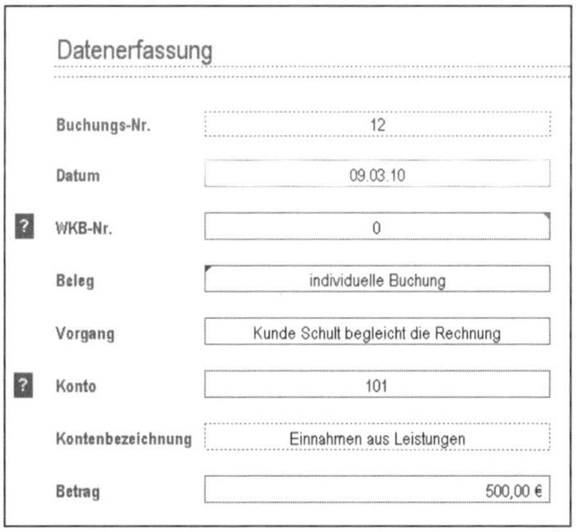

Datenerfassung

Buchungs-Nr.	12
Datum	09.03.10
? WKB-Nr.	0
Beleg	individuelle Buchung
Vorgang	Kunde Schult begleicht die Rechnung
? Konto	101
Kontenbezeichnung	Einnahmen aus Leistungen
Betrag	500,00 €

Abbildung 265: Diese Einnahme wird individuell gebucht

21. März: Frau Beispiel kauft Briefmarken im Wert von 11 Euro.

Datenerfassung

Buchungs-Nr.	13
Datum	21.03.10
WKB-Nr.	0
Beleg	individuelle Buchung
Vorgang	Kauf von Briefmarken
Konto	204
Kontenbezeichnung	Porto
Betrag	11,00 €

Abbildung 266: Die letzte Buchung des ersten Quartals

Damit sind der dritte Monat und das erste Quartal abgeschlossen. Die folgende Abbildung zeigen die verdichteten Daten (siehe Abbildung 267 bis Abbildung 269).

Einnahme/Ausgaben-Übersicht Ines Beispiel / Steuer-Nr.: 140/255/0012

Konto-Nr.	Januar	Februar	März	1. Quatal
Einnahmen				
101	2.050,00	1.600,00	1.350,00	5.000,00
102	-	-	-	-
103	-	-	-	-
104	-	-	-	-
105	-	-	-	-
106	-	-	-	-
107	-	-	-	-
108	-	-	-	-
109	-	-	-	-
110	-	-	-	-
111	-	-	-	-
112	-	-	-	-
113	-	-	-	-
114	-	-	-	-
115	-	-	-	-
116	-	-	-	-
117	-	-	-	-
118	-	-	-	-
119	-	-	-	-
120	-	-	-	-
Gesamt	**2.050,00**	**1.600,00**	**1.350,00**	**5.000,00**

Abbildung 267: Einnahmen erstes Quartal

Ausgaben				
201	-	-	-	-
202	33,00	-	-	33,00
203	60,00	60,00	60,00	180,00
204	5,50	-	11,00	16,50
205	42,00	-	-	42,00
206	-	-	-	-
207	-	-	-	-
208	-	-	-	-
209	-	-	-	-
210	-	-	-	-
211	-	-	-	-
212	-	-	-	-
213	-	-	-	-
214	-	-	-	-
215	-	-	-	-
216	-	-	-	-
217	-	-	-	-
218	-	-	-	-
219	-	-	-	-
220	-	-	-	-
221	-	-	-	-
222	-	-	-	-
223	-	-	-	-
224	-	-	-	-
225	-	-	-	-
226	-	-	-	-
227	-	-	-	-
228	-	-	-	-
229	-	-	-	-
230	-	-	-	-
231	-	-	-	-
232	-	-	-	-
233	-	-	-	-
234	-	-	-	-
235	-	-	-	-
Gesamt	**140,50**	**60,00**	**71,00**	**271,50**
Korrekturposten				
Saldo	**1.909,50**	**1.540,00**	**1.279,00**	**4.728,50**

Abbildung 268: Ausgaben im ersten Quartal

Buchungen nach Buchungsdatum gegliedert

Buchungs-Nr.	Datum	Konto	Betrag	
				Zur Datenerfassung
				Zum Ausgangspunkt
1	10.01.10	101	850,00 €	
2	10.01.10	203	60,00 €	
3	12.01.10	202	33,00 €	
4	15.01.10	205	42,00 €	
5	20.01.10	204	5,50 €	
6	31.01.10	101	1.200,00 €	
7	03.02.10	101	850,00 €	
8	10.02.10	203	60,00 €	
9	20.02.10	101	750,00 €	
10	03.03.10	101	850,00 €	
11	09.03.10	101	500,00 €	
12	10.03.10	203	60,00 €	
13	21.03.10	204	11,00 €	

Abbildung 269: Aufstellung aller bislang erfolgten Buchungen

Damit sind alle Buchungen im ersten Quartal erfolgt. Frau Beispiel kann mit den Buchungen für das zweite Quartal starten.

Praxis-Tipp

Legen Sie nach Möglichkeit regelmäßig Sicherungskopien Ihres Datenbestandes auf einem separaten Datenträger an.

- **Die Buchungen im zweiten Quartal**

Im Folgenden die Buchungen im Überblick:

- 03.04.2010: Einnahme Rechtsanwaltskanzlei Muster (Wiederkehrende Buchung mit der WKB-Nr. 1)
- 10.04.2010: Telefon (Wiederkehrende Buchung mit der WKB-Nr. 2)
- 11.04.2010: Kauf von Druckerpatronen zum 23,50 Euro (Konto 202 – Büromaterial)
- 12.04.2010: Einnahme Kunde Förster 150 Euro (Konto 101 – Einnahmen aus Leistung)
- 03.05.2010: Einnahme Rechtsanwaltskanzlei Muster (Wiederkehrende Buchung mit der WKB-Nr. 1)
- 10.05.2010: Telefon (Wiederkehrende Buchung mit der WKB-Nr. 2)
- 12.05.2010: Einnahme Kunde Schult 2.500 Euro (Konto 101 – Einnahmen aus Leistung)
- 03.06.2010: Einnahme Rechtsanwaltskanzlei Muster (Wiederkehrende Buchung mit der WKB-Nr. 1)
- 10.06.2010: Telefon (Wiederkehrende Buchung mit der WKB-Nr. 2)

Damit ist das zweite Quartal abgeschlossen. Einen guten Überblick über alle Buchungen im zweiten Quartal bieten Ihnen Abbildung 270 und Abbildung 271.

Einnahme/Ausgaben-Übersicht				Ihre Beispiel / Steuer-Nr.: 140/255/0012
Konto-Nr.	**April**	**Mai**	**Juni**	**3. Quatal**
Einnahmen				
101	1.000,00	3.350,00	850,00	5.200,00
102	-	-	-	-
103	-	-	-	-
104	-	-	-	-
105	-	-	-	-
106	-	-	-	-
107	-	-	-	-
108	-	-	-	-
109	-	-	-	-
110	-	-	-	-
111	-	-	-	-
112	-	-	-	-
113	-	-	-	-
114	-	-	-	-
115	-	-	-	-
116	-	-	-	-
117	-	-	-	-
118	-	-	-	-
119	-	-	-	-
120	-	-	-	-
Gesamt	**1.000,00**	**3.350,00**	**850,00**	**5.200,00**

Abbildung 270: Die Einnahmenseite

Ausgaben				
201	-	-	-	-
202	23,50	-	-	23,50
203	60,00	60,00	60,00	180,00
204	-	-	-	-
205	-	-	-	-
206	-	-	-	-
207	-	-	-	-
208	-	-	-	-
209	-	-	-	-
210	-	-	-	-
211	-	-	-	-
212	-	-	-	-
213	-	-	-	-
214	-	-	-	-
215	-	-	-	-
216	-	-	-	-
217	-	-	-	-
218	-	-	-	-
219	-	-	-	-
220	-	-	-	-
221	-	-	-	-
222	-	-	-	-
223	-	-	-	-
224	-	-	-	-
225	-	-	-	-
226	-	-	-	-
227	-	-	-	-
228	-	-	-	-
229	-	-	-	-
230	-	-	-	-
231	-	-	-	-
232	-	-	-	-
233	-	-	-	-
234	-	-	-	-
235	-	-	-	-
Gesamt	83,50	60,00	60,00	203,50
Korrekturposten				
Saldo	916,50	3.290,00	790,00	4.996,50

Abbildung 271: Die Ausgabenseite

- **Die Buchungen im dritten Quartal**

Es fallen folgende Kontobewegungen an:

- 03.07.2010: Einnahme Rechtsanwaltskanzlei Muster (Wiederkehrende Buchung mit der WKB-Nr. 1)

- 11.07.2010: Telefon (Wiederkehrende Buchung mit der WKB-Nr. 2)

- 11.07.2010: Kauf von Büromaterial zu einem Preis in Höhe von 23,50 Euro (Konto 202 – Büromaterial)

- 03.08.2010: Einnahme Rechtsanwaltskanzlei Muster (Wiederkehrende Buchung mit der WKB-Nr. 1)

- 11.08.2010: Telefon (Wiederkehrende Buchung mit der WKB-Nr. 2)

- 18.08.2010: Einnahme Kunde Förster 1.275,00 Euro (Konto 101 – Einnahmen aus Leistung)

- 03.09.2010: Einnahme Rechtsanwaltskanzlei Muster (Wiederkehrende Buchung mit der WKB-Nr. 1)

- 11.09.2010: Telefon (Wiederkehrende Buchung mit der WKB-Nr. 2)

- 30.09.2010: Fachbuch 89,00 Euro (Konto 206 – Übrige Betriebsausgaben zum verminderten Mehrwertsteuersatz)

Einen allgemeinen Überblick über die Einnahmen und Ausgaben im dritten Quartal geben Ihnen die folgenden Abbildungen (siehe Abbildung 272 und Abbildung 273).

Einnahme/Ausgaben-Übersicht				Ines Beispiel / Steuer-Nr.: 140/255/0012
Konto-Nr.	Juli	August	September	4. Quartal
Einnahmen				
101	850,00	2.125,00	850,00	3.825,00
102	-	-	-	-
103	-	-	-	-
104	-	-	-	-
105	-	-	-	-
106	-	-	-	-
107	-	-	-	-
108	-	-	-	-
109	-	-	-	-
110	-	-	-	-
111	-	-	-	-
112	-	-	-	-
113	-	-	-	-
114	-	-	-	-
115	-	-	-	-
116	-	-	-	-
117	-	-	-	-
118	-	-	-	-
119	-	-	-	-
120	-	-	-	-
Gesamt	850,00	2.125,00	850,00	3.825,00

Abbildung 272: Einnahmen im dritten Quartal

Ausgaben				
201	-	-	-	-
202	23,50	-	-	23,50
203	60,00	60,00	60,00	180,00
204	-	-	-	-
205	-	-	89,00	89,00
206	-	-	-	-
207	-	-	-	-
208	-	-	-	-
209	-	-	-	-
210	-	-	-	-
211	-	-	-	-
212	-	-	-	-
213	-	-	-	-
214	-	-	-	-
215	-	-	-	-
216	-	-	-	-
217	-	-	-	-
218	-	-	-	-
219	-	-	-	-
220	-	-	-	-
221	-	-	-	-
222	-	-	-	-
223	-	-	-	-
224	-	-	-	-
225	-	-	-	-
226	-	-	-	-
227	-	-	-	-
228	-	-	-	-
229	-	-	-	-
230	-	-	-	-
231	-	-	-	-
232	-	-	-	-
233	-	-	-	-
234	-	-	-	-
235	-	-	-	-
Gesamt	83,50	60,00	149,00	292,50
Korrekturposten				
Saldo	766,50	2.065,00	701,00	3.532,50

Abbildung 273: Ausgaben im dritten Quartal

- **Die Buchungen im vierten Quartal**

Ab dem ersten Oktober erhöht sich die regelmäßige Einnahme aus dem Auftrag mit der Rechtsanwaltskanzlei Muster für Frau Beispiel um 150 Euro. Frau Beispiel passt die Tabelle **WiederkehrendeBuchung** entsprechend an (siehe Abbildung 274).

> **Praxis-Tipp**
> Die bereits durchgeführten Buchungen sind von diesem Vorgang nicht betroffen.

Regelmäßig wiederkehrende Buchungen				Ines Beispiel Schreibbüro	
Buchungs-Nr	regelmäßige Buchung	Geschäftsfall		Konto-Nr.	Betrag
0	---	---		---	---
1	monatlich	Einnahmen Rechtsanwaltskanzlei Muster		101	100,00 €
2	monatlich	Begleichen der Telefonrechnung		203	60,00 €

Abbildung 274: Hier wurde eine wiederkehrende Buchung geändert

Die Buchungen des letzten Quartals im Überblick:

- 03.10.2010: Einnahme Rechtsanwaltskanzlei Muster (Wiederkehrende Buchung mit der WKB-Nr. 1, siehe Abbildung 275)

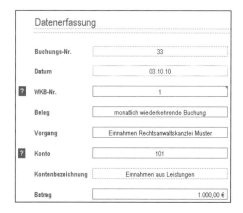

Abbildung 275: WKB Nr. 1 mit geänderten Werten

- 11.10.2010: Telefon (Wiederkehrende Buchung mit der WKB-Nr. 2)
- 03.11.2010: Einnahme Rechtsanwaltskanzlei Muster (Wiederkehrende Buchung mit der WKB-Nr. 1)
- 11.11.2010: Telefon (Wiederkehrende Buchung mit der WKB-Nr. 2)
- 15.11.2010: Kauf eines Druckers zum Preis von 299,00 Euro. (Konto 201 – Geringwertige Wirtschaftsgüter)

- 03.12.2010: Einnahme Rechtsanwaltskanzlei Muster (Wiederkehrende Buchung mit der WKB-Nr. 1)
- 11.12.2010: Telefon (Wiederkehrende Buchung mit der WKB-Nr. 2)
- 15.12.2010: Einnahme Kunde Schult 1.500 Euro (Konto 101 – Einnahmen)
- 20.12.2010: Einnahme Kunde Förster 2.500 Euro (Konto 101 – Einnahmen)

Abbildung 276 zeigt die Einnahmen und Abbildung 277 gibt einen Überblick über die Ausgaben im letzten Quartal.

Einnahme/Ausgaben-Übersicht			Ines Beispiel / Steuer-Nr.: 140/255/0012	
Konto-Nr.	**Oktober**	**November**	**Dezember**	**1. Quartal**
Einnahmen				
101	1.000,00	1.000,00	5.000,00	7.000,00
102	-	-	-	-
103	-	-	-	-
104	-	-	-	-
105	-	-	-	-
106	-	-	-	-
107	-	-	-	-
108	-	-	-	-
109	-	-	-	-
110	-	-	-	-
111	-	-	-	-
112	-	-	-	-
113	-	-	-	-
114	-	-	-	-
115	-	-	-	-
116	-	-	-	-
117	-	-	-	-
118	-	-	-	-
119	-	-	-	-
120	-	-	-	-
Gesamt	**1.000,00**	**1.000,00**	**5.000,00**	**7.000,00**

Abbildung 276: Einnahmenübersicht im letzten Quartal

Ausgaben				
201	-	299,00	-	299,00
202	-	-	-	-
203	60,00	60,00	60,00	180,00
204	-	-	-	-
205	-	-	-	-
206	-	-	-	-
207	-	-	-	-
208	-	-	-	-
209	-	-	-	-
210	-	-	-	-
211	-	-	-	-
212	-	-	-	-
213	-	-	-	-
214	-	-	-	-
215	-	-	-	-
216	-	-	-	-
217	-	-	-	-
218	-	-	-	-
219	-	-	-	-
220	-	-	-	-
221	-	-	-	-
222	-	-	-	-
223	-	-	-	-
224	-	-	-	-
225	-	-	-	-
226	-	-	-	-
227	-	-	-	-
228	-	-	-	-
229	-	-	-	-
230	-	-	-	-
231	-	-	-	-
232	-	-	-	-
233	-	-	-	-
234	-	-	-	-
235	-	-	-	-

Abbildung 277: Ausgabenübersicht im letzten Quartal

Vorsicht, der Saldo entspricht möglicherweise nicht dem Gewinn bzw. Verlust, da Positionen wie z. B. Abschreibungen in diesem Tool nicht berücksichtigt werden.

4.4 Stornieren von Buchungen

Fehlbuchungen geben Sie genauso ein, wie die ursprüngliche Buchung. Allerdings müssen Sie vor den Betrag ein Minuszeichen setzen (siehe Abbildung 278).

Datenerfassung	
Buchungs-Nr.	41
Datum	10.03.11
? WKB-Nr.	0
Beleg	individuelle Buchung
Vorgang	Beispiel für Fehlbuchung
? Konto	201
Kontenbezeichnung	Geringwertige Wirtschaftsgüter
Betrag	- 100,00 €

Abbildung 278: Fehlbuchungen werden mit negativem Vorzeichen korrigiert

4.5 Sicherungskopien

In Excel können Sie über den Dialog **Speicheroptionen** veranlassen, dass Excel eine Sicherungskopie einer Datei anlegt.

Bis Excel 2003

Den Dialog erreichen Sie über die Menüfolge **Datei** > **Speichern unter**. Klicken Sie auf die Schaltfläche **Extras** und im folgenden Auswahlmenü auf **Allgemeine Optionen**.

Ist das Kontrollkästchen **Sicherungsdatei erstellen gesetzt**, werden automatische Sicherungskopien von Ihren Arbeitsmappen angefertigt. Die Datei existiert daraufhin in zwei Versionen, wobei die zweite Variante lediglich eine andere Dateinamensendung hat. Falls Sie von dieser Möglichkeit Gebrauch machen wollen, empfiehlt es sich, Sicherungskopie und Originaldatei auf unterschiedlichen Datenträgern abzuspeichern.

Excel 2007

Anwender der Version Excel 2007 finden die entsprechende Funktion wie folgt:

6. Klicken Sie zunächst auf die Microsoft **Office**-Schaltfläche und anschließend auf die Schaltfläche **Speichern**.

7. Aktivieren Sie die Schaltfläche **Extras** und im sich öffnenden Auswahlmenü **Allgemeine Optionen**.

Excel 2010

Anwender der Version Excel 2010 gehen folgendermaßen vor:

8. Klicken Sie zunächst auf **Datei** und anschließend auf **Speichern**.

9. Aktivieren Sie die Schaltfläche **Extras** und im sich öffnenden Auswahlmenü **Allgemeine Optionen**.

5 Abschreibung

Gegenstände des Anlagevermögens sind dazu bestimmt, dem Unternehmer langfristig zu dienen. Die Nutzungsdauer des Anlagevermögens ist in der Regel zeitlich limitiert. Unter anderem führen Verschleiß, wirtschaftliche oder technische Überholung dazu, dass der Wert der Vermögensgegenstände ständig abnimmt. Die Abschreibung ermittelt die Wertminderung der Anlagegüter mit geeigneten Methoden und erfasst den buchmäßigen Aufwand. In der Regel sind alle Wirtschaftsgüter abzuschreiben, die nicht zum Verbrauch bestimmt sind oder gewisse Preisgrenzen überschreiten.

Abgeschrieben wird nach bestimmten Abschreibungsmethoden – dabei handelt es sich Verfahren im Rechnungswesen, um Anschaffungs- oder Herstellungskosten abnutzbarer Anlagegegenstände auf Zeiteinheiten zu verteilen. Abschreibungsmethoden gliedern sich in:

- Lineare Abschreibung
- Arithmetisch degressive Abschreibung
- Geometrisch degressive Abschreibung
- Progressive Abschreibung
- Leistungsorientierte Abschreibung

Im Rahmen der Einnahmen-/Überschussrechnung ist in erster Linie die lineare Abschreibung relevant. Deshalb beschränkt sich dieses Kapitel auf die Erläuterungen der linearen Abschreibung.

5.1 Lineare Abschreibung

Bei der linearen Abschreibung werden jährlich gleichbleibende Beträge abgeschrieben. Diese werden durch Division der Anschaffungs- bzw. Herstellungskosten durch die voraussichtliche Nutzungsdauer ermittelt.

Praxisbeispiel:

Ein Anlagegut im Wert von 100.000 Euro wird auf fünf Jahre abgeschrieben. Der Betrag von 100.000 Euro wird durch fünf Jahre dividiert und erhält auf diese Weise einen jährlichen Abschreibungsbetrag in Höhe von 20.000 Euro.

100.000 Euro/5 = 20.000 Euro

Kann man davon ausgehen, dass das abzuschreibende Wirtschaftsgut zum Ende der Nutzungsdauer noch einen Restwert hat, sind die Anschaffungs- bzw. Herstellungskosten um diesen zu reduzieren.

Praxisbeispiel:

Ein Anlagegut im Wert von 100.000 Euro wird auf fünf Jahre abgeschrieben und hat danach einen Restwert von 10.000 Euro.

100.000 Euro./. 10.000 Euro = 90.000 Euro

In diesem Beispiel wird der Betrag von 90.000 Euro durch fünf Jahre und erhält auf diese Weise einen jährlichen Abschreibungsbetrag in Höhe von 18.000 Euro.

90.000 Euro/5 = 18.000 Euro

5.1.1 Abschreibung in Excel mit Hilfe der Funktion LIA

In Excel steht zur Ermittlung der linearen Abschreibung die Funktion LIA() aus der Kategorie der finanzmathematischen Funktionen zur Verfügung. Die Syntax der Funktion lautet:

LIA(Ansch_Wert;Restwert;Nutzungsdauer)

- Als **Ansch_Wert** wird der Anschaffungs- bzw. Herstellkosten eines Wirtschaftsgutes verstanden.
- Der **Restwert** ist der Wert am Ende der Nutzungsdauer und wird häufig auch als Schrottwert bezeichnet.
- Als weiteres Argument wird die **Nutzungsdauer** – also die Anzahl der Perioden, über die das Wirtschaftsgut abgeschrieben wird, verlangt.

Um die Funktion LIA() einzusetzen, gehen Sie vor, wie nachfolgend beschrieben.

Praxisbeispiel:

Ein Anlagegut im Wert von 100.000 Euro wird auf fünf Jahre abgeschrieben und hat danach einen Restwert von 10.000 Euro (siehe Abbildung 279).

	A	B
1	Anschaffungskosten	100.000,00 €
2	Restwert	10.000,00 €
3	Nutzungsdauer	5

Abbildung 279: Die Beispieldaten im Arbeitsblatt

Bis Excel 2003

Arbeiten Sie mit Excel 2003 oder einer älteren Version, so führen Sie die folgenden Schritte durch:

1. Bereiten Sie das Tabellengerüst vor und erfassen Sie das Datenmaterial. Positionieren Sie den Cursor in der Zelle in der das Ergebnis eingeblendet werden soll und wählen Sie **Einfügen** > **Funktion**.

2. Markieren Sie im Listenfeld **Kategorie auswählen** den Eintrag **Finanzmathematik** und unter **Funktion auswählen** die Funktion **LIA**. Die Funktion arbeitet mit drei Argumenten **Anschaffungswert**, **Restwert** und **Nutzungsdauer** (siehe Abbildung 280).

3. Der **Anschaffungswert** entspricht den Anschaffungs- bzw. Herstellkosten eines Wirtschaftsgutes und befindet sich im Beispiel in Zelle
B1. Der **Restwert** ist der Wert am Ende der Nutzungsdauer und befindet sich in der Beispieltabelle in Zelle **B2**. Die **Nutzdauer** steht für die
Anzahl der Perioden, über die das Wirtschaftsgut abgeschrieben wird
und befindet sich in Zelle B3.

Abbildung 280: Funktionsassistent der Funktion LIA()

4. Die vollständige Formel lautet =LIA(B1;B2;B3) und liefert für das aktuelle Beispiel ein Ergebnis von 18.000 € (siehe Abbildung 281).

Abbildung 281: Die Formel im Arbeitsblatt

Excel 2007/2010

Als Anwender der Excel-Versionen 2007 und 2010 führen Sie die folgenden fünf Schritte durch:

1. Markieren Sie zunächst die Zelle, in der Sie das Ergebnis zeigen möchten. Holen Sie das Register **Formeln** nach vorne. In Abhängigkeit von
der vorangegangenen Arbeitssituation verändert sich möglicherweise
der Bildschirm-Arbeitsplatz.

2. Aktivieren Sie links die Schaltfläche **Funktion einfügen**.

3. Es öffnet sich das gleichnamige Dialogfeld; entscheiden Sie sich im Listenfeld von **Kategorie auswählen** für den Eintrag **Finanzmathematik**.

4. Unter **Funktion auswählen** wählen Sie die Funktion **LIA**. Bestätigen Sie Ihre Auswahl mit **OK**.

5. Die Funktion arbeitet mit drei Argumenten **Anschaffungswert, Restwert** und **Nutzungsdauer**: Der **Ansch_Wert** (Anschaffungswert) entspricht den Anschaffungs- bzw. Herstellkosten eines Wirtschaftsgutes und befindet sich in diesem Beispiel in Zelle **B1**. Der **Restwert** ist der Wert am Ende der Nutzungsdauer und befindet sich in der Beispieltabelle in Zelle **B2**. Die **Nutzdauer** steht für die Anzahl der Perioden, über die das Wirtschaftsgut abgeschrieben wird und befindet sich in Zelle B3.

Die vollständige Formel lautet =LIA(B1;B2;B3) und liefert für das aktuelle Beispiel ein Ergebnis von 36.000 €.

5.1.2 Monatsgenaue Abschreibung

Im Zusammenhang mit der Abschreibung von Wirtschaftsgütern müssen Sie außerdem berücksichtigen, in welchem Monat diese angeschafft wurden. Werden Wirtschaftsgüter nicht im ersten Jahr des Geschäftsjahres angeschafft, kann die Funktion LIA() nicht eingesetzt werden.

Praxisbeispiel:

Ein Aktenschrank wird zu einem Preis in Höhe von 1.300 Euro netto im Juli gekauft.

In diesem Fall rechnen Sie wie folgt:

Der Aktenschrank wird über 13 Jahre – dem Abschreibungszeitraum für Büromöbel – abgeschrieben. Da der Schreibtisch jedoch im Juli angeschafft wurde, darf er nur anteilig für das erste Jahr abgeschrieben werden. Abzuschreiben ist das Wirtschaftsgut lediglich für die Monate Juli bis Dezember. Es wird demnach ein halbes Jahr berücksichtigt.

Die jährliche Abschreibung berechnet sich in diesem Fall wie folgt. Der Wert von 1.300 Euro wird zunächst auf 13 Jahre verteilt.

1.300 Euro/13 = 100,00 Euro

Im ersten Jahr ist jedoch anteilig – für ein halbes Jahr, sprich sechs Monate – abzuschreiben. Das heißt, die Abschreibung berechnet sich im Falle der linearen Abschreibung im ersten Jahr wie folgt:

100,00 Euro/12 * 6 = 50,00 Euro

5.2 Exkurs: Ermitteln von Anschaffungs- und Herstellkosten

Für zugekaufte Güter ermitteln Sie zunächst die Anschaffungskosten als den Wert, der abgeschrieben wird. Wenn Sie langfristig nutzbare Güter selbst herstellen, ermitteln Sie alternativ die Herstellkosten.

5.2.1 Ermitteln der Anschaffungskosten

Die Anschaffungskosten errechnen sich wie folgt:

Anschaffungspreis

+ Anschaffungsnebenkosten (Kosten des Erwerbs und der Versetzung in die Betriebsbereitschaft)

– Anschaffungskostenminderungen (Rabatte, Skonti u. Ä.)

= Anschaffungskosten

5.2.2 Ermitteln der Herstellungskosten

Die Herstellungskosten ergeben sich durch Addition der nachstehend aufgeführten Positionen. Dabei handelt es sich um ein vereinfachtes Schema:

Materialeinzel- und Materialgemeinkosten

+ Fertigungseinzel- und Fertigungsgemeinkosten

+ Sondereinzelkosten der Fertigung

+ Verwaltungsgemeinkosten

= Herstellungskosten

5.3 Abschreibungszeiträume

Wie lange ein Wirtschaftsgut abgeschrieben wird beantworten die Abschreibungstabellen. Die aktuellen Abschreibungstabellen können Sie im Webangebot des Bundesfinanzministeriums unter der Adresse **http:// www.bundesfinanzministeriums.de** herunterladen. Am schnellsten kommen Sie im Online-Angebot auf die Abschreibungstabellen, wenn Sie nach AfA-Tabellen suchen.

Nachfolgend gibt Tabelle 2 einen Überblick über verschiedene Anlagegüter und deren Nutzungsdauer in Jahren. Die Angaben wurden dem Webangebot des Bundesfinanzministeriums entnommen.

Anlagegüter	Nutzungs-dauer i. J.
Unbewegliches Anlagevermögen	
Hallen in Leichtbauweise	14
Tennishallen, Squashhallen u. Ä.	20
Traglufthallen	10
Kühlhallen	20
Baracken und Schuppen	16
Baubuden	8
Bierzelte	8
Pumpenhäuser, Trafostationshäuser und Schalthäuser	20
Silobauten	
aus Beton	33
aus Stahl	25
aus Kunststoff	17
Schornsteine	
aus Mauerwerk oder Beton	33
aus Metall	10
Laderampen	25
Grundstückseinrichtungen	
Fahrbahnen, Parkplätze und Hofbefestigungen	
mit Packlage	19
in Kies, Schotter, Schlacken	9
Straßen- und Wegebrücken	
aus Stahl und Beton	33
aus Holz	15
Umzäunungen	
aus Holz	5
Sonstige	17
Außenbeleuchtung, Straßenbeleuchtung	19
Orientierungssysteme, Schilderbrücken	10
Uferbefestigungen	20
Bewässerungsanlagen, Entwässerungsanlagen und Kläranlagen	
Brunnen	20
Drainagen	
aus Beton oder Mauerwerk	33
aus Ton oder Kunststoff	13
Kläranlagen m. Zu- und Ableitung	20
Löschwasserteiche	20

Anlagegüter	Nutzungs- dauer i. J.
Wasserspeicher	20
Grünanlagen	15
Golfplätze	20
Betriebsanlagen allgemeiner Art	
Krafterzeugungsanlagen	
Dampferzeugung (Dampfkessel mit Zubehör)	15
Stromerzeugung (Gleichrichter, Ladeaggregate, Notstrom- aggregate, Stromgeneratoren, Stromumformer usw.)	19
Akkumulatoren	10
Kraft-Wärmekopplungsanlagen (Blockheizkraftwerke)	10
Windkraftanlagen	16
Photovoltaikanlagen	20
Solaranlagen	10
Heißluft-, Kälteanlagen, Kompressoren, Ventilatoren usw.	14
Kessel einschließlich Druckkessel	15
Wasseraufbereitungsanlagen	12
Wasserenthärtungsanlagen	12
Wasserreinigungsanlagen	11
Druckluftanlagen	12
Wärmetauscher	15
Rückgewinnungsanlagen	10
Mess- und Regeleinrichtungen	
allgemein	18
Emissionsmessgeräte	8
Materialprüfgeräte	10
Ultraschallgeräte (nicht medizinisch)	10
Vermessungsgeräte	
elektronisch	8
mechanisch	12
Transportanlagen	
Elevatoren, Förderschnecken, Rollenbahnen, Hängebahnen, Transportbänder, Förderbänder und Plattenbänder	14
Gleisanlagen mit Drehscheiben, Weichen, Signalanlagen u.Ä.	
nach gesetzlichen Vorschriften	33
Sonstige	15
Krananlagen	
ortsfest oder auf Schienen	21
Sonstige	14

Anlagegüter	Nutzungs-dauer i. J.
Aufzüge, Winden, Arbeitsbühnen, Hebebühnen, Gerüste, Hublifte	
stationär	15
mobil	11
Hochregallager	15
Transportcontainer, Baucontainer, Bürocontainer und Wohn-container	10
Ladeneinbauten, Gaststätteneinbauten Schaufensteranlagen und -einbauten	8
Lichtreklame	9
Schaukästen, Vitrinen	9
Sonstige Betriebsanlagen	
Brückenwaagen	20
Tank- und Zapfanlagen für Treib- und Schmierstoffe	14
Brennstofftanks	25
Autowaschanlagen	10
Abzugsvorrichtungen, Entstaubungsvorrichtungen	14
Alarmanlagen und Überwachungsanlagen	11
Sprinkleranlagen	20
Fahrzeuge	
Schienenfahrzeuge	25
Straßenfahrzeuge	
Personenkraftwagen und Kombiwagen	6
Motorräder, Motorroller, Fahrräder u. Ä.	7
Lastkraftwagen, Sattelschlepper, Kipper	9
Traktoren und Schlepper	12
Kleintraktoren	8
Anhänger, Auflieger, Wechselaufbauten	11
Omnibusse	9
Sonderfahrzeuge	
Feuerwehrfahrzeuge	10
Rettungsfahrzeuge und Krankentransportfahrzeuge	6
Wohnmobile, Wohnwagen	8
Bauwagen	12
Luftfahrzeuge	
Flugzeuge unter 20 t höchstzulässigem Fluggewicht	21
Drehflügler (Hubschrauber)	19
Heißluftballone	5
Luftschiffe	8

Anlagegüter	Nutzungs-dauer i. J.
Wasserfahrzeuge	
Barkassen	20
Pontons	30
Segelyachten	20
sonstige Beförderungsmittel (Elektrokarren, Stapler, Hubwagen usw.)	8
Bearbeitungsmaschinen und Verarbeitungsmaschinen	
Abrichtmaschinen	13
Biegemaschinen	13
Bohrmaschinen	
stationär	16
mobil	8
Bohrhämmer und Presslufthämmer	7
Bürstmaschinen	10
Drehbänke	16
Fräsmaschinen	
stationär	15
mobil	8
Funkenerosionsmaschinen	7
Hobelmaschinen	
stationär	16
mobil	9
Poliermaschinen	
stationär	13
mobil	5
Pressen und Stanzen	14
Stauchmaschinen	10
Stampfer und Rüttelplatten	11
Sägen aller Art	
stationär	14
mobil	8
Trennmaschinen	
stationär	10
mobil	7
Sandstrahlgebläse	9
Schleifmaschinen	
stationär	15
mobil	8

Anlagegüter	Nutzungs-dauer i. J.
Schneidemaschinen und Scheren	
stationär	13
mobil	8
Shredder	6
Schweißgeräte und Lötgeräte	13
Spritzgussmaschinen	13
Abfüllanlagen	10
Verpackungsmaschinen, Folienschweißgeräte	13
Zusammentragmaschinen	12
Stempelmaschinen	8
Banderoliermaschinen	8
Sonstige Be- und Verarbeitungsmaschinen (Abkanten, Anleimen, Anspitzen, Ätzen, Beschichten, Drucken, Eloxieren, Entfetten, Entgraten, Erodieren, Etikettieren, Falzen, Färben, Feilen, Gießen, Galvanisieren, Gravieren, Härten, Heften, Lackieren, Nieten)	13
Betriebs- und Geschäftsausstattung	
Wirtschaftsgüter der Werkstätten-, Labor- und Lagereinrichtungen	14
Wirtschaftsgüter der Ladeneinrichtungen	8
Messestände	6
Kühleinrichtungen	8
Klimageräte (mobil)	11
Belüftungsgeräte, Entlüftungsgeräte (mobil)	10
Fettabscheider	5
Magnetabscheider	6
Nassabscheider	5
Heißluftgebläse, Kaltluftgebläse (mobil)	11
Raumheizgeräte (mobil)	9
Arbeitszelte	6
Telekommunikationsanlagen	
Fernsprechnebenstellenanlagen	10
Kommunikationsendgeräte	
Allgemein	8
Mobilfunkendgeräte	5
Textendeinrichtungen (Faxgeräte u. Ä.)	6
Betriebsfunkanlagen	11
Antennenmasten	10
Büromaschinen und Organisationsmittel	
Adressiermaschinen, Kuvertiermaschinen, Frankiermaschinen	8

Anlagegüter	Nutzungs-dauer i. J.
Paginiermaschinen	8
Datenverarbeitungsanlagen	
Großrechner	7
Workstations, Personalcomputer, Notebooks und deren Periphe-riegeräte (Drucker, Scanner, Bildschirme u. Ä.)	3
Foto-, Film-, Video- und Audiogeräte (Fernseher, CD-Player, Recor-der, Lautsprecher, Radios, Verstärker, Kameras, Monitore u. Ä.)	7
Beschallungsanlagen	9
Präsentationsgeräte, Datensichtgeräte	8
Registrierkassen	6
Schreibmaschinen	9
Zeichengeräte	
elektronisch	8
mechanisch	14
Vervielfältigungsgeräte	7
Zeiterfassungsgeräte	8
Geldprüfgeräte, Geldsortiergeräte, Geldwechselgeräte und Geld-zählgeräte	7
Reißwölfe (Aktenvernichter)	8
Kartenleser (EC-, Kredit-)	8
Büromöbel	13
Verkaufstheken	10
Verkaufsbuden, Verkaufsstände	8
Bepflanzungen in Gebäuden	10
Sonstige Büroausstattung	
Stahlschränke	14
Panzerschränke, Tresore	23
Tresoranlagen	25
Teppiche	
normale	8
hochwertige (ab 1.000 DM/m²)	15
Kunstwerke (ohne Werke anerkannter Künstler)	15
Waagen (Obst-, Gemüse-, Fleisch u. Ä.)	11
Rohrpostanlagen	10
Sonstige Anlagegüter	
Betonkleinmischer	6
Reinigungsgeräte	
Bohnermaschinen	8

Anlagegüter	Nutzungs-dauer i. J.
Desinfektionsgeräte	10
Geschirr- und Gläserspülmaschinen	7
Hochdruckreiniger (Dampf- und Wasser-)	8
Industriestaubsauger	7
Kehrmaschinen	9
Räumgeräte	9
Sterilisatoren	10
Teppichreinigungsgeräte (transportabel)	7
Waschmaschinen	10
Bautrocknungs- und Entfeuchtungsgeräte	5
Wäschetrockner	8
Waren- und Dienstleistungsautomaten	
Getränkeautomaten, Leergutautomaten	7
Warenautomaten	5
Zigarettenautomaten	8
Passbildautomaten	5
Visitenkartenautomaten	5
Unterhaltungsautomaten	
Geldspielgeräte (Spielgeräte mit Gewinnmöglichkeit)	4
Musikautomaten	8
Videoautomaten	6
sonstige Unterhaltungsautomaten (z. B. Flipper)	5
Fahnenmasten	10
Kühlschränke	10
Laborgeräte (Mikroskope, Präzisionswaagen u. Ä.)	13
Mikrowellengeräte	8
Rasenmäher	9
Toilettenkabinen und Toilettenwagen	9
Zentrifugen	10

Tabelle 2: Abschreibungszeitraum einzelner Wirtschaftsgüter
(Auszug – Quelle: www.bundesfinanzministerium.de)

Hinweis: Für den Fall, dass Sie sich über die DM-Angabe in der Tabelle gewundert haben, die AfA-Tabelle des Bundesfinanzministeriums hat den Wert bislang nicht in einen Euro-Betrag umgerechnet.

5.4 Die Musterlösung Abschreibung.xls

Bei der Ermittlung der Abschreibungen unterstützt Sie die Arbeitshilfe **Abschreibung.xls**. Sie müssen lediglich folgende Positionen erfassen, den Rest erledigt das Tool für Sie:

- Bezeichnung,
- Anschaffungswert,
- Abschreibungszeitraum und
- Anschaffungsmonat.

> **Die Musterlösung finden Sie auf Ihrer CD-ROM zum Buch:**
>
> Abschreibung.xls

Im unteren Teil der Tabelle geben Sie nur noch die Abschreibungen für Geringwertige Wirtschaftsgüter und für die Wirtschaftsgüter ein, die in den vorangegangenen Jahren angeschafft wurden und die noch nicht endgültig abgeschrieben sind.

Abschreibungen				
Bezeichnung des Wirtschaftsgutes	Anschaffungswert	Abschreibungszeitraum	Anschaffungsmonat	Abschreibung
Büroschrank	2.600,00 €	13	7	100,00 €
Schreibtisch	520,00 €	13	1	40,00 €
				- €
				- €
				- €
				- €
				- €
				- €
				- €
				- €
				- €
				- €
				- €
				- €
				- €
				- €
				- €
				- €
				- €
				- €
				- €
Abschreibung Geringwertige Wirtschaftsgüter				260,00 €
Abschreibung aus Vorjahren				512,00 €
Gesamt				**912,00 €**

Abbildung 282: Die Abschreibungsübersicht

Die zugrunde liegenden Formeln zeigt Abbildung 283.

	B	C	D	E	G
1	Abschreibungen				
3	Bezeichnung des Wirtschaftsgutes	Anschaffungs-wert	Ab-schreibungs-zeitraum	Anschaffungs-monat	Abschreibung
4	Büroschrank	2600	13	7	=WENN(D4="";0;C4/D4/12*F4)
5	Schreibtisch	520	13	1	=WENN(D5="";0;C5/D5/12*F5)
6					=WENN(D6="";0;C6/D6/12*F6)
7					=WENN(D7="";0;C7/D7/12*F7)
8					=WENN(D8="";0;C8/D8/12*F8)
9					=WENN(D9="";0;C9/D9/12*F9)
10					=WENN(D10="";0;C10/D10/12*F10)
11					=WENN(D11="";0;C11/D11/12*F11)
12					=WENN(D12="";0;C12/D12/12*F12)
13					=WENN(D13="";0;C13/D13/12*F13)
14					=WENN(D14="";0;C14/D14/12*F14)
15					=WENN(D15="";0;C15/D15/12*F15)
16					=WENN(D16="";0;C16/D16/12*F16)
17					=WENN(D17="";0;C17/D17/12*F17)
18					=WENN(D18="";0;C18/D18/12*F18)
19					=WENN(D19="";0;C19/D19/12*F19)
20					=WENN(D20="";0;C20/D20/12*F20)
21					=WENN(D21="";0;C21/D21/12*F21)
22					=WENN(D22="";0;C22/D22/12*F22)
23					=WENN(D23="";0;C23/D23/12*F23)
24					=WENN(D24="";0;C24/D24/12*F24)
25					=WENN(D25="";0;C25/D25/12*F25)
26					=WENN(D26="";0;C26/D26/12*F26)
27	Abschreibung Geringwertige Wirtsc				260
28	Abschreibung aus Vorjahren				512
29					
30	Gesamt				=SUMME(G4:G29)

Abbildung 283: Die Formelansicht

5.4.1 Sonderregelungen

Das Steuergesetz hält einige Sonderregelungen wie Sonderabschreibungen, Investitionsabzugsbetrag sowie die Behandlung von Geringwertigen Wirtschaftsgütern bereit. Diese Sonderregelungen sind ggf. gesondert zu erfassen.

Sonderabschreibungen

Bei neuen beweglichen Wirtschaftsgütern des Anlagevermögens können unter den Voraussetzungen des Absatzes 2 im Jahr der Anschaffung oder Herstellung und in den vier folgenden Jahren neben den Absetzungen für Abnutzung nach §7 Abs. 1 oder 2 Sonderabschreibungen bis zu insgesamt 20 % der Anschaffungs- oder Herstellungskosten in Anspruch genommen werden. Weitere Informationen hierzu finden Sie im Einkommensteuergesetz.

Investitionsabzugsbetrag

Kleine und mittelgroße Unternehmen werden steuerlich durch eine Investitionsrücklage entlastet. Sie ersetzt die Ansparabschreibung aus früheren Jahren. Die Investitionsrücklage zeigt sich in einigen Punkten großzügiger als die „alte Ansparabschreibung":

- Der Abzugsbetrag wird auch für gebrauchte Wirtschaftsgüter gewährt, die mindestens zu 90 % betrieblich genutzt werden.
- Der Investitionsabzugsbetrag beträgt bis zu 40 % der voraussichtlichen Anschaffungs- und Herstellungskosten. Der Höchstbetrag wurde von 156.000 Euro auf 200.000 Euro erhöht.
- Die geplante Investition muss nicht mehr wie bislang definiert werden.
- Der Zeitraum des „Ansparens" wurde – von bisher zwei – auf drei Jahre verlängert.

Die Regelung gilt allerdings nur für kleine und mittlere Unternehmen. Gefördert werden:

- Unternehmen mit einem Gewinn von maximal 100.000 Euro ohne Berücksichtigung des Investitionsabzugsbetrages.
- Bilanzierende Betriebe, deren Betriebsvermögen höchstens 235.000 Euro beträgt. (Diese Einschränkung trifft bei der Einnahmen-/Überschussrechnung ohnehin nicht zu.)

Freiberufler und Landwirte werden in Sache Investitionsrücklage benachteiligt: Für Landwirte gilt statt 235.000 Euro eine Grenze von 125.000 Euro, bei Freiberuflern, entfällt bereits ab einem Gewinn in Höhe von 100.000 Euro die Möglichkeit, Investitionen finanziell durch eine steuerfreie Rücklage „anzusparen". Dabei gilt die 100.000er-Grenze nicht nur für den einzelnen Freiberufler, sondern auch für die Gemeinschaften, in denen sich mehrere Freiberufler zusammengeschlossen haben.

Praxis-Hinweis

Beachten Sie auch die Besonderheiten, die für Geringwertige Wirtschaftsgüter gelten (siehe folgendes Kapitel).

5.5 Geringwertige Wirtschaftgüter

Im Rahmen der geringwertigen Wirtschaftsgüter gibt es ein so genanntes Wahlrecht. Es betrifft alle beweglichen Wirtschaftsgüter bis zu einem Wert von 1.000 Euro netto. Zur Disposition stehen eine so genannte Poolabschreibung und eine Sofortabschreibung:

- Poolabschreibung für alle Wirtschaftsgüter zwischen 150 Euro und 1.000 Euro

- Sofortabschreibung für geringwertige Wirtschaftsgüter bis 410 Euro.

5.5.1 Poolabschreibung

Am 01.01.2008 hat der Gesetzgeber eine Art Sammelbewertung für geringwertige Wirtschaftsgüter eingeführt. Dabei ist Folgendes zu berücksichtigen:

Wirtschaftsgüter, deren Anschaffungskosten zwischen 150 Euro und 1.000 Euro (für Umsatzsteuerpflichtige, netto) liegen und selbstständig nutzbar sind, gehören zu den so genannten geringwertigen Wirtschaftsgütern und werden als Sammelposten über fünf Jahre linear abgeschrieben! Man spricht in diesem Zusammenhang auch von einer Poolabschreibung.

Alle geringwertigen Wirtschaftsgüter eines Jahres, die zu den entsprechenden Beträgen erworben werden, werden quasi gebündelt, die Anschaffungs- bzw. Herstellkosten addiert und zusammen verwaltet. Anschließend wird der Pool wie ein einziges Wirtschaftsgut behandelt. Hierfür gibt es eine pauschale Nutzungsdauer von 5 Jahren, was einer Abschreibung von 20 % jährlich entspricht. Der Pool bleibt auch bei Entnahme, Veräußerung oder Untergang eines darin enthaltenen Wirtschaftsguts unverändert.

Praxisbeispiel:

- Sie kaufen im Januar einen Computerbildschirm zu einem Preis von 189 Euro netto und entscheiden sich für die Poolabschreibung. Dann werden die 189 Euro dem Pool zugeschrieben und über den Pool in einem Zeitraum von fünf Jahren abgeschrieben.
- Sie schaffen zusätzlich im Januar einen Büroschrank im Wert von 999 Euro. Da zuvor die Poolabschreibung gewählt wurde, muss auch der Büroschrank dem Pool zugeordnet werden.
- Zur Ermittlung der Abschreibung, addieren Sie die Wirtschaftsgüter im Wert von 189 Euro und 999 Euro. Den Gesamtwert von 1.188 Euro dividieren Sie durch fünf Jahre. Dadurch ergibt sich eine jährliche Abschreibung in Höhe von 237,60 Euro.

Alternativ können Sie aber auch die nachfolgende beschriebene Sofortabschreibung einsetzen.

5.5.2 Sofortabschreibung

Wirtschaftsgüter, die nicht über 410 Euro netto liegen, dürfen Sie sofort abschreiben. Das bedeutet: Alle Wirtschaftsgüter mit einem Anschaffungswert von mehr als 410 Euro sind nach der jeweiligen betriebsgewöhnlichen Nutzungsdauer abzuschreiben. Hier entfällt für das betreffende Jahr die Poolabschreibung für Wirtschaftsgüter zwischen 150 Euro und 1.000 Euro.

Bezogen auf die zuvor genannten Beispielanschaffungen müssen Sie wie folgt vorgehen:

- Sie schaffen im Januar einen Computerbildschirm zu einem Preis von 189 Euro netto an und entscheiden sich gegen die Poolabschreibung. Somit werden die 189 Euro komplett im ersten Jahr abgeschrieben.

- Sie kaufen im Januar zusätzlich einen Büroschrank im Wert von 999 Euro. Da zuvor die Sofortabschreibung gewählt wurde, darf die Poolabschreibung nicht eingesetzt werden. Der Büroschrank muss vielmehr über 13 Jahre – das entspricht dem Abschreibungszeitraum für Büromöbel – abgeschrieben werden.

Die jährliche Abschreibung berechnet sich in diesem Fall wie folgt: Der Wert von 999 Euro wird auf 13 Jahre umgelegt, das heißt die Abschreibung beträgt im Falle der linearen Abschreibung 76,85 Euro. Der Bildschirm wird sofort mit 189 Euro komplett abgeschrieben. Bezogen auf die beiden Wirtschaftsgüter ergibt sich eine gesamte jährliche Abschreibung von 265,85 Euro.

5.5.3 Vor- und Nachteile der Alternativen

Im vorangegangen Beispiel ist die Gesamtabschreibung bei der Anschaffung der Wirtschaftsgüter im Januar im Zusammenhang mit der linearen Sofortabschreibung (265,85 Euro) geringfügig höher als bei der Poolabschreibung (237,60 Euro). Allerdings wäre es falsch daraus abzuleiten, dass die Werte immer so nah beieinander liegen oder die Sofortabschreibung grundsätzlich die günstigere Alternative ist. Möglicherweise sieht das Ergebnis schon anders aus, wenn das Wirtschaftsgut in einem anderen Monat angeschafft wird. Eine Anschaffung identischer Wirtschaftsgüter zu identischen Preisen im Monat Juli statt Januar führt bereits zu anderen Zahlen.

Mit welcher Variante man letztendlich besser fährt, kann nicht pauschal beantwortet werden; dies muss von Fall zu Fall geprüft werden. Allerdings gelten folgende Regeln:

- Werden überwiegend Wirtschaftsgüter angeschafft, die unterhalb der 410 Euro Grenze liegen, ist in der Regel die Sofortabschreibung die bessere Wahl.

- Werden dagegen überwiegen Güter zwischen der 410,01 Euro und der 1.000 Euro Grenze gekauft, ist häufig von der Sofortabschreibung abzuraten.

- Letztendlich ist in diesem Zusammenhang auch noch zu berücksichtigen, über welchen Zeitraum diese Güter abzuschreiben wären.

Fazit

Um beurteilen zu können, welche die günstigere Alternative für das Abrechnungsjahr ist, müssen Sie alle geringwertigen Wirtschaftsgüter auflisten und genau berechnen, bei welcher Variante Sie aktuell besser fahren.

5.5.4 Jahresregelung

Bitte beachten Sie, dass das Wahlrecht zwischen Sofortabschreibung der geringwertigen Anlagegüter bis 410 Euro und der Poolabschreibung für Wirtschaftsgüter zwischen 150 Euro und 1.000 Euro für jeweils ein Geschäftsjahr einheitlich auszuüben und für das jeweilige Wirtschaftsjahr bindend ist. Das heißt: Wenn Sie sich einmal für eine Variante entschieden haben, können Sie während des Jahres nicht mehr wechseln!

5.5.5 Die Musterlösung GWG.xls

Die Rechentechniken zur Ermittlung möglicher Abschreibungshöhen werden im in der Musterlösung **GWG.xls**, die Sie auf Ihrer CD-ROM finden, umgesetzt.

Die Musterlösung finden Sie auf Ihrer CD-ROM zum Buch:
GWG.xls

Das Tool basiert auf folgenden Tabellenarbeitsblättern:

- GWG-Abschreibungsvergleich
- Poolabschreibung

Die Tabelle „GWG-Abschreibungsvergleich"

Mit Hilfe dieser Tabelle ermitteln Sie, bei welcher Variante „Poolabschreibung" oder „Sofortabschreibung" der Abschreibungsbetrag im laufenden Geschäftsjahr höher ist. In der Tabelle selbst müssen Sie lediglich die Kerndaten all Ihrer Wirtschaftsgüter bis zu einem Wert von 1.000 Euro angeben:

- Bezeichnung
- Anschaffungswert
- Abschreibungszeitraum
- Anschaffungsmonat

Das Tool ermittelt folgende Werte für jedes einzelne Wirtschaftgut sowie für die Summe aller Wirtschaftsgüter bis zu einem Wert von 1.000 Euro:

- AfA für Poolabschreibung
- AfA für das 1. Jahr nach Sofortabschreibung
- Differenz

Nach der Eingabe aller Daten können Sie entscheiden, ob die Poolabschreibung oder Sofortabschreibung für Sie vorteilhaft ist.

Abbildung 284 zeigt die Tabelle der Musterlösung in gekürzter Form.

GWG-Abschreibungsplaner							
Bezeichnung des Wirtschaftsgutes	Anschaffungs-wert	Angabe des Abschreibungs-zeitraums /-zeitpunkts notwendig ja/nein	Ab-schreibungs-zeitraum	Anschaffungs-monat	Afa für Poolab-schreibung	Afa für das 1 Jahr nach Sofort-abschreibung	Differenz
Schreibtischstuhl	189,00 €	nein			37,80 €	189,00 €	151,20 €
Schreibtisch	419,00 €	ja	13	7	83,80 €	16,12 €	- 67,68 €
					- €	- €	- €
					- €	- €	- €
					- €	- €	- €
					- €	- €	- €
					- €	- €	- €
					- €	- €	- €
					- €	- €	- €
					- €	- €	- €
					- €	- €	- €
					- €	- €	- €
					- €	- €	- €
					- €	- €	- €
					- €	- €	- €
Gesamt					121,60 €	205,12 €	83,52 €

Abbildung 284: Die Tabelle „GWG-Abschreibungsplaner"

Die folgenden Abbildungen zeigen einen Ausschnitt aus der zugehörigen Formelansicht (siehe Abbildung 285 und Abbildung 286).

	B	C	D	E	F	H
4	Bezeichnung des Wirtschaftsgutes	Anschaffungs-wert	Angabe des Abschreibungs-zeitraums /- zeitpunkts notwendig ja/nein	Ab-schreibungs-zeitraum	Anschaffungs-monat	Afa für Poolab-schreibung
5	Schreibtischstuhl	189	=WENN(C5="";"";WENN(C5<410;"nein";"ja"))			=C5/5
6	Schreibtisch	419	=WENN(C6="";"";WENN(C6<410;"nein";"ja"))	13	7	=C6/5
7			=WENN(C7="";"";WENN(C7<410;"nein";"ja"))			=C7/5
8			=WENN(C8="";"";WENN(C8<410;"nein";"ja"))			=C8/5
9			=WENN(C9="";"";WENN(C9<410;"nein";"ja"))			=C9/5
10			=WENN(C10="";"";WENN(C10<410;"nein";"ja"))			=C10/5
11			=WENN(C11="";"";WENN(C11<410;"nein";"ja"))			=C11/5

Abbildung 285: Formeln der ersten beiden Berechnungsspalten

	I	J
4	Afa für das 1 Jahr nach Sofort- abschreibung	Differenz
5	=WENN(C5<410,01;C5;C5/E5/12*G5)	=WENN(I5="";"";+I5-H5)
6	=WENN(C6<410,01;C6;C6/E6/12*G6)	=WENN(I6="";"";+I6-H6)
7	=WENN(C7<410,01;C7;C7/E7/12*G7)	=WENN(I7="";"";+I7-H7)
8	=WENN(C8<410,01;C8;C8/E8/12*G8)	=WENN(I8="";"";+I8-H8)
9	=WENN(C9<410,01;C9;C9/E9/12*G9)	=WENN(I9="";"";+I9-H9)
10	=WENN(C10<410,01;C10;C10/E10/12*G10)	=WENN(I10="";"";+I10-H10)
11	=WENN(C11<410,01;C11;C11/E11/12*G11)	=WENN(I11="";"";+I11-H11)

Abbildung 286: Formeln der letzten beiden Berechnungsspalten

Praxis-Hinweis

Scheidet ein „gepooltes" Wirtschaftsgut aus dem Sammeltopf aus, muss bei einem Verkauf der erzielte Erlös sofort und in voller Höhe als Ertrag erfasst werden.

Die Tabelle „Poolabschreibung"

Dieses Tabellenblatt der Musterlösung können Sie einsetzen, wenn Sie sich für die Variante Poolabschreibung entschieden haben. Hier müssen Sie lediglich den Bezeichnung und Anschaffungswert des Wirtschaftsgutes eintragen. Den Rest erledigt das Tool für Sie.

6 Umgang mit Makros

Zahlreiche Aufgaben der Excel-Tools werden automatisch mit Hilfe von Makros erledigt. Die Sicherheitseinstellungen für Makros sind auf zahlreichen Rechner jedoch so definiert, dass Makros in keinem Fall ausgeführt werden dürfen. Dann können Musterlösungen und Tools, die auf Makros basieren, nicht funktionieren. Um die Makros zur Verfügung zu stellen, müssen sie möglicherweise die Sicherheitseinstellungen auf Ihrem Rechner anpassen.

Für Anwender der Versionen Excel 2003 und älter empfiehlt sich die Sicherheitsoption **Mittel**. So können Sie von Fall zu Fall bestimmen, ob unsignierte Makros ausgeführt werden sollen oder nicht. Dazu führen Sie folgende Arbeitsschritte aus:

Excel 2003:

1. Wählen Sie **Extras** > **Makro** > **Sicherheit**. Sie gelangen in das Dialogfeld Sicherheit.

2. Aktivieren Sie die Registerkarte **Sicherheitsstufe**. Dort können Sie zwischen vier alternativen Sicherheitsstufen wählen.

3. Wählen Sie die Option **Mittel** und klicken Sie auf **OK**.

4. Starten Sie die Datei mit den Makros erneut. Sie erhalten das Fenster **Sicherheitswarnung**. Klicken Sie auf die Schaltfläche **Makros aktivieren**.

Künftig stehen die Makros zur Verfügung.

Excel 2007:

Bei Anwendern der Versionen Excel 2007 können Makros nur ausgeführt werden, wenn diese im Vertrauensstellungscenter aktiviert werden:

1. Das Vertrauensstellungscenter erreichen Sie über **Office-Button** > **Excel Optionen** > **Vertrauensstellungscenter**.

2. Klicken Sie dort auf die Schaltfläche **Einstellungen für das Vertrauensstellungscenter** und im Menü auf **Einstellungen für Makros**.

3. Im folgenden Dialog aktivieren Sie im Bereich **Einstellungen für Makros** die Option **Alle Makros aktivieren (nicht empfohlen, weil potenziell gefährlicher Code kann ausgeführt werden)**.

4. Bestätigen Sie die Einstellung durch einen Klick auf die Schaltfläche **OK**.

Excel 2010:

Bei Anwendern der Versionen Excel 2010 führt der Weg über das so genannte Sicherheitscenter:

1. Wählen Sie **Datei > Optionen > Sicherheitscenter**. Klicken Sie im folgenden Fenster auf die Schaltfläche **Einstellungen für das Sicherheitscenter.**

2. Im nächsten Dialog aktivieren Sie im Bereich **Einstellungen für Makros** die Option **Alle Makros aktivieren (nicht empfohlen, weil potenziell gefährlicher Code ausgeführt werden kann).**

3. Bestätigen Sie die Einstellung durch einen Klick auf die Schaltfläche **OK.**

Für den Fall, dass Sie eine Datei mit den Makros schon geöffnet haben, müssen Sie diese gegebenenfalls zunächst schließen und erneut aufrufen.

Praxis-Tipp

Haben Sie als Anwender der Versionen Excel 2003 oder älter die Sicherheitseinstellungen bereits getroffen und steigen auf eine aktuelle Version des Tabellenkalkulationsprogramm um, müssen Sie die für Excel 2007/2010 beschriebenen Schritte zusätzlich durchführen.

Praxis-Hinweis

Aufgrund der unterschiedlichen Excel-Versionen kann es – u. a. in Abhängigkeit von den Einstellungen auf Ihrem Rechner – in den neueren Versionen bei den komplexeren Excel-Lösungen zu kleineren Einschränkungen kommen. Das trifft jedoch nur in Ausnahmefällen zu. Da es den Rahmen dieses Buches sprengen würde, detailliert auf alle technischen Finessen der Versionsunterschiede sowie potentieller Rechner-Umgebungen einzugehen, beschränkt sich dieses Werk auf die wesentliche Problematik der Einnahmen-/Überschussrechnung.

Stichwortverzeichnis

A

Abschreibung 205
Abschreibungsmethoden 205
Abschreibungszeitraum 209
Anlage EÜR 13
   Zeilennummern 18, 97, 167
Anschaffungskosten 209
Anschaffungswert 206
AutoFilter 106, 174

B

Betriebsprüfung 21
Bilanzierung 11
Buchung
   individuell 110
   periodisch wiederkehrend 103, 172
   wiederkehrend 112, 179
Buchungen
   sortiert nach Datum 131, 196
   sortiert nach Konto 131
Buchungsjournal 94, 164

D

Datenerfassung 107, 175, 178
Dauerfristverlängerung 30

E

Einkommensteuererklärung 17
Einnahmen-/Überschussrechnung 11
   Alternativen 22
   EÜR 13
Elster-Formular 31
   Umsatzsteuer-Voranmeldung 115
EÜR, Anlage 13
EÜR-Vorlage 65, 141
Excel-Muster
   Abschreibung.xls 217

EÜR_Tool_ohneUST.xls 161
EÜR_Tool_UST.xls 91
EÜR_Übersicht_ohneUST.xls 144
EÜR_Übersicht_UST.xls 70
EÜR_Vorlage_ohneUST.xls 141
EÜR_Vorlage_UST.xls 65
GWG.xls 222
Excel-Tipp
   AutoFilter 106
   Fenster fixieren 126, 191
   Sicherungskopie erstellen 139, 203
   Tabellenblatt aus-/einblenden 96, 166
Excel-Tool
   Umsatzsteuersatz ändern 100
   Zeilennummern ändern 98, 168

F

freiberufliche Tätigkeit 12
Funktion LIA() 206

G

Geringwertige Wirtschaftsgüter 45, 61, 88, 159, 219
Gewerbebetrieb Einkünfte 13
Gewinnermittlung 11

H

Herstellkosten 209

I

individuelle Buchung 110
Investitionsabzugsbetrag 219

J

Jahresübersicht 117, 182

K

Kontenplan 96, 166

L

LIA Funktion 206
lineare Abschreibung 205

M

Makro
  Sicherheitseinstellung 225
Mehrwertsteuersätze 33
Monatsauswertung 114, 181
Musterlösung, siehe Excel-Muster

N

Nutzungsdauer 206

P

periodisch wiederkehrende Bu-
  chungen 103, 172
Poolabschreibung 45, 61, 88, 159
Poolbeschreibung, Definition 220
Praxisbeispiel
  Gewinn und Verlust berechnen
  119, 184
  Umsatzsteuerbefreiung 35
  Umsatztsteuerpflicht 47

Q

Quartalsauswertung 114, 181

R

regelmäßige Buchung 103, 172
Restwert 206

S

Schrottwert 206
Sicherungskopie 139, 203
Sofortabschreibung 45, 61, 88, 159
Sofortabschreibung, Definition
  220
Sonderabschreibungen 218

U

Umsatzsteuerbefreiung 25
Umsatzsteuerpflicht 25
Umsatzsteuersatz
  in Excel-Tool ändern 100
Umsatzsteuer-Voranmeldung 29
  Elster-Formular 115
  Praxisbeispiel 52

V

Vorsteuerabzug, Durchschnittsätze 27

W

Wachstumsbeschleunigungsgesetzes 45, 61, 88, 159
Wahlrecht 45, 61, 88, 159
wiederkehrende Buchung 112,
  179
Wiederkehrende Buchung 103,
  172
Wirtschaftsgüter
  beweglich 45, 88, 159
  geringwertig 45, 88, 159

Z

Zeilennummern
  Anlage EÜR 18, 97, 167
  in Excel-Tool anpassen 98, 168
Zeitraum, Abschreibung 209